修订版
Revised edition

U0722338

军事

新编高校
理论教程

张利华　孟庆全★主编

XINBIANGAOXIAO
JUNSHILILUNJIAOCHENG

华艺出版社
HUA YI PUBLISHING HOUSE

前　言

　　本教程依据《中华人民共和国国防法》《中华人民共和国兵役法》《中华人民共和国国防教育法》，按照新颁"普通高等学校军事理论课教学大纲"，由国防大学长期从事国防教育和高校军事理论教学的专家编写，供普通高等学校军事理论教学使用。

编者

目录

第一章　中国国防

教学目标：了解我国的国防历史和国防建设的现状及其发展趋势；熟悉国防法规和国防政策的基本内容；了解我国武装力量的构成、发展、性质和任务；掌握国防动员的主要内容及其实施程序；增强依法建设国防、积极为国防建设奉献力量的观念。

第一节　国防概述

"民无兵不安，国无防不立。"一个国家、一个民族，最重要的两件大事：一是生存与安全问题；一是发展与富强问题。国防是人类社会发展与安全所需要的产物，是国家生存和发展的安全保障。建立巩固的国防是我国现代化建设的战略任务，是维护国家主权、安全和发展利益，实现中华民族伟大复兴的重要保障。关注国防、了解国防、建设国防，是我们义不容辞的责任。

一、国防的含义和基本类型

（一）国防的含义

国防是指国家为防备和抵抗侵略，制止武装颠覆，保卫国家的主权、统一、领土完整和安全所进行的军事活动，以及与军事有关的政治、经济、外交、科技、文化、教育等方面的活动。

国防的基本职能是捍卫国家主权与领土完整，防止外来侵略与颠覆。古往今来，任何一个国家都需要建立巩固的国防。无国防则无以立国，国防薄弱就不能抵御外来侵略。在人类社会发展的不同阶段，不同的国家，其国防职能的侧重点也不同。奴隶社会和封建社会时期的国家，国防的主要职能是将各阶级维持在一定的"秩序"范围之内；资本主义国家的国防，主要是以武装力量保护和扩大商品生产与贸易，防范传统与非传统的军事威胁；社会主义国家的国防，其主要职能是维护国内安全与稳定，确保各民族的平等生存与发展，抵抗外来侵略，维护世界和平。

国防的行为主体是国家，基本内容包括国防建设和国防斗争两个方面。

国防建设是指国家为构建和完善国防体系，提高国防能力而进行的一系列活动的统称。包括武装力量建设，边防、海防、空防、人防及战场建设，国防科技与国防工业建设，国防动员建设，国防法规建设，国防教育，以及与国防相关的交通运输、信息通信、医疗卫生、能源、水利、气象、航天等方面的建设等。

国防斗争是国家为反抗侵略、消除威胁、排除干扰，维护自身安全而采取的各种行动。如：用军事手段进行的战争及威慑、对抗、打击行动，运用政治、经济、外交等非军事手段进行的威慑、对抗或调停等。

（二）国防的基本类型

按照不同的标准，国防可分为若干类型。按社会形态，可分为奴隶制、封建制、资本主义和社会主义国防。按军事战略和国防建设的目标，可分为防御型国防和扩张型国防。防御型国防在国防建设上以防止外敌入侵为主要目的。扩张型国防则以国家安全和防务需要为幌子，以侵略、颠覆或渗透为主要目的与手段，将其他国家和地区纳入自己的版图或势力范围。按国防力量的构成方式，可分为联盟型国防、独立自主型国防和中立型国防。联盟型国防的最大特征就是通过结盟的形式，壮大自身的防卫力量，维护国家的安全稳定。独立自主型国防，强调主要依靠本国自身的防卫力量，坚持不结盟政策，但并不排斥国与国的防务合作。中立型国防的最大特征是在国际冲突或战争面前，严格恪守和平中立的政策。奉行中立型国防的国家，有的采取全民防卫式的武装中立，有的则采取完全不设防的方式。中国的社会主义制度和国防政策，以及积极防御的军事战略，决定了我国国防是独立自主的防御型国防，与奉行霸权主义、强权政治国家的国防有着本质区别。

二、国家与国防

国防是国家职能的重要组成部分。国家与国防密不可分、相辅相成。

（一）国防随着国家的产生而出现

国防是国家的防务，有国才有防。原始社会末期，随着社会解体并分裂为奴隶和奴隶主两大阶级，奴隶主为了维护和巩固统治地位，采用暴力手段镇压奴隶的反抗，组建了军队，并制定了法令、设立了监狱，从而形成了人类社会初始的国家。国家建立后，对外防侵扰和对内防叛乱等巩固国家政权的问题，便非常突出地摆在统治者面前，真正意义上的国防由此而诞生。

伴随着人类社会的发展和演变，国防的内容不断得到丰富和完善。在这一发展历程中，战争成了国防发展的原始推动力。为了遏制或赢得战争的胜利，国家要不断加强国防建设。为了解决军队的兵员问题，于是就形成了兵役制度和动员政策。为了解决军队行军作战的给养，便逐渐组建了后勤保障机构，后来又产生了国防科研、国防立法等专门机构，直至国防领导机构的成立。这样，国防便逐渐超出了军事范畴，由较为单一的军事领域扩展到与军事相关的各种庞大而复杂的社会体系。

（二）国防服务于国家利益

国防通过为国家和民族提供安全保障，达到为国家和民族利益服务的目的。在国际战略格局中，主权国家求得安全、和平、生存、发展是其基本利益。而这一利益的获得，有赖于国防的有力保障。如果没有强大的国防，国家就容易陷入战乱与动荡之中，国家建设社会生活将无法正常进行，维护国家利益也就无从谈起。所以，国防是为国家利益服务的。国防除主要担负防御外敌入侵与颠覆，保卫国家主权和领土完整等职能外，还担负维护国家内部的安全稳定、保障社会经济建设顺利进行等职能。

三、国防的地位和作用

一个国家，从诞生之日起，首要的任务就是对内巩固政权，对外抵御侵略，保证国家的生存、安全与发展。国防在国家的职能中，地位和作用十分重要，其强弱与国家安危、荣辱兴衰休戚与共。

（一）国防是国家安全的重要保障

国防是保障国家安全的主要基石。有国无防，或国防不强，国家民族就要遭殃，这既是历史的警示，也是现实的教训。所以，为了保障国家安全，促进国家发展，各国都从本国实际出发，努力加强国防建设。同时，在国民中普遍进行有关维护国家安全的国防教育，使国民树立爱国主义观念和维护国家根本利益的观念，为国家的生存与发展营造有利的条件和环境，以确保国家安全。

（二）国防是国家独立自主的前提

强大的国防，是确保国家独立自主地行使主权的前提。旧中国沦为半殖民地半封建社会和新中国自立于世界民族之林的历史，从正反两个方面证明：国家和民族的独立，必须有巩固的国防。国家独立、民族兴旺，离不开现代化的人民军队，离不开整个民族的尚武精神，也离不开高效率的国防动员系统建设。在新的历史条件下，巩固的国防不仅是我们在异常激烈、错综复杂的国际环境中赢得战略主动权的重要条件，也是完成祖国统一大业，全面构建社会主久和谐社会的重要保障。

（三）国防是国家生存和发展的重要条件

巩固的国防是国家建设的安全屏障。如果没有强大的国防，国家的政权是无法稳定的，经济发展的目标也难以实现。因此，国家的生存、政权的稳固和经济利益的维护，以及国际地位的提高和国际形象的树立，都必须有一个能够捍卫国家根本利益的强大国防。

四、现代国防的基本特征

现代国防是对传统国防的继承和发展，是一种全新的国防理念和实践活动。其基本特征主要表现在以下几个方面：

（一）国家利益及其安全防务的整体性

伴随着经济的发展，特别是科技的进步，国家安全利益的内涵不断扩展。现代国防的职能正在由维护地缘明确的"硬疆界"，扩展到争取于己有利的"软环境"；由保卫本土不受侵犯，扩展为在全球或地区范围争取政治、经济和安全秩序的影响力与主导权；由打赢战争扩展到在战争和非战争状态下都能保证国家利益的实现。此外，现代国防强调，国家安全必须依靠整体性防务，只有经济不断强大，科技不断发展，国防实力不断增强，国防安全意识不断提高，以及与周边国家睦邻友好，一个国家才能真正实现长治久安。

（二）国防力量的综合性

现代国防是综合国力的体现，现代国防力量是以综合国力为基础的综合国家力量。有了雄厚的综合国力才有可能建设强大的国防。国家的整体实力，是国家的政治、经济、科技、军事、文化、外交和自然等综合力量的总和。同样，强大的国防实力，也是多种因素相互交织力量的综合。尽管军事力量依然是国防力量的主体，但现代国防力量的构成不再局限于单一的军事力量，而更加突出复合力量的建设。

（三）国防手段的多元性

由于对国家利益的威胁来自诸多方面，除了兵戎相见的"硬对抗"外，还有各种"软伤害"式的威胁，如意识形态渗透和信息攻击等。因此，单纯的军事行为，已不能满足国家安全的多方需要。现代国防斗争，不仅仅是使用军事手段进行武力对抗，而且也通过政治对话、外交谈判、经济封锁、心理施压和军备控制等非战争手段，在更广阔的空间进行激烈的较量；既依靠国家的国防实力，也依靠国家的国防潜力以及战略威慑能力。在某一时期和某一方面，可以选择使用某一种手段，并以其他手段相配合，但决不能固守一种方式。

（四）国防建设的系统协调性

现代国防是一个以经济和科技为基础，以武装力量为骨干，通过总体性的战略运筹，谋求综合国防效益的有机系统。现代国防建设更加重视质量优势，而不仅是数量优势，更重视整个系统的威力，而不只是某些单元的作用。因此，世界各国普遍着眼于从宏观规划上合理调整军队、准军事组织和后备役部队的比重，军队内部各军种、兵种的比重，以及如何在发展武器装备、改进编制体制、强化军事训练、完善战场建设等方面更有利于协调行动，发挥系统的整体效能。与此同时，整个国家要做到平战结合、军民结合，寓军于民，在确保国家经济实力不断增长的基础上，不断增强国防实力，做到富国强军协调发展。

（五）国防事业的社会性

随着国防内涵的扩展，全面增强国防能力必然涉及各个领域和各条战线，因而与整个社会构成了密不可分的联系。依靠国家和社会的综合力量来建设国防，越来越受到各国重视。国防不只是"军防"，而是关系社会各个领域、各条战线、各个部门和每个公民的共同事业，与整个社会密不可分。古训曰："天下兴亡，匹夫有责。"今天我们更应牢记："保卫祖国、抵抗侵略是每个公民的神圣职责"。

五、中国国防历史

中国国防的历史悠久，源远流长。随着人类社会的不断演变和发展，中国社会先后经历了不同的发展阶段，国防也经历了屈辱与荣耀、衰败与昌盛的历程。它记录了中华民族悲壮的过去，有着沉痛的教训；也积累了成功的经验，充满了中华民族的勇敢和智慧，不但是中国人民的精神财富，也是我们进行国防教育的生动教材。

（一）中国古代国防

中国古代国防始于公元前 21 世纪夏王朝的建立，止于 1840 年的鸦片战争。历经约 20 多个朝代 4000 多年的历史更迭，呈现出兴衰交替和曲折发展的历程。夏王朝的建立，标志着中国最初的国防的产生。秦始皇统一全国后，国防才真正担负起了维护国家统一和抗击外敌入侵的双重任务。为巩固国防，秦王朝采取了一系列综合治理措施：设郡而治，筑路通邮，实施军屯及修筑长城等。盛唐时期，非常重视国防建设，注重讲武，苦练精兵，改良兵器，执行"怀柔四方、华夷一体"的防务政策，使唐朝北部边疆出现了数十年无战祸的太平盛世。从中唐到两宋、晚清，国防的基本趋势是由弱到强，再从强盛走向衰落。具体到各个朝代，国防也大都呈现出由兴而盛，由盛及衰的状态。

中国古代国防的内容十分丰富：

一是建立了不同的军制。军制就是军事制度，包括武装力量体制、军事领导体制和兵役制度等。在武装力量体制上，一般区分为中央军、地方军和边防军。中央军通常由御林军和其他较为精锐的部队组成，担任警卫京师和宫廷的任务；地方军担负该地区的卫戍任务，由地方军政长官统率；边防军是戍守边疆并兼有屯田任务的军队。秦统一后，设立了专门管理军事的机构，最高军事长官是太尉。隋朝对国家机构进行了改革，专门设立了主管军事的部门——兵部。各朝代在军事领导体制方面的做法虽然不尽一致，但皇权至上，军队的调拨使用大权始终掌握在皇帝手中。各个朝代的兵役制度，随着各个历史时期的政治、经济、人口状况和军事需要而发展变化，曾经实行过民军制、征兵制、世兵制、府兵制和募兵制等各种兵役制度。

二是进行了以传统防御工程体系为标志的边海防建设。城池是中国古代国防建设中时间最早和数量最多的工程。长城是城池建设的延续和发展，始建于春秋战国时期，后经各朝代多次修建连接，至明代形成了西起嘉峪关、东至鸭绿江的万里长城。古代海防建设始于明朝，主要是防御倭寇的入侵。

三是发展了军事技术。中国古代的军事技术走在世界的前列，并对世界军事乃至世界经济的发展产生过深远影响。公元8世纪，唐朝发明了火药并用于军事，引起了军事上划时代的变革。

四是加强了军事理论研究。产生了许多不朽的军事著作，如《孙子兵法》《孙膑兵法》《吴子兵法》《司马法》《尉缭子》《六韬》《三略》《唐太宗·李卫公问对》和其他军事理论著作，对于指导战争和加强国防起到了重要作用。

（二）中国近代国防

中国近代国防是一部充满着屡弱、衰败和屈辱的历史。1840 年，英国凭借船坚炮利的优势，从海上打开了清王朝紧锁的国门，开始了对中国的入侵。在西方列强的侵略面前，腐朽的统治者奉行消极防御的国防建设指导思想，居安思奢，卖国求荣，结果是有国无防，大片国土被迫割让，人民惨遭蹂躏和屠杀。

1. 清朝后期的国防

自"康乾盛世"之后，清朝的政治日趋腐败，国防日渐衰落。鸦片战争爆发后，西方列强大举入侵，从此清王朝一蹶不振，每况愈下，有国无防，内乱外患交织，逐步沦为半殖民地半封建的社会。

清朝后期的军制。鸦片战争后，清朝开始实施"洋务新政"，裁撤兵部，成立陆军部。在武装力量体制方面，清入关前，军队主力是八旗兵；入关后为弥补兵力的不足，将汉人编组成立了绿营。在兵役制度方面，八旗兵实行的是兵民合一的民军制。1851 年以后，为镇压太平天国运动，清政府号召各地乡绅编练乡勇，湘军和淮军逐渐成为清军的主力。中日甲午战争之后，湘军和淮军大部溃散，清廷开始"仿用西法，编练新军"。新军采用招募的形式，在入伍的年龄、体格及文化程度方面均有较严格的要求。

清朝后期的边海防建设。鸦片战争后，清廷朝政日益腐败，防务日渐废弛。海防要塞火炮年久失修，技术性能落后，炮弹威力甚小且不能及远。西方列强趁虚而入，打开了中国封闭的国门。19 世纪中叶以后，中国的领土香港、澳门、台湾和澎湖列岛分别为英、葡、日侵占；东北乌苏里江以东、黑龙江以北的今国界以外大片土地为沙俄所占；西部帕米尔地区被俄、英瓜分。

清朝后期的五次对外战争。1840 年，英国以清王朝禁烟为由对中国发动了鸦片战争。1842 年，战败的清王朝被迫在英国军舰上与之签订了中国历史上第一个不平等条约《中英南京条约》。中国的领土主权遭到侵占和破坏，开始走向半殖民地半封建社会。1856 年至 1860 年，英国不满足于既得利益，纠合法国，分别以"亚罗号事件"和"马神甫事件"为借口，对中国发动了第二次鸦片战争。战败的清王朝被迫与英、法两国签订了中英、中法《天津条约》和《北京条约》，与趁火打劫的沙俄签订了《瑷珲条约》，领土主权进一步遭到侵害，半殖民地化程度加深。19 世纪 80 年代初，法国殖民主义者在完成了对越南的占领后，进而入侵中国西南地区。1884 年至 1885 年，中法开战，清军在黑旗军的配合下，痛击法军，取得了镇南关大捷，导致了法国茹费里内阁的倒台。但是，腐败的清政府却一味偷安，认为法国坚船利炮，强大无敌，中国即便一时取胜，也难保终久不败，不如趁胜求和，于是和法国签订了《中法新约》，把广西和云南两省的部分权益出卖给了法国，使中国不败而败，法国不胜而胜，清政府的腐败无能暴露无遗。1894 年，日本以清朝出兵朝鲜为由发动了甲午战争。清朝战败，被迫与日本签订了《马关条约》，台湾被割让，领土被进一步肢解，加深了中国半殖民地化和民族危机。1900 年，英、美、德、法、俄、日、意、奥 8 国，以保护在华侨民"利益"为借口，组成联军，发动侵华战争。战败的清政府被迫与以上 8 国及比利时、荷兰和西班牙 11 国签订了《辛丑条约》。这个条约从政治、经济、军事等各方面都扩大和加深了西方列强对中国的统治，并表明清政府已沦为其统治中国的工具，中国完全成为半殖民地半封建社会。

从 1840 年鸦片战争到 1911 年辛亥革命的 70 多年间，清政府与外国列强签订了上百个不平等条约，割让领土近 160 万平方千米。当时在中国 1.8 万多千米的海岸线上，竟找不到一个中国自己享有主权的港口。国家有海无防，有边不固，绝大部分中国领土成了西方列强的势力范围。俄国在长城以北，英国在长江流域，日本在台湾、福建，德国在山东，法国在云南，中华民族美丽富饶的国土被西方列强撕扯得支离破碎。

2. 民国时期的国防

辛亥革命虽然推翻了清朝的封建统治，建立了中华民国，但并没有改变中国任人宰割的历史。西方列强为维护其在华利益，纷纷扶植各派军阀为自己的代理人，加紧对中国的掠夺。各派军阀为争权夺利，混战不已，中国依然是有边不固，有海无防。先是袁世凯称帝，后有张勋复辟，各派军阀以西方列强为靠山，割据称雄，混战不休。直、皖、奉三大派系军阀先后窃据中央大权，贿选国会议员和总统，出卖国家和民族利益。《二十一条》的签订和"巴黎和会"上中国外交的失败，充分暴露出北洋政府的腐败无能，使中国面临被西方列强进一步瓜分的命运，从而激发了中华民族同仇敌忾、共御外侮的决心和勇气。

以"五四"运动为标志，中国反帝反封建的资产阶级民主革命发展到了新阶段。1921 年 7 月 1 日，中国共产党成立，给灾难深重的中国人民带来了光明和希望，中国革命开始进入了新的发展时期。

1931 年 9 月 18 日，"九一八事变"爆发，国民党政府奉行"攘外必先安内"的政策，一味妥协退让，出卖民族利益，使东北大片国土迅速沦陷。1937 年 7 月 7 日，日本发动"卢沟桥事变"，全面侵华战争爆发，中华民族到了生死存亡的紧要关头。中国共产党高举团结抗日的旗帜，与国民党再度实行合作，组成了广泛的抗日民族统一战线，使抗日战争的正面战场作战、敌后战场作战和全民抗日作战行动得以有力结合。中国人民历经 14 年艰苦卓绝的奋战，终于取得了中国自近代以来第一次抗击外敌入侵的完全胜利。抗日战争胜利后，全国人民迫切需要一个和平安定的建设环境，但国民党当局背信弃义，妄图消灭中国共产党及其领导的军队。经过 4 年全国解放战争，中国共产党领导人民，终于推翻了国民党的反动统治，建立了新中国。从此，结束了 100 多年来中华民族有国无防的屈辱历史，开始了中国国防的新篇章。

（三）新中国国防

中华人民共和国成立后，在加强国防建设的同时，为抵抗侵略，制止武装颠覆，保卫国家的主权、统一、领土完整和安全，我国武装力量同国内外敌人进行了多次坚决的斗争，并取得了一个又一个的伟大胜利。

1. 与国内敌人的斗争

继续发展全国解放战争伟大胜利。新中国成立时，祖国大部分地区已获得解放，但是盘踞在西南地区和中南、东南及西北少数地区的国民党残余部队，不仅尚未缴械投降，而且妄图负隅顽抗。人民解放军在中央军委和毛泽毛主席的领导指挥下，对残留的国民党军队展开了战略追击和围剿作战。从 1949 年 10 月到 1950 年 8 月，我军先后解放了云南、贵州、四川、广东、广西、福建、新疆等省区和海南、舟山、万山等岛屿，共歼灭国民党军 200 余万人。1951 年 12 月，我军进驻拉萨，解放了西藏苦难深重的百万农奴。至此，我军解放了除台湾及东南沿海少数岛屿外的全部国土，完成了统一祖国大陆的伟大事业。

平息匪患和叛乱。1950 年至 1953 年，我军在新解放区进行了大规模的剿匪斗争，共歼灭匪特武装 260 余万人，使全国范围内的匪患基本得以平息，保卫了革命胜利果实，巩固了新生人民政权。1959 年 3 月，西藏地方政府上层反动集团发动了武装叛乱，人民解放军在当地爱国僧俗人民的支持协助下，迅速平息了叛乱，粉碎了民族分裂势力的"藏独"阴谋，维护了祖国统一。

粉碎国民党军队的窜扰活动。国民党当局从撤退台湾的时候起，就在美国政府的怂恿支持下，不断派遣军队从海上和空中对大陆，特别是东南沿海地区进行各种袭扰破坏活动。与此同时，逃往缅甸的国民党残部也不断窜扰云南边境地区。从 1949 年秋至 1955 年，人民解放军先后粉碎了国民党军在东南沿海地区的多次中小规模的登陆窜犯和武装袭扰活动，并解放了东山岛、一江山岛等 20 多个沿海岛屿，共歼灭国民党军 1 万余人。从 1958 年 8 月起，人民解放军福建前线部队奉命对金门国民党军队进行了大规模炮击，在军事上、政治上给了美蒋以沉重的打击。从 1950 年起，人民解放军云南边防部队与逃往缅甸的国民党军和武装特务进行大小战斗 1302 次，歼敌近 3 万人。

中华人民共和国成立以来，人民解放军海空军在护航、护海和防空作战中，共击落击伤敌机 488 架，击沉击伤和俘获敌舰 404 艘，有效地保卫的祖国边海防和空防的安全。

2. 抗击外国军队的武装侵犯

新中国成立后，为保卫和平，反对侵略，捍卫国家领土、主权的完整和安全，我军与外国侵略者进行了多次交战，取得了抗美援朝战争和多次边境地区和海上自卫作战的伟大胜利，打出了军威、国威。

抗美援朝战争。1950年6月,朝鲜爆发国内战争。美国打着"联合国军"的旗号侵入朝鲜。与此同时,还将其第七舰队开进台湾海峡,企图以武力阻止中国人民解放军解放台湾。10月上旬,美军把战火烧到了中朝边境的鸭绿江、图们江附近,其飞机多次轰炸、扫射中国东北边境城镇和乡村,对中国的安全构成了严重威胁。毛泽东、周恩来等中央领导人审时度势,慎重考虑,做出了"抗美援朝,保家卫国"的战略决策。这一决策,体现了高度的国际主义精神,表明了中国人民捍卫和平、反对侵略的坚强决心。中国人民志愿军入朝后,与朝鲜人民军并肩作战,经过近3年的浴血奋战,共歼敌109万余人,迫使敌人不得不在停战协定上签字。抗美援朝战争的胜利,打破了美国不可战胜的神话,极大地鼓舞了全世界被压迫人民、被压迫民族的解放斗争,保卫了祖国社会主义建设的安全。

中印边境自卫反击作战。1962年10月至11月,印度军队在中印边界东、西两段向中国人民解放军边防部队发动大规模进攻。我军边防部队在对其警告无效,忍无可忍的情况下,被迫进行自卫反击作战。此战,共毙、俘印军旅长以下官兵8700余人,驱逐了入侵印军,拔除了印军在中国境内设置的90多个据点,有力地维护了国家的领土和主权。

珍宝岛自卫反击作战。1969年3月,当时的苏联军队悍然入侵中国黑龙江省珍宝岛地区。中国人民解放军边防部队奋起反击,在人民群众的大力支援下,毙、伤前苏军官兵250余人,缴获坦克1辆,保卫了祖国的领土和主权。

西沙群岛自卫反击作战。1974年1月,南越当局派军舰侵入中国西沙群岛,并派兵侵占了我金银岛、甘泉岛,打死、打伤中国渔民、民兵多人。为捍卫国家的领土主权,中国军民进行了英勇的自卫反击作战,击沉、击伤敌军舰4艘,俘敌49

人（其中美国联络官 1 名），粉碎了南越当局妄图霸占中国西沙群岛的狂妄野心，再一次向全世界宣告，中华人民共和国的神圣领土一寸也不容许任何人侵占。

中越边境自卫还击作战。为了打击越南在其实现南北统一后的侵略扩张的嚣张气焰，保卫我广西、云南边境地区的安全，1979 年 2、3 月间，中国人民解放军广西、云南边防部队奉命进行了惩罚性自卫还击作战，对越南靠近我边境的高平、同登、谅山、老街、甘塘等浅近纵深地区的越军进行了主罚性打击，在达成作战目的后于 3 月 16 日全部撤回国内。此后，我广西、云南边防部队又在法卡山、扣林山和老山、者阴山等地区进行了边境拔点作战和边境坚守防御作战。对越自卫还击作战，给了侵略者以应有的惩罚和打击，保卫了我国边境的安全，而且对东南亚地区和平稳定起到了积极作用。

南沙群岛自卫反击作战。1988 年 3 月 14 日，我海军部队在南沙赤瓜礁海域同入侵的越南军队进行了坚决的战斗，驱逐了入侵者，捍卫了祖国的神圣领土。

保卫祖国领空作战。自新中国成立至 20 世纪 70 年代初，美国军用飞机不断侵入中国领空，进行侦察和挑衅。中国人民解放军空军、海军航空兵和高射炮部队进行了英勇的防空作战，击落敌人作战飞机和高空无人侦察机数十架，有力地打击了入侵之敌，保卫了祖国领空的安全。

（四）中国国防历史的启示

经济发展是国防强大的基础。经济是国防的物质基础，国防的强大有赖于经济的发展。早在春秋时期，齐国的政治家管仲就提出"富国强兵"的思想。他认为，"粟多则国富，国富者兵强，兵强者战胜，战胜者地广"，"甲兵之本，必先于田宅"。秦以后的汉唐明清各代，其前期也都注意劝课农桑，发展生产，从而奠定了国防强大的基础，造就了国防史上的伟业。与此相反，以上各朝代的衰败，也都毫无例外地是由于经济败落，动摇了国家的基础，从而削弱了国防，造成了内忧外患纷至。

政治昌明是国防巩固的根本。政治与国防紧密相关，国家的政治是否开明，制度是否进步，直接关系到国防能否巩固。只有政治昌明，才能有巩固的国防。我国历代王朝，凡是兴盛时期，都十分注意修明政治，实行比较开明的治国安邦之策。秦原为西部小国，自商鞅变法以后，修政治、明法度、发展生产，国力日渐强大，为统一中国奠定了雄厚的物质基础。唐代之初，百废待兴，正是由于制定并实施了一系列行之有效的政治制度，使国家很快从隋末的战争废墟中恢复过来，形成了国力昌盛空前统一的大唐帝国。与此相反，凡是衰落的朝代或时期，无一不是政治腐败、国防虚弱。唐朝中期以后，两宋以至于清末都是如此。

国家的统一和民族的团结是国防强大的前提。纵观中国数千年的国防历史，不难发现，凡是国家统一民族团结的时期，国防就强大；凡是国家分裂民族矛盾尖锐的时期，国防就虚弱。清朝末年，在西方列强的大举入侵面前，腐朽的清政权不仅不敢、不能组织积极有效的抵抗，不依靠、不支持人民群众进行反侵略战争，反而认为"患不在外而在内"、"防民甚于防火"，对人民群众自发组织的反侵略斗争进行残酷镇压，结果是屡战屡败，割地赔款，丧权辱国，任人宰割，使中国逐步沦为半殖民地半封建社会。抗日战争时期，在中国共产党的倡导和组织下，建立了广泛的抗日民族统一战线。在敌强我弱的条件下，中国共产党坚持人民战争的战略战术，充分动员和组织人民，团结一切抗日力量，共同抗击侵略，最终取得了抗日战争的伟大胜利。

思考题:

1. 国防的含义是什么?

2. 国防的地位和作用。

3. 现代国防的基本特征有哪些?

4. 我国古代国防的内容有哪些?

5. 中国国防历史的启示有哪些?

第二节 国防建设

国防建设是国家为提高国防实力而进行的各方面的建设。主要包括:武装力量建设,边防、海防、空防及战场建设,国防科技与国防工业建设,国防法制建设,国防动员建设,国防教育,以及与国防相关的交通、通信、能源、航空、航天建设等。中华人民共和国成立后,经过近70年的艰苦努力,我国国防建设取得了举世瞩目的成就。今天的中国之所以巍然屹立于世界东方,并享有很高的声誉,主要原因是我国在政治上独立、经济上发展和国防上的不断强大。

一、国防领导体制

国防领导体制,是国家谋划、决策、指挥、协调国防建设和军事斗争的组织体系及相应制度,包括国防领导机构的设置、职能划分和相互关系等,是国家体制和军事组织体制的重要组成部分。国防领导体制对发挥综合国力,实现国防目的具有至关重要的作用。一般设有最高统帅、最高国防决策机构、国家行政机关中管理国防事务的部门和武装力量领导指挥系统等。根据《中华人民共和国宪法》（以下简称《宪法》）、《中华人民共国国防法》（以下简称《国防法》）和有关法律，我国已建立和完善了国防领导体制，对国防活动实行高度集中统一的领导。

（一）国防领导体制的历史和现状

中华人民共和国成立以来，为使国防领导体制适应国家政治、经济和科技的发展，特别是适应军事发展和保障国家安全的需要，对国防领导体制进行了多次调整改革，使之在实践中不断发展和完善。

中华人民共和国成立之初，设立中央人民政府革命军事委员会，作为国家最高军事领导机关，统一管辖并指挥中国人民解放军及其他武装力量。1954年，第一届全国人民代表大会通过并颁布的《宪法》规定，中华人民共和国主席统率全国武装力量，担任国防委员会主席，不再设立中央人民政府革命军事委员会。第一届人大一次会议决定，设立国防委员会和国防部，撤销中国人民解放军总司令的设置。同年9月28日，中共中央政治局通过决议，在中央政治局和书记处之下设立党的军事委员会，担负整个军事工作的领导。中央政治局、书记处和军事委员会有关军事工作的决定，对内以军事委员会（简称军委）的名义下达，对外以国务院或国防部的名义下达。1958年7月，中央军委扩大会议通过的决议规定，中央军委是中共中央的军事工作部门，是统一领导全军的统率机关，军委主席是全军统帅；军委下设总参谋部、总政治部、总后勤部；国防部是军委对外的机构；军委决定的事项，凡需经国务院批准，或需用行政名义下达的，由国防部长签署对外发布。

1982年，第五届全国人大第五次会议通过的第四部《宪法》规定，设立中华人民共和国中央军事委员会，领导全国的武装力量。中央军事委员会实行主席负责制，主席由全国人民代表大会选举或罢免。为加强我军武器装备建设，1998年，中央军委增设了总装备部。国家中央军事委员会与中共中央军事委员会职能完全相同，即中央军委为一个机构、两个名称，一是中国共产党中央军事委员会，二是中华人民共和国中央军事委员会，从而确立了党和国家高度集中统一行使领导职权的国防领导体制。

2015年，按照《中央军委关于深化国防和军队改革的意见》，军委机关由总部制调整为机关多部门制，军委机关的这些部门作为中央军委领导下的参谋机构、执行机构、服务机构，确保了军令政令的畅通。

（二）中华人民共和国国防领导职权

根据我国《宪法》和《国防法》的规定，我国的国防领导职权由中共中央、全国人大及其常务委员会、国家主席、国务院、中央军委行使。

1. 中共中央的国防领导职权

中国共产党作为执政党，是领导中国社会主义事业的核心力量。中共中央在国家事务包括国防事务中发挥决定性的核心领导作用。有关国防、战争和军队建设的重大问题，都由中共中央政治局及其常务委员会做出决策，并通过必要的法定程序，作为党和国家的统一决策贯彻执行。

2. 全国人民代表大会及其常务委员会的国防领导职权

中华人民共和国全国人民代表大会是国家最高权力机关。它在国防方面的职权主要有：选举国家中央军委主席；根据中央军委主席的提名，决定中央军委其他组成人员的人选；决定国家的战争与和平问题，并行使《宪法》规定的国防方面的其他职权。

　　全国人民代表大会常务委员会在全国人民代表大会闭会期间决定战争状态的宣布，决定全国总动员或者局部动员，并行使《宪法》规定的国防方面的其他职权。

　　3. 国家主席的国防领导职权

　　中华人民共和国主席的国防领导职权主要有：根据全国人大的决定和全国人大常务委员会的决定，宣布战争状态；根据全国人大的决定和全国人大常务委员会的决定，发布动员令；公布全国人大及其常务委员会制定的有关国防方面的法律；根据全国人大常务委员会的决定，授予在国防方面国家的勋章和荣誉称号；根据全国人大常务委员会的决定，批准和废除同外国缔结的有关国防方面的条约和重要协定。

　　4. 国务院的国防领导职权

　　中华人民共和国国务院是国家最高权力机关的执行机关，是国家最高行政机关。它的国防领导职权包括：编制国防建设发展规划和计划；制定国防建设方面的方针、政策和行政法规；领导和管理国防科研生产；管理国防经费和国防资产；领导和管理国民经济动员工作和人民武装动员、人民防空动员、交通战备动员等方面的工作；领导和管理拥军优属工作和退出现役军人的安置工作；领导国防教育工作；与中央军事委员会共同领导中国人民武装警察部队、民兵工作，以及征兵、预备役、边防、海防和空防工作；行使法律规定的与国防建设事业有关的其他职权。

　　5. 中央军事委员会的国防领导职权

　　中华人民共和国中央军事委员会是国家最高军事机关，与中国共产党中央军事委员会是同一机构，负责领导全国武装力量。职权主要包括：统一指挥全国武装力量；决定军事战略和武装力量的作战方针；领导和管理中国人民解放军的建设，制定规划、计划并组织实施；向全国人大或者全国人大常务委员会提出议案，制定军事法规，发布决定和命令；决定中国人民解放军的体制编制，规定军委各部门以及战区、军兵种和其他军委直属单位的任务和职责；任免、培训、考核和奖惩武装力量成员；批准武装力量的武器装备体制和武器装备发展规划、计划，协同国务院领导和管理国防科研生产；会同国务院管理国防经费和国防资产；行使法律规定的其他职权。

中央军委实行主席负责制，中央军委主席为全国武装力量最高统帅。中央军委组成人员为：主席1人，副主席若干人，委员若干人。各战区、各军兵种和各直属单位在中央军委集中统一领导下开展工作。

二、新中国国防建设的主要成就

新中国成立后，经过近70年的努力，我国国防建设取得了举世瞩目的巨大成就。

（一）中国人民解放军的革命化、现代化和正规化建设取得突破性的进展

新中国诞生后，中国人民解放军不断向革命化、现代化和正规化迈进。特别是改革开放以来，我国国防实力得到进一步加强，国防现代化建设，尤其是军队建设，有了突破性进展，取得了一系列重大成就。1949年10月1日，当毛泽东主席在天安门上向全世界庄严宣告中华人民共和国成立时，中国人民解放军也迈开了建设诸军兵种合成军队的坚实步伐。当时的中国人民解放军基本上是一支单一的以步兵为主的陆军。海军、空军仅仅刚具雏形，陆军中的炮兵、装甲兵、通信兵、工程兵等技术兵种所占比例非常小。经过近70年的艰苦努力，中国人民解放军实现了由单一陆军向陆军、海军、空军、火箭军和战

略支援部队诸军兵种合成军队的发展，不仅拥有以航空母舰为代表的技术先进、种类齐全的常规武器，而且拥有具有战略威慑力的原子弹、氢弹等尖端武器装备。

进入新世纪新阶段，中国人民解放军继续向更高阶段迈进。根据信息化战争的特点，中国人民解放军开始把军事斗争准备的立足点放在打赢信息化条件下的局部战争上，军队建设逐步实现由数量规模型向质量效能型、由人力密集型向科技密集型的转变；在发展武器装备方面，中国人民解放军根据信息化条件下局部战争的需要，努力发展高技术"杀手锏"武器；在改革调整编制体制方面，中国人民解放军进一步压缩了军队规模，优化诸军兵种比例结构，完善体制，使军队体制编制更加适应现代联合作战的需要；在改革教育训练方面，为培养掌握现代科技知识和战争知识、精通现代军事科学理论的高层次指挥人才，有资格的指挥院校和军事研究机构增强了硕士、博士和博士后教育，部队训练加大了实战力度。走出21世纪的中国人民解放军在调整军委总部体制、实行军委多部门制；组建陆军领导机构、组建战区联合作战指挥机构，健全军委联合作战指挥机构；着力构建军委——战区——部队的作战指挥体系和军委——军种——部队的领导管理体系之后，必将迈向革命化、现代化、正规化的更高阶段。

(二)形成了门类齐全、综合配套的国防科技工业体系

国防科技是衡量一个国家综合国力的重要标志之一，也是国防现代化建设的重要方面。新中国成立以来，我国的国防科技工业从无到有，从小到大，从落后到先进，建立起了包括电子、船舶、兵器、航空、航天和核能等门类齐全、综合配套的科研实验生产体系。取得了一大批具有国内、国际先进水平的科研成果，为我军现代化建设和切实增强综合国力做出了重

要贡献。在军事电子方面，逐步发展成为具有相当规模、门类齐全的新兴工业部门，特别是在指挥控制、情报侦察、预警探测、信息通信和电子对抗等方面，为我军提供了各种新式装备和产品，进一步增强了部队的信息化作战能力；在船舶工业方面，先后自行研制建造了核动力潜艇、常规动力潜艇、导弹驱逐舰、导弹护卫舰（艇）、导弹快艇等，以及各种辅助船舶和新型鱼雷、水雷、反水雷武器等新装备；在兵器工业方面，研制生产了一大批具有先进性能的装甲车辆、火炮、弹药、轻武器、军用光电器材和综合火控、指挥系统等新型武器装备，为我军现代化建设做出了重要贡献；在航空工业方面，能够生产先进的歼击机、歼击轰炸机、轰炸机、直升机、运输机、教练机等，基本满足了海空军作战和飞行训练的需要；在航空航天科技工业方面，已拥有地地、地空、海空和空空导弹武器系统，运载火箭、各种应用卫星的研制和实验能力，以及各种应用卫星的发射能力，居世界先进行列之中；在核工业方面，我国不仅可以生产制造原子弹、氢弹，还掌握了核潜艇技术，形成了我国的核威慑力量，在和平利用核能方面，我国也取得了突破性进展。

（三）国防后备力量建设取得了长足的发展

党和国家十分重视国防后备力量建设。党的十一届三中全会以来，党中央、国务院、中央军委明确提出了"精干的常备军和强大的后备力量相结合，是建设现代化国防的必由之路"的基本指导方针，使我国国防后备力量建设进入了新阶段。

一是实现了国防和军队建设指导思想的战略性转变，走上了相对和平时期稳步发展的轨道，开辟了中国特色的精兵之路。当前，更加明确地提出民兵工作要更好地适应新形势下军事战略方针和适应社会主义市场经济的发展为指针。

二是确立并实行了民兵与预备役相结合的制度，初步形成了具有中国特色的国防后备力量体系，并下大力重点抓了基干民兵队伍建设和预备役部队建设，加强了训练，改进了武器装备，使我国后备兵员的整体素质较之过去有了明显的提高。

三是注重宏观指导，合理布局，边海防、大中城市和重点地区的民兵工作得到加强。

四是民兵、预备役部队在参战支前、保卫边疆、发展生产、扶贫帮困、抢险救灾、维护社会治安等方面发挥了重要作用，为国家的改革、发展和稳定做出了巨大贡献。

五是健全了国防动员机构。为了保证国家在一旦发生战争的情况下，能很快由平时状态转入战时状态，调动足够的人力、财力和物力应对战争，我国于1994年11月成立了"国家国防动员委员会"，下设人民武装动员、国民经济动员、人民防空动员、交通战备动员等办公室，负责指导、协调全国的后备力量建设和国防动员工作。2016年改革调整后的军委机关设立了军委国防动员部，是军委专司国防动员的职能部门，新组建和调整后的军种、战区和部队均设有国防和军事动员的机构和人员。省军区、军分区、人民武装部既是同级党委的军事部门，又是同级地方政府的兵役机关，是兼后备力量建设与动员工作于一体的机构。

六是加强了国防教育，全民国防教育和学生军训工作全面展开，发展形势良好。1984年《中华人民共和国兵役法》（以下简称《兵役法》）颁布以后，我国学生军训工作有了法律依据。1997年颁布的《中华人民共和国国防法》和2001年颁布的《中华人民共和国国防教育法》，使学生军训的有关法律规定日臻完善。2001年6月29日，国务院办公厅、中央军委办公厅转发了《教育部、总参谋部、总政治部关于在普通高等学校和高级中学开展学生军事训练工作意见的通知》（国办发[2001] 48 号文件），对新时期的学生军训工作提出了一系列方针、原则和要求。这些都为学生军训工作的开展提供了可靠的法律和政策保障，使我国的学生军训工作逐步走上了法制化、制度化的轨道。

三、国防政策

国防政策，是国家制定的在一定时期内指导国防建设和国防斗争的基本行动准则，是国家政策的重要组成部分。我国的国防政策，是党中央、国务院、中央军委从维护国家安全和发展利益的需要出发，依据宪法和法律，着眼国际安全形势的特点和变化，立足于我国的政治、经济、军事、科技、文化和地理等方面的客观实际，在科学总结中国革命战争和国防建设历史经验的基础上制定的，对国防建设和国防斗争具有全面的指导作用。

（一）维护国家主权、安全、领土完整，保障国家和平发展

我国国防建设的基本目标是：维护国家主权、安全、领土完整，保障国家发展利益，建立符合中国国情和适应世界军事发展趋势的现代化国防。坚持科学统筹发展与安全，运用多元化手段应对传统和非传统安全威胁，防范和打击一切形式的恐怖主义、分裂主义和极端主义，谋求国家政治、经济、军事和社会的综合安全。

巩固国防，防备和抵抗侵略。建立强大巩固的国防是我国现代化建设的战略任务，是维护国家安全统一和保证实现全面建成小康社会目标的重要前提。在霸权主义、强权政治和多种威胁依然存在并有新的发展的情况下，我国保持与国家安全需求相适应的国防力量，增强运用军事手段捍卫国家主权的能

力，确保领海、领空和边境不受侵犯，为维护国家发展的重要战略机遇期提供可靠的安全保障，为维护国家利益提供有力的战略支撑。

制止分裂，维护国家统一。我国始终如一地坚持一个中国原则，积极推进祖国和平统一，坚决反对"台独"分裂活动，反对任何形式的外来干涉，绝不允许任何人以任何方式把台湾从中国分割出去。如果"台独"分裂势力铤而走险，胆敢制造重大"台独"事变，我国人民和武装力量将不惜一切代价，坚决彻底地粉碎"台独"分裂图谋。

制止武装颠覆，维护社会稳定。我国宪法和法律禁止任何组织或个人策划、实施武装叛乱或武装暴乱颠覆国家政权，推翻社会主义制度。我国武装力量把依法维护社会秩序作为重要职责，严厉打击敌对势力的渗透和破坏活动，打击危害社会稳定的各种犯罪活动，保障人民群众的政治、经济和文化权益，促进社会的安定团结，为中国共产党巩固执政地位提供有力保证。

（二）坚持全民自卫，独立自主地建设和巩固国防

我国在国防活动中实行全民自卫原则，依靠全体人民进行国防现代化建设，一旦发生战争，动员全体人民进行防卫作战。新世纪新阶段，信息技术的发展和广泛运用，为人民群众参与和支持国防活动提供了更有效的手段和途径。我国继续坚持以人民战争思想为指导，动员和依靠人民群众加强以综合国力为基础的国防建设。搞好全民国防教育，增强人民群众的国防观念。重视民兵和预备役建设，实行精干的常备军与强大的后备力量相结合的武装力量体制。完善国防动员体制机制，形成集中统一、结构合理、反应迅速和权威高效的现代国防动员体系。

我国立足于依靠自己的力量保障国家安全，不与任何国家或国家集团结盟，不参加任何国际军事集团。坚持从本国利益出发，根据本国的安全需求，独立自主地进行国防决策和制定国防发展战略，独立自主地处理对外军事关系，开展国际军事交流与合作，保持国防事务的自主权。坚持以自力更生为主，建设相对完整的国防工业体系，加强国防科学技术研究，努力提高自主技术创新的能力，改善武器装备，推进国防现代化建设。在国防活动中坚持独立自主并不意味着闭关自守，自力更生也不意味着排斥外援。我国在坚持"以我为主"的前提下，有选择、有重点地引进武器装备，开展国防科技和军工领域的国际交流与合作，吸收利用国外的先进技术，提高武器装备研制水平，加速国防现代化建设的进程。

（三）坚持积极防御的军事战略方针和自卫防御的核战略

我国在战略上实行防御、自卫和后发制人的原则，贯彻积极防御的军事战略方针。和平时期，采取积极的措施应对危机、遏制战争，灵活运用政治、经济、军事和外交等手段，改善国家的战略环境，减少不安全、不稳定因素，尽量使国家建设免遭战争的冲击。战争爆发之后，实行战略上的防御、战役战斗上的进攻，以积极的攻势作战行动来达成战略防御的目的。

新世纪阶段，海洋、太空、网络空间等领域的安全问题，对国家生存和发展的影响日益突出，国家的利益空间逐步扩展。我国按照新时期军事战略方针，针对国家在各个领域所面临的新威胁，努力建设与我国的国际地位和国家利益相称的军事力量。立足于打赢信息化条件下的局部战争，加紧做好军事斗争准备。创新发展人民战争的战略思想，坚持军事斗争与政治、经济、外交、文化、法律等各领域的斗争密切配合，综合运用各种手段和策略，主动预防和化解危机，遏制冲突和战争的爆发。

我国的核战略贯彻国家的核政策和军事战略，根本目标是遏制他国对我国使用或威胁使用核武器。我国始终奉行在任何时候、任何情况下都不首先使用核武器的政策，无条件地承诺不对无核武器国家和无核武器地区使用或威胁使用核武器，主张全面禁止和彻底销毁核武器。我国的核力量由中央军事委员会直接指挥，坚持自卫反击和有限发展的原则，建设一支精干有效的核力量，增强核武器的安全性、可靠性，保持核力量的战略威慑作用。我国对发展核武器采取极为克制的态度，过去没有、将来也不会与任何国家进行核军备竞赛。

（四）统筹经济建设和国防建设全面协调可持续发展

贯彻习近平主席强军思想，实现国防建设与经济建设全面协调可持续发展。在相对稳定的和平时期，经济建设是国家的中心任务，国防建设服从和服务于国家经济建设大局；国家在集中精力进行经济建设的同时，高度重视国防建设，使国防和军队现代化进程与国家现代化进程相一致。

坚持以毛泽东军事思想、中国特色社会主义军事理论为指导，全面加强中国特色军事变革与军事斗争准备，加强机械化建设与信息化建设、诸军兵种作战力量建设、当前建设与长远发展、主要战略方向建设与其他战略方向建设。

坚持平战结合、军民融合、寓军于民的方针，在经济基础设施建设中兼顾平时和战时的需要，积极开发军民两用技术和产品，实行军地设施共用、人才通用，以一项投入同时获得经济效益、社会效益和国防效益，形成国防建设和经济建设协调发展的机制，使国防建设融入经济社会发展体系之中，在发展经济的同时增强国防实力。

（五）维护世界和地区和平稳定，反对侵略扩张

我国奉行独立自主的和平外交政策，反对霸权主义和强权政治，反对一切侵略和扩张行为，反对任何国家以任何形式把自己的政治制度和意识形态强加于别国，反对以任何借口干涉别国内政，支持国际社会为维护世界和地区和平、安全和稳定所作的努力。积极倡导以"互信、互利、平等、协作"为核心内容的新安全观，强调以对话增进相互信任，以合作谋求共同安全，建立适应时代要求的国际政治、经济新秩序，努力构建和谐世界，营造有利于国家和平发展的安全环境。

我国高度重视并积极参与国际安全合作，坚持在和平共处五项原则的基础上发展与世界各国的友好合作关系，开展各种形式的国际安全对话，加强与主要大国和周边国家的战略协作和磋商，推动建立公平、有效的集体安全机制和军事互信机制，共同防止冲突和战争。

我国反对军备竞赛，积极推进国际军备控制和裁军谈判，主张按照公平、合理、全面、均衡的原则，实行有效的裁军和军备控制。我国坚决反对大规模杀伤性武器的扩散，奉行不支持、不鼓励和不帮助别国发展大规模杀伤性武器的政策。我国主张和平利用太空，反对太空武器化。

我军贯彻国家对外政策，坚持共同安全、综合安全、合作安全、可持续安全的新型安全观。开展多种形式的军事交往，发展不结盟、不对抗、不针对第三方的军事合作关系。履行国际责任和义务，参与联合国维和行动、国际反恐合作和救灾行动。建立军事安全对话机制，营造互信互利的军事安全环境。推进务实性军事合作，参加非传统安全领域的双边或多边联合军事演习，提高共同应对非传统安全威胁的能力，努力为维护世界和平与促进共同发展发挥重要作用。

思考题：

1. 我国 1982 年《宪法》设立了什么样的武装力量领导体制？

2. 中共中央、全国人大及其常委会、国务院等领导机构的国防领导职权是什么？

3. 新中国国防建设的主要成就有哪些？

4. 我国国防政策的主要内容。

第三节　武装力量

武装力量，是国家或政治集团所拥有的各种武装组织的统称。一般以军队为主体，由军队和其他正规与非正规的武装组织构成，是国防力量的主体。目前，世界各国武装力量大体分为三种类型：一是多种型，由三种或三种以上武装组织构成，除军队外，还有宪兵、警察、国民警卫队、后备役部队、民兵等；二是两种型，即由军队和武装警察或民兵构成；三是单一型，由军队或武装警察或民兵一种构成。我国武装力量属于多种类型构成。《宪法》规定：中华人民共和国武装力量属于人民。其任务是：巩固国防，抵抗侵略，保卫祖国，保卫人民的和平劳动，参加国家建设事业，努力为人民服务。

一、中国武装力量的构成

《国防法》规定："中华人民共和国的武装力量，由中国人民解放军现役部队和预备役部队、中国人民武装警察部队、民兵组成。"它的基本体制是"三结合"。中国武装力量，是以全国人民为基础，在中国共产党领导下，经过长期的战争和社会建设实践，逐步形成并发展起来的。新中国成立后，随着大规模武装斗争的结束，国家进入到和平建设的新时期。为了适应新的时代环境，根据国际国内形势的发展变化，在继承和发扬革命战争传统的基础上，经过近70年的实践和探索，逐步形成了由中国人民解放军、中国人民武装警察部队和民兵构成的三结合武装力量体制。

（一）中国人民解放军

中国人民解放军是中国武装力量的主体。诞生于1927年8月1日，历经了红军，八路军、新四军和解放军等发展阶段。我军从小到大，由弱到强，在解放中国人民的长期武装斗争中，先后打败了国内外一切反动军队、反动势力和日本侵略者，为新中国诞生立下了不朽功勋。新中国成立后，又在抗美援朝和历次边境自卫反击作战中捍卫了国家的主权和尊严，成为保卫祖国和社会主义建设事业的坚强柱石。

中国人民解放军由现役部队和预备役部队组成。

现役部队是国家的常备军，主要担负防卫作战任务，必要时可以依照法律规定协助维护社会秩序。现役部队由陆军、海军、空军、火箭军和战略支援部队组成。

预备役部队是以现役军人为骨干、预备役军官、士兵为基础，按统一编制编成组成的准正规部队。平时按照规定进行军事训练，必要时可以依照法律规定协助维护社会秩序，战时根据国家发布的动员令转为现役部队。

我军预备役部队组建于1983年，有陆军、海军、空军和火箭军等预备役部队。预备役部队列入中国人民解放军建制序列，实行统一编制，授有番号、军旗，执行中国人民解放军的条令、条例。预备役部队平时隶属于省军区（卫戍区、警备区），战时转入现役后隶属现役部队。

中国人民解放军的性质：中国共产党缔造和领导的，用马列主义、毛泽东思想中国特色社会主义理论体系武装起来的人民军队，是中华人民共和国的武装力量和人民民主专政的坚强柱石。

中国人民解放军的宗旨：紧紧地和人民站在一起，全心全意为人民服务。

中国人民解放军的使命：担负巩固国防，抵抗侵略，保卫祖国，保卫人民的和平劳动，参加国家建设事来。

（二）中国人民武装警察部队

中国人民武装警察部队组建于 1982 年 6 月 19 日，主要由各总队等组成。武警部队根据人民解放军的建军思想、宗旨、原则，按照其条令、条例和有关规定制度，结合武警部队特点进行建设，执行《中华人民共和国兵役法》，享受人民解放军的同等待遇。

武警部队由党中央、中央军委实行统一领导。武警部队设总部、总队（军）、支队（师或团级）三级领导机关。武警总部是武警部队的领导指挥机关，领导管理各总队等所属部队。在中国各级行政区划内，省级设武警总队，地区级设武警支队，县级设武警中队。

武警部队由内为部队、机动部队、海警部队、院校和科研机构等组成。主要担负执勤、处理突发事件、反恐怖、海上维权、抢险救援以及防卫作战等任务。

内卫部队，主要受武警总部的直接领导管理。其主要任务：一是承担固定目标执勤和城市武装巡逻任务，保障国家重要目标的安全；二是处置各种突发事件，打击恐怖主义，维护国家安全和社会稳定；三是支援国家经济建设和执行抢险救灾任务；四是战时参与后方防卫作战。

机动部队，主要负责处置大规模突发事件，如暴乱、骚乱、武装暴动、大规模械斗事件等等，战时协助解放军进行防卫作战。

海警部队，主要负责近海安全，处理近海治安、刑事等案件的调查处理，打击走私、偷渡、贩毒等海上违法犯罪活动，是公安机关部署在海上的唯一执法力量。

武警部队的武器装备轻便、精良，以步兵武器为主、兼有少量重型武器和特种武器。

（三）中国民兵

中国民兵（以下简称民兵），是不脱离生产的群众武装组织，是中华人民共和国武装力量的组成部分，是中国人民解放军的后备力量。民兵组织初建于第一次国内革命战争时期。革命战争年代，民兵为民族的解放、国家的独立和新中国的建立做出了巨大贡献。正如毛泽东所说："兵民是胜利之本。"新中国成立后，民兵作为国家装力量的重要组成部分，在建设祖国、保卫祖国新的征程中发挥了重大作用。

民兵的使命。积极参加社会主义现代化建设，带头完成生产任务；战备勤务，保卫边疆，维护社会治安；随时准备参军作战，抵抗侵略，保卫祖国。

民兵的组织领导体制。全国民兵工作在国务院、中央军委领导下，由中央军委国防动员部主管；各战区按照上级赋予的职责和任务，负责本区域的民兵工作；省军区（卫戍区、警备区）、军分区和县（市）人民武装部，是本地区的民兵领导指挥机关；乡、镇、街道和企事业单位人民武装部，负责民兵管理和兵役工作。地方各级人民政府与本级军事机关，对民兵工作实施双重领导。

民兵制度。政治合格，身体健康，是民兵必须具备的基本条件。民兵分为基干民兵和普通民兵。基干民兵：由 28 岁以下退出现役的士兵和经过选拔的军事素质过硬的男女青年组成，其中，女民兵人数控制在适当比例。普通民兵：由 18～35 岁，符合服兵役条件的男性公民组成。边疆、海防、少数民族地区和特殊情况下，基干民兵的年龄可适当放宽。

《中华人民共和国兵役法》规定："中华人民共和国实行义务兵役制为主体的义务兵与志愿兵相结合、民兵与预备役相结合的兵役制度。"同时明确：民兵组织是预备役的基本组织形式；基干民兵为一类预备役，普通民兵为二类预备役；参加民兵组织与服预备役的年龄、政治、身体条件相一致。

民兵的编组。目前，民兵组织已遍及广大城乡，一般以乡（镇）、行政村、街道和厂矿企业为单位，编为民兵团、营、连、排、班，并编有步兵分队、防空分队、地炮分队、通信分队，以及海军、空军和火箭军专业分队等。民兵根据所担负的任务，配备相应的武器装备。

民兵训练。民兵训练是公民履行兵役义务的重要形式。《中华人民共和国兵役法》规定，未服过现役的基干民兵，在18 岁—20 岁期间就参加军事训练。民兵平时战备训练以做好军事斗争准备为牵引，着眼平时能应急、战时能应战，加强针对性训练。年度训练时间通常按照不同专业需要确定，最少 7天，最多 25 天。通常采取县（市）集中训练与现役部队开展挂钩训练和模拟训练相结合等方法，按照统一要求，统筹组织，实行省军区、军分区、县（市、区）人民武装部和乡（镇）、城市街道、企事业单位人民武装部四级训练体制。

二、中国人民解放军的编成、使命和装备

中国人民解放军由陆军、海军、空军、火箭军和战略支援部队组成。

（一）陆军

陆军，主要在陆地遂行作战任务的军种，是在陆地战场上决定战争胜负的主要力量。陆军具有强大的火力、突击力和快速的机动能力。既可与其他军兵种联合遂行作战任务，也可单独遂行作战任务。

陆军对维护国家主权、安全和发展利益具有不可替代的作用，是中国共产党最早建立和领导的武装力量，历史悠久，敢

打善战，战功卓著，为党和人民建立了不朽功勋。我国陆军在中国革命和建设相当长的历史时期内，一直是人民武装力量的主体，在近一个世纪的发展过程中，已由最初的单一步兵，发展成为由多兵种合成的军种。

1. 陆军的编成

我国陆军由步兵、装甲兵、炮兵、防空兵、陆军航空兵、电子对抗兵、特种作战部队和通信兵、工程兵、防化兵以及其他专业部（分）队等组成。

军委陆军部设有参谋部、政治工作部、后勤保障部、装备部。

陆军部队的编制序列为：陆军——战区陆军——陆军集团军、旅、营、连、排、班。陆军旅以上部队通常采用合成编制。如集团军通常编有若干步兵旅及装甲旅、炮兵旅、防空旅、直升飞机大队、工兵旅（团）、通信团和各种保障部（分）队等。

（1）步兵。以徒步、乘车或下车战斗等方式遂行地面作战任务的兵种，以枪械、小口径火炮、导弹和装甲车辆为主要装备。按机动和战斗方式，分为徒步步兵、摩托化步兵和机械化步兵，以及山地步兵、边防步兵和海防步兵等。主要担负近战歼敌，夺取或扼守地区、目标等任务。

（2）装甲兵。以坦克和装甲车辆为基本装备，主要遂行地面突击和两栖突击任务的兵种。由坦克兵、装甲步兵等组成，具有较强的火力打击能力、快速机动能力和较好的装甲防护能力，是陆军的重要突击力量，可单独或协同其他军兵种作作。

（3）炮兵。以火炮、火箭炮、地地战役战术导弹和反坦克导弹为基本装备，主要遂行地面火力突击任务的兵种。由压制炮兵、反坦克炮兵和地地战役战术导弹部队等组成。是陆军对地火力突击的主体力量，可单独或协同步兵装甲兵或其他兵种作战。用于歼灭敌有生力量，打击敌坦克等装甲目标和水面舰艇，摧毁、压制敌炮兵和指挥系统，破坏敌工程设施和交通枢纽。

（4）防空兵。以地空导弹、高射炮为基本装备，主要遂行地面防空作战任务的兵种。由地空导弹、高射炮、雷达和电子对抗部（分）队等组成。是陆军对空火力打击的骨干力量，联合防空作战力量的重要组成部分，可单独或在合成军队编成内遂行防空作战任务。

（5）航空兵。以军用直升机为主要装备，具有空中机动、空中突击和空中保障能力，主要遂行以空中火力支援地面作战和机降作战任务的兵种。是陆军实施立体、全纵深、机动作战的重要力量，由直升飞机飞行部队和直升机保障部队等组成。

（6）电子对抗兵。使用电子设备与敌进行电磁斗争的专业兵种，是信息作战的基本力量。以遂行电子侦察、电子干扰和电子防御为基本作战行动，由雷达对抗、通信对抗和光电对抗部（分）队等组成。

（7）特种作战兵。专门担负敌后侦察、作战和其他特殊任务的部队。具有独立作战能力强、反应速度快、察打一体、以奇制胜等特点。是战略、战役指挥员直接掌握使用的特殊作战力量。

（8）通信兵。以通信、指挥控制和电磁频谱管理设备为基本装备，主要担负军事通信、指挥控制系统保障和电磁频谱管理任务的专业兵种。一般由通信、通信工程、通信技术保障、指挥自动化、无线电通信对抗和军邮等专业部（分）队组成。

（9）工程兵。担负军事工程保障任务的专业兵种，由工

兵、舟桥、伪装、给水工程、工程建筑和工程维护等专业部
（分）队组成。主要任务是负责实施工程侦察和工程伪装，构筑
与维护道路、工事，修建桥梁、渡场、港口、机场，设置和排
除障碍物，构筑给水站，实施破坏作业等。

（10）防化兵。遂行核生化防护保障及烟幕保障、烟火支
援等任务的专业兵种，是战时核生化防护及军队平时参与核生
化突发事件处置的骨干力量。由防化（观测、侦察、洗消）、
喷火、发烟等部（分）队组成。基本任务是实施核生化监测、
侦察和检验，实施洗消，施放烟幕，实施烟火支援，以喷火分
队配合步兵战斗，以及组织指导部队、党政机关和人民群众核
生化防护等。

2. 陆军的使命

陆军的使命是：抗击外敌入侵、保卫国家领土主权，维护
国家和平统一和社会稳定。

3. 陆军的装备

（1）步兵装备。有手枪、自动步枪、冲锋枪、机枪等枪
械，手榴弹、火箭筒、轻型火炮（迫击炮、无后坐力炮）和反
坦克导弹等。摩托化步兵装备有各种运输车辆；机械化步兵装
备有步兵战车、装甲输送车等。

（2）装甲兵装备。有各型坦克、步兵战车、自行火炮、装
甲车辆，以及各种战斗配套和勤务车辆。坦克按任务分为主战
坦克和特种坦克。主战坦克有重型、中型和轻型之分；特战坦
克有水陆坦克（两栖坦克）、扫雷坦克、侦察坦克等。其他战
斗与勤务保障车辆除步兵战车和自行火炮外，还有装甲输送
车、装甲侦察车和装甲通信车、装甲指挥车等。

（3）炮兵装备。有各种型号、口径与用途的压制火炮、战
役战术导弹和反坦克导弹。火炮主要有加农炮、榴弹炮、加农

榴弹炮、火箭炮和迫击炮等；战役战术导弹以"东风"系列与型号为主。

（4）防空兵装备。有地空导弹、高射炮、高射机枪，以及雷达和各种作战通信保障车辆。地空导弹以及各型中低空、中近程和单兵肩式导弹为主。具有快速机动和伴随掩护能力，可同时对付多批目标，对作战飞机和巡航导弹均能实施有效拦截。

（5）陆军航空兵装备。有攻击直升机（武装直升机）、运输直升机和侦察校射、指挥通信、电子干扰等勤务直升机。

（6）电子对抗兵装备。有种种型号的电子侦察、电子干扰和电子伪装设备器材等。

（7）特种作战装备。有特种侦察、打击、爆破、通联装备和敌后生存装备等。

（8）通信兵装备。有通信、指挥控制和电磁频谱管理等装备。

（9）工程兵装备。有各专业工程器材、机械、设备等。如工程机械、渡河桥梁设备器材、伪装设备器材、工程侦察设备器材、地雷爆破设备器材等。

（10）防化兵装备。有核爆炸观测、核辐射侦察、化学侦察、洗消车辆和喷火、发烟设备器材等。

（二）海军

海军是以舰艇部队为主体，主要在海洋遂行作战任务的军种。可与其他军兵种联合作战，也可单独实施海空作战。

我国海军自1949年4月23日成立之日起，便担负起了保卫我国海防的任务。先后与敌作战1000余次，击沉击伤和俘获敌舰船400余艘，击落、击伤敌机200余架，击毙、俘虏敌人7000余人。有效地维护了国家领海主权和海洋权益，为保卫祖国万里海疆作出了重大贡献。

目前，我国海军已发展成为一支装备复杂、技术密集、多兵种合成，初具现代化作战能力的近海防御力量。

1. 海军编成

海军由水面舰艇部队、潜艇部队、海军航空兵、海军岸防兵、海军陆战队等兵种和各种专业勤务部队组成。

军委海军机关设有参谋部、政治工作部、后勤保障部、装备部。

海军部队编制序列为：海军——战区海军（海军舰队）——海军基地、舰艇支队、舰队航空兵和水警区等。

（1）水面舰艇部队。是以水面舰艇为基本装备，在水面遂行作战任务的兵种。包括水面战斗舰艇部队、登陆作战舰艇部队和勤务舰船部队。可用于攻击敌海上和陆上一定纵深内的目标，参加夺取制海权，进行海上封锁、反封锁作战，参加登陆、抗登陆作战，保护或破坏海上交通线等，具有独立作战和合同作战的能力。

（2）潜艇部队。是以潜艇为基本装备，主要在水下遂行作战任务的兵种。由战略导弹潜艇部队和攻击潜艇部队组成。通常用于攻击敌方大、中型舰船和潜艇，突袭陆上战略目标，袭击和封锁港口、基地，破坏海上交通线，以及实施侦察、布雷、反潜、巡逻和输送人员物资等。

（3）海军航空兵。是以飞机为基本装备，主要在海洋和濒海上空遂行作战任务的兵种。编有岸基航空兵和舰载航空兵。可用于攻击敌方海上、地面和空中目标，袭击敌方和保护己方海军基地、港口、沿海机场和海上交通线，参加争夺海洋战区和濒海战区的制海权和制空权，从空中掩护、支援己方舰艇的作战行动等。

（4）海军岸防兵。是以岸舰导弹和岸炮为基本装备，部署在沿海重要地段、岛屿，主要遂行海岸防御作战任务的兵种。包括岸舰导弹部队、海岸炮兵部队、高射炮兵部队和地空导弹部队。可用于突击敌方舰船，保卫基地、港口和沿海重要地段，扼守海峡、水道，掩护近岸海上交通线和己方舰船，支援岛岸和要塞守备部队作战等。

（5）海军陆战队。是以两栖作战武器为基本装备，主要遂行渡海登陆作战任务的兵种。通常由陆战步兵、炮兵、装甲兵、工程兵及侦察、通信等部（分）队组成。可单独或配合其他军兵种实施登陆作战，参加海军基地、港口、岛屿的防御作战及特种作战等。

2. 海军的使命

海军的使命是：防御外敌海上入侵，收复敌占岛屿，保卫我国领海，维护祖国统一和海洋权益。

3. 海军的装备

（1）水面舰艇部队装备。有多种型号的水面战斗舰艇、登陆作战舰艇和勤务舰船。水面战斗舰艇包括航空母舰、导弹驱逐舰、导弹护卫舰、猎潜艇、导弹艇和布雷舰艇、扫雷舰艇等。登陆作战舰艇包括登陆舰艇、登陆运输舰艇、船坞登陆运输舰、综合登陆运输舰和登陆指挥舰等。勤务舰船包括侦察监视船、海洋调查船、海洋测量船、训练舰、防险救生船、工程船、航行补给船、修理船、维修供应船、海军运输船、试验船、消磁船、医院船和基地勤务船等。

海军水面舰艇部队舰载武器装备主要有：各种型号的舰舰导弹、舰空导弹，各种口径的舰炮，反潜导弹，深水炸弹，鱼雷和舰载直升机等。

（2）潜艇部队装备。有国产的多种型号的常规动力、核动力的鱼雷潜艇和导弹潜艇，以及引进的部分常规动力潜艇。按照任务的不同，潜艇上装备的武器有鱼雷、水雷、飞航式导弹、弹道导弹等。

（3）海军航空兵装备。装备的飞机与空军航空兵基本相同，分为岸基飞机、舰载飞机和水上飞机。有多种型号的歼击机、轰炸机、强击队、水上飞机和反潜机等。此外还有运输机、直升机和其他特种飞机。舰载武器有各种空航、空地、空空导弹、火箭，航空火炮、鱼雷和深水炸弹等。

（4）海军岸防兵装备。有"海鹰""鹰击"系列多种型号的岸舰导弹、地空导弹、岸舰火炮、火箭炮和高射炮等。

（5）海军陆战队装备。有自动化步兵武器、反坦克导弹、防空导弹、各种火炮、火箭炮、冲锋舟、气垫船、水陆两栖坦克、两栖步战车、两栖装甲输送车，以及其他特种装备和作战器材等。

（三）空军

空军是以航空兵为主体，主要在空中遂行作战任务的军种。可与其他军兵种联合作战，也可单独作战。我国空军自1949年11月11日成立以来，在国土防空、抗美援朝、援越抗美等作战中，取得了击落击伤敌机3700余架的辉煌战绩，为保卫国家领空主权与安全、保卫社会主义建设和维护国家利益做出了重大贡献。

1. 空军编成

空军由航空兵、地空导弹兵、高射炮兵、空降兵、雷达兵、通信兵和各种专业勤务部队组成。

军委空军机关设有参谋部、政治工作部、后勤保障部、装备部。

空军部队的编制序列为：空军—战区空军—空军指挥所（基地）、航空兵师（旅）、防空兵师（旅）、雷达旅（团）和飞行院校等。

（1）航空兵。是以军用飞机和军用直升机为基本装备，主要遂行空中作战和空中保障任务的兵种。它是空军的主要兵种，由歼击航空兵、强击航空兵、歼击轰炸航空兵、轰炸航空兵、侦察航空兵、运输航空兵，以及空中预警、电子对抗、空中加油等专业航空兵部队组成。

歼击航空兵，是以歼击机为基本装备，主要遂行空中截击、空中格斗任务的航空兵。通常用于反敌航空侦察、抗击敌空袭，争夺制空权，实施空中掩护等，必要时也可用于攻击地面、水上目标和实施航空侦察。

强击航空兵，是以强击机为基本装备，主要遂行低空、超低空抵近攻击地面、水面目标作战任务的航空兵。通常用于攻击敌方浅近战役、战术纵深内的小型目标，以航空火力直接支援陆军、海军和火箭军部队作战，参与争夺制空权作战等。

歼击轰炸航空兵，是以歼击轰炸机为基本装备，主要遂行攻击地面、水面目标和空战任务的航空兵。通常用于攻击敌战役、战术纵深目标，参与争夺制空权作战等。

轰炸航空兵，是以轰炸机为基本装备，主要遂行攻击地面、水面或水下目标作战任务的航空兵。通常用于摧毁与破坏敌战略、战役纵深目标，参加争夺制空权，支援陆军、海军和火箭军部队作战等。

侦察航空兵，是以侦察机为基本装备，主要遂行航空侦察任务的航空兵。通常用于查明敌方的目标、电磁信息和敌占区的地形、天气等情况，以及己方伪装情况和突击效果，为己方军兵种部队的作战行动提供航空侦察情报资料。

运输航空兵，是以运输机为基本装备，主要遂行空中输送任务的航空兵。通常用于空运作战人员、装备和物资，保障部队空中机动、空降作战等。

其他专业航空兵，是以专业飞机和设备为基本装备，遂行专业任务的航空兵。如电子干扰机、空中加油机、空中预警机部队等。

（2）空军地空导弹兵。是以地空导弹武器系统为基本装备。遂行防空反导作战任务的兵种，是国土防空作战的重要力量。主要用于抗击敌机、巡航导弹和弹道导弹空袭，遂行要地防空作战和参加夺取制空权作战任务，保卫国家战略要地和重要目标安全。

（3）空军高射炮兵。是以高射炮武器系统为基本装备，遂行地面防空作战任务的兵种。主要用于要地防空和争夺制空权作战，必要时也可遂行歼灭敌地面、水面目标的任务。

（4）空降兵。是以降落伞和陆战武器为基本装备，以航空器为运输工具，主要遂行空降作战和机降作战任务的兵种。通常配合正面部队作战或独立遂行各种任务。主要担负对敌方政治、经济、军事等战略要地实施突然袭击，夺取并扼守敌方战役、战术纵深内的重要目标或地域，在敌后进行特种作战等任务。

（5）雷达兵。是以对空情报雷达为基本装备，主要遂行对太空、空中目标进行探测和报知情报任务的兵种。通常用以对太空目标预警、空中目标警戒侦察、对空引导任务和为航空管制、武器控制等提供情报保障等任务。

空军编成内的通信兵、电子对抗和气象等专业勤务部队，以各自专业的特种设备，为遂行作战任务的空军部队提供专业的勤务保障。

2. 空军的使命

空军的使命是：组织国土防空，夺取制空权，独立或联合（协同）其他军种作战，保卫祖国领土、领空、领海主权和国家利益，维护国家统一和安全，保障我国改革开放和经济建设顺利进地。

3. 空军的装备

（1）航空兵装备。有多种型号的歼击机、强击机、歼击轰炸机、轰炸机、侦察机、运输机和预警指挥机、空中加油机、电子干扰机等。机载武器有航空火炮、航空火箭、航空炸弹、空空导弹、空地导弹和鱼雷等，战略轰炸机也可以载核弹。

（2）空军地空导弹兵装备。有高空远程地空导弹系统、中空中程地空导弹系统。型号有国产"红旗"系列和引进的C-300地空导弹系统。

（3）空军高射炮兵装备。主要是小口径高射火炮系统，包括双37毫米和57毫米高炮系统。

（4）空降兵装备。空降装备有各种型号的降落伞和特种设备；运载工具和战斗车辆，有伞兵战斗车、伞兵突击车和轻型坦克等；步兵作战武器有自动步枪、冲锋枪、机枪，侦察分队配有微型、微声冲锋枪；炮兵武器器有，各种型号和口径的追击炮、无后座力炮、榴弹炮、高射机枪、高射炮、火箭炮等。

（5）雷达兵装备。有多种型号和程式的地面警戒雷达、引导雷达、航空管制雷达和弹道导弹预警雷达等。

（四）火箭军

火箭军（原为成立于1966年7月1日的第二炮兵）是战略、战役导弹为基本装备，主要遂行战略威慑、核反击和常规导弹打击任务的军种。火箭军成立于2015年12月31日，是我国战略威慑的核心力量，大国地位的战略支撑，维护国家安全的重要基石。它与海军潜艇战略导弹部队、空军战略轰炸机部队一同构成了我国三位一体的战略核力量。火箭军可单独遂行作战任务，也可与其他军种联合（协同）作战。

1. 火箭军的编成

火箭军主要由核导弹部队、常规导弹部队及各种保障部队等组成。

军委火箭军机关设有参谋部、政治工作部、后勤保障部、装备部。

火箭军部队的编制序列为：火箭军—基地—旅。

2. 火箭军的使命

火箭军是我国核力量的主体，肩负着威慑和实战的又重使命。

威慑。即平时遏制敌国可能对我国发动核战争和局部入侵，打破敌人的核讹诈，为我国的和平外交政策服务；战时遏制常规战争升级为核战争。

实战。即在我国遭受到核突袭时，根据需要，对敌实施坚决、及时和有效的核反击，打击敌国战略目标；发挥战役战术常规导弹的突击作用，赢得信息化条件下的局部战争。

3. 火箭军的装备

目前，火箭军装备有国产"东风"系列多型号地地战略导弹和常规导弹。包括近程导弹（1000千米以内）、中程导弹（1000—3000千米）、远程导弹（3000—8000千米）和洲际导弹（8000千米以上）。

地地战略导弹。是从陆地发射，主要打击敌陆地战略目标，射程在1000千米以上的导弹。按飞行轨迹，分为地地弹道战略导弹和地地巡航战略导弹；按装药，分为地地核战略导弹和地地常规战略导弹；按射程分为地地洲际战略导弹、地地远程战略导弹和地地中程战略导弹。

地地常规导弹。是从陆地发射，战斗部位装填为常规炸药，主要打击敌陆地目标，必要时也可以打击水上目标，通常以打击中近程目标为主，必要时也可以打击远程或洲际目标。

火箭军除目前装备的各种导弹外，已基本实现固体化、机动化，并将逐步实现小型化，命中精度和突防能力将进一步提高。同时，正在加紧研发各种性能的新型弹道导弹、巡航导弹。

我国始终奉行不首先使用核武器的政策，坚持自卫防御的核战略，核力量始终维持在维护国家安全需要的最低水平。

（五）战略支援部队

2015 年 12 月 31 日成立的战略支援部队，是在新型作战领域对陆军、海军、空军和火箭军作战实施战略支援的战略军种。战略支援部队由战略性、基础性、支撑性很强的各类保障力量经功能整合后组建而成，是维护国家安全的新型作战力量，我军新质作战能力的重要增长点。

思考题：

1. 我国武装力量由哪几部分组成？

2. 我国陆、海、空、火箭军和战略支援部队的使命是什么？

3. 简述各军兵种编成？

第四节　国防法规

国防法规是调整国防和武装力量建设领域各种社会关系、法律规范的总和，是国家法律体系的重要组成部分，是加强国防和武装力量建设的基本依据。在"四个全面"战略布局的新形势下，大力推进国防法规建设，对于保障国防和军队建设的顺利进行，做好军事斗争准备具有十分重要的意义。

一、国防法规的特性

国防法规是国家法律体系的重要组成部分，是由国家制定或认可，并强制实施的行为规范。国防法规除具有鲜明的阶级性、高度的权威性、严格的强制性、普遍的适用性和相对的稳定性等一般法律特性外，还具有区别于其他法规的特殊性，主要表现在以下三个方面。

（一）调整对象的军事性

法律是调整社会关系的行为规范，不同的法律规范用来调整不同领域的社会关系，国防法规所调整的是国防和武装力量建设领域的各种社会关系，包括军队内部的社会关系、武装力量内部的社会关系、武装力量与外部的社会关系等。这些带有军事性的社会关系，是国防法规特有的调整对象，是其他任何法律规范所不能代替的，是国防法规特性的基本表现。

国防法规调整对象的军事性，并不意味着国防法规只适用军队，不适用社会的其他方面。国防是国家行为，是全民都要参与的事业。国防和武装力量建设领域的社会关系所涉及的行为主体并不都是军队和军人，也包括各种机关、行业和团体，政治、经济、外交、文化科技和教育等各个部门和社会各阶层人士，都与国防有关。因此，一切社会团体和个人都必须按照国防法规的要求，自觉接受其行为规范的调整，自觉履行自己的国际义务。

（二）法律适用的优先性

国防法规适用的优先性，是指在解决与国防利益、军事利益有关的法律问题时，如果国防法规和普通法都有相关的规定，而两者的规定又发生矛盾时，要以国防法规的规定作为评判是非的标准和采取行动的准则。优先适用不是指的先后顺序，而是一种排他性的单项选择。在涉及国防利益、军事利益的案件中，只适用国防法规，不适用普通法。"特别法优先于普通法"是国际公认的法律适用原则。特别法是对特定人、特定领域、特定事项，在特定时间内有效的法律，国防法规属于特别法。

（三）公开程度的有限性

公开是法律的固有特性，立法程序公开，法律内容公开，执法活动公开，监督检查公开，因为法律只有公开才能使人们普遍了解和遵守。国际法规从总体上看是公开的，比如我国的《国防法》《国防动员法》《军事设施保护法》《兵役法》《现役军官法》《现役士兵服役条例》《预备役军官法》《征兵工作条例》《军人抚恤优待条例》《烈士褒扬条例》等，都是向全社会公开颁行的。但是与其他法律相比，国防法规的公开程度则是比较低的，一些涉及军事机察的国防法规，只限定有关人员知晓，如有关作战、训练、军队编制和国防科研等方面的法规，都是具有保密性的，是不能公开的。国防法规公开程度的有限性，是国家安全和国防安全的需要。

（四）处罚措施的严厉性

国防法规所保护的国防利益，是关系国家兴亡的最根本的国家利益，因而对危害国防利益的犯罪施行比较严厉的处罚。这种严厉性突出表现在以下三个方面。

一是同一类犯罪，危害国防利益的从重处罚。如《中华人民共和国刑法》（以下简称《刑法》）规定，抢劫罪通常处以三年以上十年以下有期徒刑，而冒充军警人员抢劫的，抢劫军用物资的，则处以十年以上有期徒刑、无期徒刑或死刑。

二是战时从重处罚。所谓战时，是指国家宣布进入战争状态、部队受领作战任务或者遭敌袭击时，部队执行戒严任务或者处置突发性暴力事件也以战时论处。我国《兵役法》《刑法》的许多条款都明确规定战时要从重处罚。如《兵役法》规定，和平时期应征公民拒绝、逃避征集拒不改正的，不得录用为公务员或者参照公务员法管理的工作人员，两年内不得出国（境）或者升学，还可以同时处以罚款；而战时有此行为则构成犯罪，要依法追究刑事责任。

三是对军人违反职责的犯罪从重处罚。我国《刑法》规定的军人违反职责罪有 30 项罪，其中 12 项罪最高刑罚为死刑。对军人犯罪给予较重的处罚，是军事斗争的特殊性决定的，是保障完成军事任务的需要。

二、国防法规体系

国防法规体系是指由不同层次、不同门类的国防法律规范构成的相互联系、相互制约和协调的有机整体。我国的国防法规按立法权限区分为四个层次：第一层次是法律，是由全国人民代表大会及其常务委员会制定的；第二层次是法规，是由国务院和中央军委制定的，由中央军委制定的为军事法规，由国务院制定或国务院与中央军委联合制定的为军事行政法规；第三层次是规章，由中央军委各部门、各战区、各军兵种制定的为军事规章，由国务院有关部委与中央军委有关部门联合制定的为军事行政规章；第四层次是地方性法规，是由各省、自治区、直辖市人民代表大会及其常务委员会制定的贯彻执行国家国防法规的实施办法、实施细则和补充规定等。

我国的国防法规按调整领域可以划分为 16 个门类：国防基本法类，国防组织法类，兵役法类，军事管理法类，军事刑法类，军事诉讼法类，国防经济法类，国防科技工业法类，国防动员法类，国防教育法类，军人权益保护法类，军事设施保护法类，特区驻军法类，紧急状态法类，战争法类，对外军事关系法类。不同门类的国防法规，调整、规范不同领域的国防和军事活动。

三、公民的国防义务和权利

（一）公民的国防义务

1. 服兵役义务

兵役义务是公民在参加国家武装力量和以其他形式接受军事训练方面应当履行的责任。我国《兵役法》第一章第3条规定："中华人民共和国公民，不分民族、种族、职业、家庭出身、宗教信仰和教育程度，都有义务依照本法的规定服兵役。"我国的兵役分为现役和预备役两种。

第一，现役。在中国人民解放军和武装警察部队服现役的称现役军人。按照我国《兵役法》的规定，每年12月31日以前年满18周岁的男性公民，应当被征集服现役。当年未被征集的，在22周岁以前仍可以被征集服现役，普通高等学校毕业生的征集年龄可以放宽至24周岁。根据军队需要，可以征集18周岁至22周岁的女性公民服现役。同时，《兵役法》还规定，不得征集正在被依法侦查、起诉、审判的或者被判处徒刑、拘役正在服刑的应征公民。

除了征集新兵，军队平时还采取其他一些方式从适龄公民中选拔人员。军事院校从应届高中毕业生中招收学员，部分普通高等学校招收国防生，军队招收普通高等学校毕业生入伍，从非军事部门具有专业技能的公民中招收士官。2008年夏季开始，在普通高校应届毕业生中也开始招收士官。符合服兵役条件的公民，可以通过以上途径参加中国人民解放军或武装警察部队服现役。

战时根据需要，国务院和中央军委可以决定征召36周岁至 45 周岁的男性公民服现役，可以决定延长公民服现役的期限。

第二，预备役。预备役是国家储备后备兵员的重要形式，服预备役是公民在军队以外所服的兵役。经过登记，预编到现役部队、编入预备役部队、编入民兵组织服预备役的，或者以其他形式服预备役的，称预备役人员。

士兵预备役。《兵役法》规定，士兵退出现役时，符合预备役条件的，由部队确定服士兵预备役；经过考核，适合担任军官职务的，服军官预备役。

退出现役的士兵，由部队确定服预备役的，自退役之日起 40 日内，到安置地的县、自治县、市、市辖区的兵役机关办理预备役登记。经过兵役登记的应征公民，未被征集服现役的，办理士兵预备役登记。

士兵预备役的年龄为 18～35 周岁，根据需要可以适当延长。

士兵预备役分为第一类和第二类。

第一类士兵预备役包括下列人员：预编到现役部队的预备役士兵；编入预备役部队的预备役士兵；经过预备役登记编入基干民兵组织的人员。

第二类士兵预备役包括下列人员：经过预备役登记编入普通民兵组织的人员；其他经过预备役登记确定服士兵预备役的人员。

军官预备役。《兵役法》规定，预备役军官包括下列人员：退出现役转入预备役的军官；确定服军官预备役的退出现役的士兵；确定服军官预备役的普通高等学校毕业学生；确定服军官预备役的专职人民武装干部和民兵干部；确定服军官预备役的非军事部门的干部和专业技术人员。

退出现役转入预备役的军官，退出现役确定服军官预备役的士兵，在到达安置地以后的 30 日内，到当地县、自治县、市、市辖区的兵役机关办理预备役军官登记。

选拔担任预备役军官职务的专职人民武装干部、民兵干部、普通高等学校毕业生、非军事部门的人员，由工作单位或者户口所在地的县、自治县、市、市辖区的兵役机关报请上级军事机关批准并进行登记，服军官预备役。

2. 接受国防教育的义务

国防教育是国家为增强公民的国防观念和国家安全意识，在全体公民中进行的以爱国主义为核心的与国防和军队有关的思想、知识、技能的普及性教育。2001 年 5 月 31 日第九届全国人大常务委员会第二十三次会议通过《关于设立全民国防教育日的决定》，规定每年九月第三个星期六为"全民国防教育日"。

2001 年第九届人大常务委员会第二十一次会议通过的《中华人民共和国国防教育法》（以下简称《国防教育法》）对国防教育的地位、目的、方针、原则都作了明确的规定。指出，国防教育是建设和巩固国防的基础，是增强民族凝聚力、提高全民素质的重要途径；其目的是，通过开展国防教育，使公民增强国防观念，掌握基本国防知识，学习必要的军事技能，自觉履行国防义务；国防教育贯彻全民参与、长期坚持、讲求实效的方针，实行经常教育与集中教育相结合，普及教育与重点教育相结合，理论教育与行为教育相结合的原则。

国防教育的内容主要包括：国防理论教育、国防精神教育、国防知识教育和国防技能教育，以及战略形势教育、国防任务教育、敌情教育等特定教育。

在大中学校中开展学生军事训练，是开展国防教育的一种重要实践形式，也是加强国防后备力量建设的重要举措和学生必须履行的国防义务。

我国《兵役法》第 45 条规定："普通高等学校的学生在就学期间，必须接受基本军事训练。"第 46 条规定："普通高等学校设军事训练机构，配备军事教员，组织实施学生的军事训练。"第 47 条规定："普通高中和中等职业学校，配备军事教员，对学生实施军事训练。"学生军事训练依据国家教育部和原解放军总参谋部、总政治部联合制定的《普通高等学校军事课教学大纲》、《高级中学和相当于高级中学军事课教学大纲》组织实施。高等学校和高级中学将军事课（含军事理论教学和军事技能训练）作为必修课，纳入教学计划。军事理论教学时间为 36 学时，军事技能训练时间为 2—3 周，实际训练时间不得少于 14 天。各项教学和训练都规定有明确的内容和目标，必须严格执行。考试成绩记入学生档案，考试不合格的，按高等学校学籍管理办法和有关规定处理。

3. 保护国防设施的义务

国防设施是指用于国防目的的工程建筑、场地及设备的统称。包括各种军事设施，以及可用于军事行动的民用交通、通信、物资储备等设施。国防设施是国防建设的成果，是国防活动的依托，是抵抗侵略、保卫祖国的物质条件。在巩固国防、维护国家安全利益方面具有重要作用。国家采取一切必要措施保护国防设施。

1990 年 2 月 23 日颁布的《中华人民共和国军事设施保护法》规定，国家对军事设施实行"分类保护、确保重点"的方针。根据军事设施性质、作用、安全保密和使用效能的要求，将军事设施的保护分为三类。一是划定军事禁区予以保护；二是划定军事管理区予以保护；三是没有划入军事禁区、军事管理区的军事设施，如通信线路、铁路和公路线、导航和助航标志等，采取有效措施予以保护。

公民在从事经济、文化和其他社会活动时，应当遵守法律规定，自觉保护国防设施。公民对于破坏、危害国防设施的行为，应当检举、控告或制止。破坏、危害国防设施的，要承担相应的法律责任。

4. 保守国防秘密的义务

国防秘密是指关系国家安全利益，在一定时间内只限一定范围人员知悉的军事或与军事有关的政治、经济、外交、科技和教育等方面的事项。国防秘密的主要表现形式是国防秘密信息和国防秘密载体。保守国防秘密事关国家的安危，公民应当遵守《中华人民共和国保守国家秘密法》，以及有关的保密规定，严格保守国防方面的国家秘密，发现国防方面的国家秘密已经泄露或者可能泄露时，立即采取补救措施并及时报告。

5. 支持国防建设，协助军事活动的义务

我国的国防是全民国防，公民应当积极参与和支持国防建设。支持国防建设的形式是多种多样的，公民所做的一切有利于国防建设的事都是支持国防建设。军事活动是国防活动的核心内容，公民应当根据自己的能力和条件，自觉地提供便利和协助。

（二）公民的国防权利

我国《国防法》第54条规定："公民和组织有对国防建设提出建议的权利、有对危害国防的行为进行制止或者检举的权利。"第55条规定："公民和组织因国防建设和军事活动在经济上受到直接损失的，可以依照国家有关规定取得补偿。"由此可见，公民的国防权利主要有以下三个方面。

1. 提出建议权

公民依法对国防建设的指导思想、方针、原则、规章制度和实施方法等提出建议，这是公民依照《宪法》享有的对国家事务建议权在国防建设方面的体现。

2. 制止权和检举权

制止危害国防利益的行为，是指公民依法采取一定的方式、方法，使危害国防的行为停止下来，从而维护国防利益。对于危害国防安全的行为，公民有权采取一切合法手段制止其发生、发展。

检举危害国防利益的行为，是指危害国防的行为发生后，公民对违法行为进行揭发。《国防法》规定，公民享有制止和检举权，对及时发现和有效地制止、打击侵害国防利益的违法犯罪行为，维护国防利益，加强国防建设有着重要作用。

3. 获得补偿权

国家进行国防建设，武装力量开展军事活动，在某些情况下可能对公民的合法权益产生一定的影响甚至造成经济损失，公民有权按国家有关规定，请求政府或军事机关予以补偿。战时和其他紧急状态下，有些补偿措施是在事后落实的，不应把预先得到补偿作为接受征用的条件。同时"补偿"不同于"赔偿"。补偿是由国家机关工作人员或军事人员的合法行为引起的，是国家对公民因国防活动受到损失所采取的补救措施，仅限于直接经济损失，不包括间接经济损失和精神损失。因此，必须实事求是地进行申请与核实。

（三）国防义务与国防权利的关系

国防义务与国防权利是对立统一的关系。所谓对立，是指两者各有不同的含义，有质的不同。权利是主动的，义务是被动的；权利可以放弃，义务必须履行。所谓统一，是指两者同时产生、密切联系、互为条件、相辅相成，具有一致性。

国防义务与国防权利的一致性主要表现在三个方面：

一是对等性。从权利和义务之间的关系来考察，公民所承担的国防义务和享有的国防权利相对应而存在，看似两者在总量上是相等的。《国防法》第 9 章规定，公民的国防义务有五项，国防权利有三项，在数量和份量上不完全对应。但我国《宪法》规定，国家武装力量的任务之一是"保卫人民的和平劳动"，表明公民还享有和平劳动被保护的权利，这是一项很重要的国防权利。公民履行各种国防义务，同时享受和平劳动以及正常的生活和学习被保护的权利，这是权利义务总量相等最突出的表现。

二是平等性。从人与人之间的关系上来考察，公民在享受权利和承担义务方面是平等的。《宪法》规定："中华人民共和国公民在法律面前人人平等。""任何公民都享有宪法和法律规定的权利，同时必须履行宪法和法律规定的义务。"这表明，我国公民平等地享有法定的国防权利，也平等地承担国防义务。没有只享受权利而不履行义务的公民，也没有只履行义务而不享受权利的公民。

三是同一性。有些国防权利和国防义务是同一的。如《国防教育法》第 5 条规定："中华人民共和国公民都有接受国防教育的权利和义务。"表明接受国防教育既是国防权利，又是国防义务。公民依法服兵役的权利和义务也是同一的。《兵役法》规定，依照法律被剥夺政治权利的人，不得服兵役，这是从权利角度规定的。被剥夺政治权利的人，同时也被剥夺了服兵役的权利。《兵役法》还规定，身体残疾不适合服兵役的人，免服兵役，这是从义务角度规定的。免除残疾人服兵役的义务，是国家对残疾人的照顾。

权利和义务的一致性在国防方面有特殊的表现。在其他社会活动中，权利和义务的一致性通常是直观的。但在国防活动中，权利和义务的一致性却并不都是直观的，甚至在一定局部、一定层次上表现为不对等、不平等。一是和平时期公民的劳动、生活没有受到战争的现实威胁，看似享受不到国防活动所带来的直接利益，但也必须承担国防义务，因为等战争临近再进行国防建设是来不及的。如果要求权利义务在任何时候都绝对一致，国防建设往往无法进行。二是不同地区的公民享受的国防权利和承担的国防义务是不平等的。平时，边海防地区的公民承担较多国防义务，却享受与内地同样的国防权利；在发生局部战争情况下，战区和邻近战区的公民就要承担较多的国防义务，而其他地区的公民承担的国防义务则较少。三是公民在参与国防活动时，所享受的权利和所承担的义务也往往是不对等的。如战争期间，国家可以根据军事需要征用公民的物资、车辆、船只等。服从征用，是公民应尽的国防义务，而履行这一义务必然要承受一定的经济损失。我国《国防法》虽然规定对直接经济损失给予补偿，但却不能适用民法中的等价补偿原则。在有些情况下，国防义务的付出是难以补偿的。公民为协助军事活动，可能会流血牺牲。抚恤有定额，而生命是无价的。另外，由于国防的组织、领导权集中掌握在国家手中，一般公民在国防活动中往往更多的是履行义务，而非行使权利。

学习国防法规一定要明确，国防义务与国防权利在根本上是一致的。公民履行国防义务维护国家的安全，实质上是维护自身的安全。而且，国家的安全利益得到保障，公民的政治权利、经济权利、文化权利和其他权利才能得到实现。因此，应树立正确的权利与义务观，自觉为国防事业贡献力量。

思考题：

1. 什么是国防法规？我国国防法规的主要特性是什么？

2. 我国国防法规体系由哪些层次和门类构成？

3. 我国公民、组织的国防义务和权利有哪些？

4. 学生参加军事训练的意义有哪些？

5. 我国公民履行兵役义务的途径有哪些？

6. 阐述国防义务和国防权利的关系？

第五节　国防动员

国防动员，是指国家为应对战争或其他安全威胁，使社会诸领域的全部或部分由平时状态转入战时状态或紧急状态的活动。根据国防动员的规模，一般分为总动员和局部动员。总动员是指在全国范围内实施的国防动员。局部动员是指国家在局部地区实施的国防动员。国防动员通常包括武装力量动员、国民经济动员、政治动员、民防动员、科技动员、装备动员等。国防动员工作全过程包括动员的准备、实施和复员。

一、国防动员概述

（一）国防动员的产生与发展

国防动员与战争紧密相连，是战争活动的重要组成部分和前提条件，因此最早被称为战争动员。

战争动员产生于奴隶社会时期，发展于封建社会和资本主义社会时期。自资本主义工业革命后，战争动员进入全面发展时期。尤其是20世纪规模空前的两次世界大战的发生，为战争动员的进一步发展提供了客观条件。该时期战争动员的特点：

一是动员的规模空前。如第二次世界大战中，参战各国动员的总兵力达到1.1亿人。其中，德国为1700万人，日本近1000万人，苏联1136万人，美国1213万人，人力、物力、财力的动员量高于以往任何战争。二是动员的范围进一步扩展。两次世界大战期间，真正将经济、政治、外交等领域全部纳入了战争动员范围，将工业、农业、商业、财政金融、交通运输和邮电通信等经济部门进一步纳入了战时轨道，使得整个战争动员体系日趋完备，"综合动员"的性质日益明显。三是动员呈现出持续性的特征。在整个战争期间连续多批次地实施人力、物力和财力的动员，已成为参战各国的普遍做法。四是动员体制和制度不断发展，战争动员法规日臻完善。

在中国现代革命史上，中国共产党人成功地领导了多次战争动员活动。在我国社会主义建设中，国防动员体系同样发挥了巨大的作用。如 2008 年 5 月 12 日四川汶川地区发生 8 级大地震后，在两个多星期艰巨的初期救援阶段，进行了广泛的应急动员，先后动员人民解放军和武警部队 13 万多人、民兵数万人参与抗震救灾，气象、通信、导航卫星也加入到救灾的行列之中，一场建国以来罕见的大规模动员应急行动以前所未有的速度和效率迅速展开。中国军民短时间内的动员力以及在大灾面前空前顽强和团结的场面，给世人留下了深刻印象。军队的战斗力、指挥力和中国军民的动员力也得以大幅度提升。

（二）国防动员的地位与作用

国防动员是国防活动的重要内容之一，是准备和实施战争的重要措施。无论是古代战争还是现代战争，全面战争还是局部战争，常规战争还是非常规战争，都离不开有效的动员。国防动员在保障赢得战争胜利等诸多方面，都具有十分重要的地位与作用。

1. 国防动员是遏制战争、打赢战争的基础环节

为遏制战争爆发和夺取战争胜利积聚强大的战争力量，是国防动员的基本功能与主要任务。战争是实力的较量，不具备强大的实力，要赢得战争的胜利是不可想象的。国防动员不仅

能够通过平时的准备，为遏制战争和打赢战争积聚强大的战争潜力，而且可以通过建立一套科学高效的平战转换机制，使这种潜力在战争爆发后迅速转化为实力，从而为夺取战争的胜利奠定必要而坚实的人力、物质基础。同时，现代战争的巨大破坏性，使人们不得不把国防动员作为降服战争这个恶魔的重大步骤予以重视。因此，国防动员已被世界各国作为维护国家安全与发展的重大战略问题加以研究和应用。

2. 国防动员是应对紧急突发事件的有效措施

国防动员的最初功能是应对战争的需要，但发展到了现代社会，随着各种灾害事故和突发事件的频繁发生，人们已把国防动员的功能予以拓展，让它同样可以在应对和处置各类突发事件中发挥有效作用。因此，当国家遇到此类突发事件时，国防动员活动可以凭借自身的准备和特有的机制，使国家或地区在需要时进入一定的应急状态，动员国家、军队和社会的一定力量，抗御自然灾害、处置各种自然和人为的事故与灾难，使国家和社会处于正常运转状态，维护人民群众的生命财产安全。

3. 国防动员是支援经济和社会发展的重要力量

国防动员实行"平战结合、军民结合、寓军于民"的原则，其建设的成果可以直接为经济建设服务，于军于民均可节约国防开支，有利于国家集中力量发展经济。在战时，健全有效的国防动员可以把生产力迅速转化为强大的战斗力，而在和平时期，健全有效的国防动员不仅可以为国家的经济发展提供强大的凝聚力和推动力，而且可以充分发挥国家武装力量在国家经济社会发展中的作用，形成强大的生产力。

二、国防动员的内容

国防动员的主要内容包括：武装力量动员、国民经济动员、人民防空动员、交通战备动员、信息通信动员和政治动员。

（一）武装力量动员

武装力量动员，亦称人民武装动员，是指为了应对战争、突发事件或紧急状态的需要，国家有计划、有组织地将军队和其他武装组织由平时状态转入战时（应急）状态所进行的一系列活动。战争是武装力量的直接对抗，各个领域的动员活动都要围绕武装力量的作战行动展开，而人民武装动员与武装力量的作战行动关系最直接。因此，人民武装动员是国防动员的核心。人民武装动员通常包括现役部队动员、预备役部队动员、后备兵员动员和民兵动员。

现役部队动员，是指将中国人民解放军各军兵种部队和武装警察部队从平时编制转为战时编制，按动员计划进行扩编，达到齐装满员。现役部队动员的主要活动包括：一是进入临战状态。接到动员命令后立即召回外出人员，停止转业、复员、退伍、探亲和休假等活动，启封库存的武器装备，做好战斗准备。二是实行战时编制。不满编的部队迅速按战时编制补充兵员和装备，达到齐装满员。三是扩建现役部队。扩建部队以现役部队为基础，扩建时的兵员空缺，由预备役官兵补充。四是组建新的部队。按照动员计划和部队编制方案，从现役部队或军事院校抽调官兵，作为新建部队的骨干，同时征召预备役官兵，组成新的部队。

预备役部队动员，是指预备役部队成建制转服现役的活动，是战时快速动员的一种重要方式。我国《国防法》规定，预备役部队"战时根据国家发布的动员令转为现役部队"。

后备兵员动员，是指征召适龄公民到军队服现役的活动。主要是征召预备役军官和士兵补充现役部队。后备兵员动员是直接为现役部队动员服务的，通常与现役部队动员的同步实施。主要有三种用途：一是补充不满编的现役部队；二是补充扩建和新组建的部队；三是补充战斗减员的部队。

民兵动员，主要是指组织发动民兵担负参战支前任务。民兵是保卫祖国的一支重要力量，战时可以配合军队作战和担负支援保障任务，也可以独立担负后方防卫作战和维稳任务。

（二）国民经济动员

国民经济动员，是指国家根据国防需要，将有关经济部门、经济活动及其经济关系由平时状态转入战时状态或紧急状态的活动。国民经济动员是国防动员的基础和重要内容，对于充分发挥国家的经济潜力，提高军品生产能力，及时满足战争和紧急状态对各种物资和勤务保障的需求，具有重要的作用。

国民经济动员主要包括工业、农业、财政、金融、医疗卫生等方面的动员。

工业动员，是指国家根据国防需要，将有关工业部门、生产活动及其经济关系由平时状态转入战时状态或紧急状态的活动。局部战争中，工业动员一般首先对国防工业进行动员，民用工业作为后续动员的对象。主要内容包括：统筹安排军需民用，调整工业布局，改组生产与产品结构，实行快速转产，扩大军品生产；组织工厂企业进行必要的搬迁、复产，以及作战物资的生产和储备等，最大限度地把工业潜力转化为实力。

农业动员，是指国家根据国防需要，将有关农业部门、生产活动及其经济关系由平时状态转入战时状态或紧急状态的活动。主要内容包括：实行战时农产品管理体制，调整农业生产结构，实施战时农业经济政策。

财政动员，是指国家根据国防需要，将有关财政部门、财政活动及其经济关系由平时状态转入战时状态或紧急状态的活动。包括动用财政储备，加大战争拨款，举借战争公债，增加财政税收等。

金融动员，是指国家根据国防需要，将有关金融部门、金融活动及其经济关系由平时状态转入战时状态或紧急状态的活动。主要是通过金融机构为战争融资，包括动员金融机构自有资金、利用金融机构贷款、动员社会存款、实行外汇管制，以及限制或停止兑现存款、证券交易等。

医疗卫生动员，是指国家为应对战争或其他安全威胁，将有关医疗卫生部门由平时状态转入战时状态或紧急状态，统一组织调动医疗卫生方面的人力、药品、器材、设备和设施的活动。

（三）人民防空动员

人民防空动员，是指国家根据国防需要，动员和组织人民群众采取防护措施，以防范和减轻空袭危害的活动。现代战争中，远距离精确打击成为重要的作战样式，大、中城市和经济基础设施面临的空袭威胁日益严重。人民防空动员对于减轻空袭危害，减少人民群众生命财产损失，保持后方稳定，保存战争潜力等方面，都具有重要的作用。

人民防空动员主要包括人防预警动员、群众防护动员、重要经济目标防护动员、人防专业队伍动员等。

人防预警动员，是为了及时获取防空斗争所必需的情报，为组织民众防护和进行抢救抢修提供信息保障。主要任务包括：建立和完善人防警报网，确保战时按规定适时发放防空警报；组织群众开展对空侦察，协助有关部门掌握和传递空中情况。

群众防护动员，是为了保护人民生命财产安全，保存后备兵员和劳动力资源，保证人心安定和社会稳定，维持战时生产和生活秩序。主要任务包括：开展人民防空教育，组织城市人口疏散，构筑人民防空工程和组织掩蔽，组织城市防空管制。

重要经济目标防护动员，是为了减轻战争破坏程度，保护关键的生产能力。最近的几场局部战争表明，空袭经济目标，摧毁国防潜力，对战争的进程和结局具有决定性影响，搞好重要经济目标防护动员，对于夺取战争的胜利具有十分重要的作用。相对于政治、军事目标，重要经济目标数量多、面积大，情况千差万别，抗打击能力弱，敌空袭这类目标成功率最高。平时，国家经济部门在安排大型项目建设和调整产业结构时，就应充分考虑重要经济目标的防护要求；战时，应积极动员有关部门、企业和社会力量，采取综合防护措施，如搬迁疏散、转入地下，伪装欺骗、示假隐真，空中设障、多方拦截等，提高整体防护能力。

人防专业队伍动员，是根据战时消除空袭后果的需要，按照专业系统组成的担负抢救抢修等防空勤务的群众性组织需要所进行的活动。主要任务包括：平时组建各种人防专业队伍，进行必要的训练和演练，有针对性地落实抢救抢修器材、装备和物资；战时适当扩充人防专业队伍，组织开展抢救、抢修行动，消除空袭后果，维护社会治安。

（四）交通战备动员

交通战备动员，是指国家为应对战争或其他安全威胁，将有关交通运输部门、信息通信部门由平时状态转入战时状态或紧急状态，统一组织调动交通运输、信息通信资源的活动。交通战备动员，包括交通运输动员和信息通信动员。

交通运输动员，简称交通动员，是指国家为应对战争或其他安全威胁，将有关交通部门由平时状态转入战时状态或紧急状态，统一组织调动交通运输资源的活动。主要包括铁路、公路、水路和航空等运输部门及运行方式的动员。铁路运输具有运载量大、速度快、效率高的特点，可担负远距离、大重量的运输任务，是在战略、战役后方实施大规模运输的主要手段。搞好铁路运输动员，要求在平时必须搞好通往主要作战方向的铁路网络的规划建设，修筑必要的铁路运输保障设施和防护工程，重要线段应修建支线、多线、迂回线等。公路运输具有灵活机动、周转速度快、适应性强等特点，既可独立完成运输任务，又可与其他运输方式相衔接进行运输。搞好公路运输动员，主要是采取一切组织和技术管理措施，加强战场公路网建设，组织各种运输力量参加军事运输，提高战时公路运输的保障能力。水路运输具有运量大、成本低、隐蔽安全、航线不易被破坏等特点，是海上作战和江河水网地区部队机动和物资输送的主要手段。为提高水路运输动员能力，应充分开发水路运输潜力，发展造船工业，尽可能多地修建港口、码头等，以适应战时军事运输的需要。航空运输具有快速、灵活，一般不受地形条件限制等特点，适用于紧急情况下输送人员、物资。为提高航空运输的动员能力，应根据战时动员需要，按照平战结合的原则，规划建设各种飞机跑道和机场，开辟空中航线，储备航空运输需要的各种飞机及其各类专业技术人员等。战时交通运输动员行动主要包括：实行交通管制、动员民用运力、组织交通线的防护等。

信息通信动员，是指国家为应对战争或其他安全威胁，将有关信息通信部门由平时状态转入战时状态或紧急状态，统一组织调动信息通信资源的活动。信息化局部战争中，指挥协同的通信量大大增加，信息通信动员的任务十分繁重。信息通信动员涉及面广，动员对象既有通信技术人员，也有通信装备和器材；既有有线通信系统，也有无线、移动、卫星通信系统和互联网；参与动员的人员，既有政府部门的业务管理人员，也有军队系统的相关管理人员，甚至还有通信网络营销商和通信装备生产商。要做到各类人员有机协调、统一行动，实现各类通信网络兼容互通、系统集成，确保通信畅通、保密安全，必须加强对信息通信动员的集中统一领导和指挥。信息通信动员由军队信息通信部门、地方信息通信部门和信息通信动员部门共同组织实施。主要任务包括：对国家信息通信网络实行统一管制，征集和调用民用信息通信资源和力量，组织信息通信防卫，抢修抢建信息通信线路和设施，确保军队指挥顺畅、军地联络通畅。

（五）政治动员

政治动员，是国家为应对战争威胁和其他威胁，开展的宣传、教育、组织工作和外交活动。政治动员是国防动员的一项重要内容，并为其他领域的动员活动提供思想和组织保证。政治动员对于充分调动和发挥本国军民的精神力量，尽可能地争取国际社会的同情和支持，瓦解敌方的战斗意志，具有重要作用。对此，毛泽东在《论持久战》中深刻指出："政治上动员军民的问题，实在太重要了。我们之所以不惜反反复复说到这一点，实在是没有这一点就没有胜利。"

平时政治动员主要表现为国防教育。其内容主要包括国防观念、国防知识、军事技能和国防法规等方面的教育，目的是增强国防观念和维护国家安全意识，提高履行国防义务的自觉性。国防教育以全民为对象，重点是国家机关工作人员、武装力量编成人员和青年学生。

战时政治动员主要包括国内政治动员和外交舆论宣传。国内政治动员，是政府、军队和社会团体等，运用各种宣传舆论工具，对全国军民进行以爱国主义和革命英雄主义为核心的国防教育，使之增强国防观念，坚定打败敌人、夺取胜利的信心。在国内政治动员中，对军人及其家属实行优待和抚恤政策是十分重要的，可以起到激励将士奋勇杀敌、勇立战功，引导全社会拥军优属、为争取战争胜利作贡献的作用。外交舆论宣传，是国家通过各种外交活动和对外宣传，揭露敌人的战争阴谋，控诉敌人的战争暴行，瓦解敌方的战斗意志，争取各国的声援和支持，建立国际统一战线或建立战略协作关系。

三、国防动员的组织与实施

国防动员通常按照进行动员决策、发布动员令、充实动员机构、修订和落实动员计划等步骤进行。

（一）动员决策

动员决策，是国防动员实施过程中首先需要解决的问题。只有实施了动员决策，整个国家的政治、军事、经济、文化和外交等部门或领域才能相应地转入战时体制，进行动员的各项活动。

进行国防动员决策的关键，是正确分析判断敌情。必须充分利用各种手段，广泛收集各国尤其是敌国的政治、经济、军事等各方面的情况，并对这些情况进行综合分析，尽早洞察敌国的战争企图，从而视情确定动员实施的时机、规模和方式等。

（二）发布动员令

动员令是宣布全国或部分地区、某些部门转入战时状态的命令。动员令的发布，关系战争的胜负和国家的命运，各国大都由最高权力机关或国家元首、政府首脑发布。我国《国防法》第10条规定，全国人民代表大会依照宪法规定，决定战争与和平的问题。全国人民代表大会常务委员会依照宪法规定，决定战争状态的宣布，决定全国总动员或者局部动员。第11条规定，中华人民共和国主席根据全国人民代表大会的决定和全国人民代表大会常务委员会的决定，宣布战争状态，发布动员令。

发布动员令的方式分为公开发布和秘密发布两种。公开发布动员令，一般是在战争即将或已经爆发的情况下，运用一切宣传工具和通信手段，把爆发战争的真实情况和战略态势告诉全体军民。秘密发布动员令，一般是在战争已不可避免，但尚未爆发的情况下施行，通常执行严格的保密限制，只通知政府有关部门和军事机构等。

（三）充实动员机构

动员机构是指平时负责动员准备、战时负责动员实施的组织领导机构。一旦实施战争动员，和平时期的动员机构，无论在人力上还是物力上，都难以适应需要，必须及时调整和加强。一是要扩大组织，增加人员。二是要增加支出，保障需要。与此同时，还要赋予其应有的职权，使其具有较高的权威性。战争动员事关国家安危，责任重大，如果权力有限，指挥无力，处处受制，就难以完成繁重的动员任务，影响战争的顺利进行。

（四）修订动员计划

战争动员计划，是实施战争动员的依据。在面临战争的情况下，由于国际战略环境和国内条件都发生了变化，事先制定的动员计划难免与战争的实际情况不完全吻合，所以要及时予以修订。修订战争动员计划，一般是与充实动员机构同时进行。

（五）落实动员计划

落实动员计划，是使计划见之于行动，实施战争动员的关键环节。动员令发布之后，负有动员任务的地区和部门，应根据修订的动员计划，迅速转入战时体制。各行业以及社会生活的各个方面，都应以保障战争胜利为轴心迅速进行调整。其中，武装力量要迅速转入战时状态。现役军人一律停止转业和退伍，停止探亲和休假，外出人员立即归队。预备役部队应迅速集结、发放武器装备，并抓紧时间进行训练，准备承担作战任务。民兵应做好应征准备，同时启封武器装备，成建制进行训练，并准备承担各项任务。地方政府要根据上级下达的动员任务，积极实施动员行动。各行业、各阶层都要动员起来，落实战争动员任务，为赢得战争胜利贡献自己的力量。

思考题：

1. 什么是国防动员？

2. 国防动员的地位和作用是什么？

3. 国防动员的主要内容有哪些？

4. 武装力量动员包括哪些内容？

5. 国防动员组织实施的步骤有哪些？

第二章　军事思想

教学目标：了解军事思想的形成与发展，熟悉我国军事思想的主要内容、地位作用及科学含义，树立正确的战争观，掌握科学的方法论。

第一节　军事思想概述

　　军事思想是关于战争和军队问题的理性认识，是人们长期从事军事实践的经验总结和理论概括。按照不同社会历史发展阶段、阶级和国家进行区分，军事思想可分别划分为古代、近代、现代军事思想；奴隶主阶级、封建地主阶级、资产阶级、无产阶级军事思想；外国和中国的军事思想等。

一、古代军事思想

　　古代军事思想的产生、发展主要集中在两个相对独立的区域，即中国和地中海一带沿海国家，内容包括奴隶社会和封建社会两个时期的军事思想。

　　中国古代军事思想最早出现在公元前 21 世纪至公元前 8 世纪。此时中国为奴隶社会时期，建立了军队，出现了严格意义上的战争，军事思想开始萌芽，并逐渐成为专门学科。专门研究军事的著作有《军政》、《军志》等。大约从公元前 8 世纪至公元前 3 世纪，当时处于社会大变革时期，中国古代军事思想取得了空前的辉煌成就，涌现出许多杰出的军事家及军事著作，如闻名中外的孙武所著《孙子兵法》。中国进入封建社会后，由于铁兵器的广泛推广，火药的逐步应用，步、骑、车、水军诸兵种的发展变革，不同性质战争的交织进行，进一步促进了军事思想的丰富发展。

与中国古代军事思想相比，外国古代军事思想起步晚，认识不够全面、深刻，其成果主要散见于当时的一些历史和文学著作中，缺乏系统论述。

公元前 8 世纪至公元 5 世纪，是西方古代的奴隶制社会时期。在这个时期，古希腊、古罗马等奴隶制国家，为了扩张领土、建立霸权、掠夺奴隶和财物，频繁发动战争。在长期的战争实践中，涌现出许多著名的将领和统帅，产生了丰富的古希腊和古罗马的军事思想。

古希腊的军事思想概括起来主要有：战争是由根本利害矛盾引起的；战争的目的是为了征服，谋求城邦、国家利益和霸主地位；战争的胜败取决于政治、军事、经济、精神等条件；作战前必须对双方的军力、财力、人力等方面的长处和短处进行认真的分析对比；注意激励军队的士气，立足以优势力量建立己方胜利的信心；采取出乎敌人意料的行动使之惊慌失措等。

古罗马的军事思想源于古希腊而又有所发展，主要表现在：战争有正义与非正义之分；把军事作为实现政治目的的工具，而政治又是配合军事行动达成军事目的的手段；通过外交广泛联盟，孤立对手，恩威并举，实现自己的目的；主张以进攻为主防御为辅；在被迫处于防御地位时，也总是通过向敌后等薄弱处进攻，力求改变攻防态势，变防御为进攻；主张建立一支忠于自己的部队，以金钱和土地等物质利益保证部队的忠诚，以精神鼓励、严格的纪律保持部队的战斗力。

从公元 476 年西罗马帝国灭亡，到 1640 年英国资产阶级革命，为欧洲的中世纪。在这长达 1100 多年的"黑暗"时代，由于封建割据的庄园经济、宗教思想和经院哲学的禁锢，极大地限制了军事思想的发展。正如恩格斯所说："整个中世纪在战术发展方面，也像其他科学方面一样，是一个毫无收获的时代"。直到封建社会后期，随着中国火药、火器的传入及始自意大利文艺复兴的影响，外国古代军事思想才有了缓慢发展。此时军事思想可概括为以下几个方面：战争被披上宗教外衣，掩盖统治集团之间的利益争夺；宣扬战争是人类天性中的一部分，是原始罪恶之果，也是教会权力的支柱；在战争中丧失生命的人，可以进入天国，赎免一切罪恶。这其实是对战争认识的倒退。重视军队建设，把军队看成国家的重要工具；对雇佣兵制的弊端有了初步认识，主张实行义务兵制；初步涉及战略学、战术学概念。另外，还认识到制海权的重要，认为控制了海洋，可以赢得和守住巨大的海外领土。

二、近代军事思想

从 1640 年英国资产阶级革命至俄国十月革命，为世界近代史。此时西方走向资本主义，并向帝国主义发展。这一时期，封建与反封建的战争、资本主义与反资本主义之间的战争、帝国主义国家之间的战争、殖民与反殖民的战争，各种不同性质战争交织在一起，频繁发生，为人们研究军事思想提供了实践依据。工业文明和科学技术的进步，使军队装备发生了很大变化，热兵器被广泛使用（火药为主），从而产生了与之相适应的军事思想。

外国近代军事思想可划分为两大体系，即资产阶级军事思想和无产阶级军事思想。

（一）资产阶级军事思想

资产阶级军事思想形成于 17 世纪中叶至 19 世纪中叶，代表人物及其著作很多。主要有：俄国苏沃洛夫的《制胜的科学》，瑞士若米尼的《战争艺术概论》、《战略学原理》，普鲁士克劳塞维茨的《战争论》和比洛的《新战术》、《最新战法要旨》，法国吉贝特的《战术通论》，美国马汉的《海权对历史的影响》、《海军战略》等。其中，克劳塞维茨的《战争论》是外国近代军事思想的杰出代表。著名军事家如拿破仑、库图佐夫等虽然没有给后人留下著作，但其丰富的军事实践也蕴藏着崭新的军事思想。这一时期的军事思想主要表现在：反对战争认识问题上的不可知论，提出军事科学的概念；军事科学包括战略与战术两个重要组成部分；主张探讨战争的本质、规律，研究军队、装备、地理、政治和士气等因素在战争中的作用；重视对战史的研究，认为战争无非是政治通过另一手段的继续，是迫使敌人服从己方意志的一种暴力行为，具有概然性和偶然性，是政治的工具；认识到民众武装在战争中的重要作用，但民众武装不是万能的，使用要有条件；重视建立一支反映资产阶级利益的部队；重视和平时期军队建设和战争准备，以随时应对战争；认识到新发明对于军队的组织、武器装备和战术的影响，装备的变化必然引起战术的变化；认识到作战中士气的作用，因而把思想教育训练放在重要位置；认为海权是推动国家以至历史发展的决定因素，控制了海洋就控制了整个世界；树立歼灭战思想，军事行动的主要目的是在野战中消灭敌人的军队，而不是占领敌人的领土和要塞；与歼灭战相适应，大多数军事家都强调进攻，认为只有进攻才能消灭敌人，防御不能是单纯的防御，而是由巧妙的打击组成的盾牌；要在主要方向和重要时刻集中兵力，快速机动是集中兵力的重要途径；认为作战应确立打击重心、保持预备队等。

（二）无产阶级军事思想

无产阶级军事思想的主要代表人物是马克思、恩格斯和列宁，马克思主义军事思想是无产阶级的解放在军事理论上的表现，它正确揭示了战争的本质和基本规律，是认识战争现象和指导军事活动的科学指南，是人类历史上最优秀的军事成果。

马克思、恩格斯是马克思主义军事思想的奠基人。马克思在以主要精力进行哲学、政治经济学研究的同时，还撰写了一批军事论文，提出了许多精辟的军事观点。恩格斯是一位学识广博的思想家、科学家，几乎对当时所有的学科都进行了深入研究，在军事领域的理论成就也非常突出。恩格斯当过兵，参与过指挥部队作战，军事生活的经历为他从事军事研究奠定了实践基础。他一生写了大量的军事论著，发表了许多对当时战争的评论文章。他对战略问题的透彻分析和独到见解，特别是对当时战争的准确预见，受到社会的高度重视，被视为战略家。马克思主义军事思想自 1848 年产生以来，逐渐形成了完整的理论体系。在战争基本原理方面，马克思、恩格斯运用辩证唯物主义和历史唯物主义考察战争，揭示了军事对物质资料生产的依赖关系，阐明了战争的起源、性质和类型，创立了无产阶级的战争观和方法论；在军队基本理论方面，马克思、恩格斯论述了军队编制、武器装备、教育训练、兵役制度等问题，阐明了无产阶级军队的性质和历史使命，创立了无产阶级的军队学说；在人民战争理论方面，马克思、恩格斯把人民群众是历史的创造者的观点运用于军事领域，指出人民群众是决定战争胜负的根本力量，创立了人民战争的光辉思想；在战略战术方面，马克思、恩格斯揭示了作战方法与物质条件的关系，指出生产方式的变革、科学技术的进步、武器装备的发展，必然引起战略战术的变化，提出了一系列具有普遍意义的战略战术原则；在战争史、战术史、军队发展史、军事技术史、军事地理等领域，马克思、恩格斯也进行了广泛深入的研究，为无产阶级军事理论的全面发展奠定了坚实的基础。

列宁在领导俄国工人阶级和苏联人民抵御帝国主义侵略的斗争中，创造性地运用和丰富了马克思主义关于战争和军队的学说，把马克思主义军事思想推向了一个崭新阶段。在战争理论方面，揭示了帝国主义是现代战争的根源，指出了帝国主义战争引起无产阶级革命的必然性，为无产阶级政党领导革命斗争指明了方向；在军队理论方面，进一步论证了建立无产阶级军队的必要性，阐述了无产阶级的基本建军原则以及提高军队战斗力的一系列措施，创建了第一支无产阶级军队，从理论和实践上发展了马克思主义的军队学说；在人民战争理论方面，明确指出人民群众对待战争的态度决定战争的胜负，无产阶级代表人民利益，有能力、有条件把人民武装起来实行人民战争，军队要与人民群众相结合，并注重发挥高质量军事人才的作用，进一步发展了人民战争思想；在战略战术方面，论述了军事科学和军事学术的基本原理，阐明了战略、战术与经济、技术的关系，丰富了马克思主义的战略战术思想。

马克思主义军事思想是一个开放的体系，它不仅包括马克思、恩格斯、列宁、斯大林的军事思想，而且包括马克思主义军事思想在中国等国家的新发展。

三、现代军事思想

俄国十月革命及第一次世界大战以后，世界历史进入现代。这个时期，科学技术突飞猛进，武器装备发生巨大变化，巨炮、雷达、坦克、飞机、航空母舰、远程导弹、精确制导武器层出不穷，热兵器能量的运用从火药转为炸药，进而是原子能量释放，武器破坏力大大增加，作战效能成倍增长，对战争的进程乃至结局影响越来越大。因此，不但社会、政治、经济等各种因素对军事理论的研究有倾向性的影响，军事理论往往侧重对先进主战武器的探讨。

（一）"空中战争"理论，又称空军制胜论

意大利的杜黑、美国的米切尔、英国的特伦查德，被认为是这一理论的先驱，特别是杜黑在《制空权》中对这一理论叙述较为细致。主要观点有：由于飞机的广泛应用，将出现空中战争，空中战争的胜负决定战争结局，为此要建立与海军、陆军并列的独立空军；夺得制空权是赢得战争的必要条件，空军的首要任务是夺取制空权；空中战争是进攻性的，空军的核心是轰炸机部队，要对敌国纵深政治、经济、军事目标实施战略轰炸，迫其屈服。

（二）"机械化战争"理论，又称坦克制胜论

英国的富勒、奥地利的艾曼斯贝格尔、法国的戴高乐、德国的古德里安、英国的利德尔·哈特是这一理论的倡导者。主要内容是：装甲坦克是战争的决定性力量，是陆军的主体；大量集中使用坦克和航空兵，实施突然有力的突击，可以迅速突破对方主要集团的防线，深入敌纵深，摧毁一个战备不足的国家；主张军队改革，建立少而精的机械化部队；机械化包括补给和战斗机械化。

（三）"总体战"理论

德国的鲁登道夫在《总体战》中提出的理论，主要观点是：现代战争是总体战，它既针对军队，也针对平民，战争具有全民性，强调民族的团结在战争中的重要性；主张实行国民经济军事化；要建设好一支平时就准备好的军队；重视统帅在总体战中的作用；战争的突然性意义重大，力求闪击对方。

（四）"核武器制胜"理论

第二次世界大战战后至 1991 年苏联解体的冷战时期，霸权主义成为局部战争的根源，高技术在作战中逐步运用，世界处在核阴影之中，美苏两霸动辄进行核恫吓。此时军事理论研究往往围绕核武器及高技术展开，从美苏两国军事思想可以清楚看到这一点。如美国，就以核实力确定其军事战略。在杜鲁门时期，美核力量处于绝对优势，提出了遏制战略，对苏联及其他社会主义国家实施核讹诈；朝鲜战争后，为以最小的军事代价取得最大的威慑力量，采取了大规模报复战略；在苏联打破核垄断及越南战争后，又分别推行了灵活反应、现实威慑、新灵活反应等战略。在处于核优势时期，美国认为自己能打赢全面核战争，则主张削减常规力量，重点发展核武器和战略空军；而在苏联打破其核优势、局部战争不断发生时，美国在确保其核威慑的前提下，不断发展常规力量，认为核战争会造成灾难性后果，核时代的战争必然是有限战争。

与各自的国家战略相适应，西方各国军事思想呈现出不同的特点。美军军事思想的特点是：以遏制、预防潜在"全球性竞争对手"为目的，加大常规、核、太空优势，建立导弹防御系统，确保自身绝对安全；重视非对称作战，确保自身绝对安全；重视质量建军，加强数字化、信息化建设；重视非接触作战，实施远距离精确打击，力求零伤亡；进一步发展空地一体战理论，提出"空地一体运筹作战"的思想（又称"空地海天联合作战"）；9·11 事件后，美国总统沃克·布什认为，陆军的作用越来越降低，有强调海空天作战趋势。

英、法、日、德等国家军事思想的共同点是：采取以维护自身利益为出发点的战略方针；增强军事实力，逐步摆脱对美军事依赖（英国除外），或以其他联盟的方式挑战美国的军事地位；重视发展高技术以带动军事技术的进步；依据各自国情、军队现况，走质量建军的道路，确立与国家和军事战略相适应的军队规模。

俄罗斯认为，核战争的可能性大大降低，主要威胁是局部战争和武装冲突；在经济、军事力量弱于美国的情况下，提出了"纯防御"、"积极防御"和"现实遏制"战略；走质量建军之路，明确建军原则、目标，发展太空技术，确保合理够用的核攻击力量等。

中国自俄国十月革命及五四运动后至今，中国共产党在长期的革命战争和国防建设实践中，吸收古今中外军事思想的有益精华，逐渐形成了毛泽东军事思想、邓小平军队建设思想、江泽民国防和军队建设思想、胡锦涛关于国防和军队建设的重要论述和习近平强军目标重要思想。

　　思考题：

　　1. 从社会历史发展的角度来看，军事思想的发展可以划分为哪三个阶段？

　　2. 古代军事思想启蒙最早、发展相对完整的是哪几个国家？

　　3. 外国近代军事思想中最具代表的是哪一部著作？

　　4. 无产阶级军事思想的主要代表人物是谁？其主要观点是什么？

　　5. 外国现代军事思想中最具代表的几种作战理论是什么？

第二节　毛泽东军事思想

毛泽东是伟大的马克思主义者，是伟大的无产阶级革命家、战略家、军事家和军事理论家，是中国共产党、中国人民解放军、中华人民共和国的主要缔造者和领导者。在长期的革命战争和国防建设的实践中，毛泽东运用他的聪明才智，凝聚全党全军的集体智慧，创造性地形成了毛泽东军事思想。

一、毛泽东军事思想的科学含义

毛泽东军事思想是以毛泽东为代表的中国共产党人关于中国革命战争和军队问题的科学理论体系。

（一）毛泽东军事思想是马克思主义的基本原理与中国革命战争具体实践相结合的产物

毛泽东军事思想来源于中国革命战争的伟大实践。在一个以农民为主体的半殖民地半封建的国家，革命的主要斗争形式是战争，主要组织形式是军队。无产阶级的政党怎样组建军队，如何进行革命战争，如何按照中国革命战争的客观规律将革命引向胜利，这是摆在中国共产党人面前的一个特殊而又困难的任务。要完成这个任务，需要解决的许多特殊而又复杂的问题，在马克思列宁主义的经典著作中不可能找到现成的答案，靠照抄照搬别国的经验，也是无法取得成功的。以毛泽东为主要代表的中国共产党人，适应中国革命战争的需要，在长期领导中国革命战争的实践过程中，创造性地应用马克思列宁主义的科学原理，正确地解决了这些问题，形成了具有鲜明中国特色的马克思列宁主义军事理论，即毛泽东军事思想。

（二）毛泽东军事思想是中国革命战争和军队建设实践经验的总结

毛泽东军事思想具有鲜明的实践性。中国共产党在领导全国各族人民完成民主革命的斗争中，经历了国共合作的北伐战争，独立领导了土地革命战争、抗日战争和全国解放战争，推翻了帝国主义、封建主义和官僚资本主义三座大山在中国的反动统治，建立了新中国。这场革命战争，时间之长，规模之大，情况之复杂，道路之曲折，内容之丰富，形式之多样，歼敌数量之多，在中国历史上是空前的，在世界历史上也是罕见的。这是一场代表人民利益的、得到人民群众广泛参加和支持的人民战争。新中国成立后，又进行了抗美援朝战争、援越抗美作战、援老抗美作战，中印边境自卫反击作战、珍宝岛自卫反击作战、西沙群岛自卫反击作战，以及剿匪作战、炮击金门、西藏平叛等军事行动，并从各方面进行了以现代化为中心的国防建设，积累了丰富的实践经验。毛泽东军事思想就是这些实践经验在理论上的科学概括和总结。

（三）毛泽东军事思想是以毛泽东为代表的中国共产党人集体智慧的结晶

毛泽东军事思想不是毛泽东一个人的独创，是毛泽东和他的战友们共同创造的。亿万人民群众和广大指战员的斗争经验和首创精神，全党、全军和全国各族人民在规模空前的人民战争中发挥出来的聪明才智，成为毛泽东军事思想最宝贵的源泉。

从土地革命战争时期的"红色割据"区域，发展到抗日战争时期的各抗日民主根据地，再发展到解放战争时期的各解放区，基本上都是处于被敌人分割的状态。在这种斗争环境中，各革命根据地不仅独立地创造了适应本地区特点的各种斗争手段，而且造就了一大批能够独挡一面的革命领袖人物，他们对毛泽东军事思想的形成和发展做出了重要贡献。遵义会议后，党中央逐步形成了以毛泽东为核心的领导集体，毛泽东提出的许多路线、方针、政策和其他重大决策，都经过了党中央的集体讨论，毛泽东军事思想凝聚着老一辈无产阶级革命家的集体智慧。我党在领导中国革命战争的过程中，涌现出不少的军事家，但真正熟读兵书、精通兵法、用兵如神的首推毛泽东，他善于博采众长，进行科学归纳和总结，并在一系列军事论著中加以理论升华，发挥了别人所不能起到的最重要的主导作用。所以，中国共产党人以集体智慧形成的军事思想，冠之以毛泽东的名字确实是当之无愧的。

（四）毛泽东军事思想是毛泽东思想的重要组成部分

在取得全国政权以前的 28 年，我们党的历史实际上是一部武装斗争史。军事斗争是党的工作重心，毛泽东和他的战友们，不得不以主要精力关注战争，研究军事。毛泽东的军事活动，是他一生中最辉煌、最成功的部分。他的军事著作在全部著作中占有大量篇幅，他的军事思想在整个思想体系中占有重要地位，毛泽东军事思想是毛泽东思想的重要组成部分。

二、毛泽东军事思想的形成和发展

毛泽东军事思想产生于中国革命战争的实践，又能动地指导中国革命战争的实践，并随着中国革命战争实践的发展而不断地受到检验和获得发展。毛泽东军事思想的形成和发展，是同中国革命战争的发生、发展和胜利，以及同党内"左"、右倾错误的斗争紧密联系在一起的。新中国成立后，毛泽东军事思想适应国防建设和军事斗争的需要，继续得到了丰富和发展。

（一）毛泽东军事思想的产生

从中国共产党成立到党的遵义会议，是毛泽东军事思想的产生时期。在俄国"十月革命"的影响下，中国共产党从接受马克思列宁主义关于暴力革命学说开始，逐渐认识到军事工作在中国革命中的重要性。国共合作时期，通过帮助国民党创办黄埔军校，在军队中设立党代表和政治部，我党开始直接掌握和影响部分军队，对武装斗争和军队建设问题进行探索，培养了一批党的军事干部。第一次大革命失败使中国共产党人进一步认识到武装斗争和掌握军队的极端重要性。1927 年 8 月 1 日的南昌起义，打响了武装反抗国民党反动派的第一枪，开创了我们党独立领导武装斗争的新时期。同年 8 月 7 日，毛泽东在党的"八七会议"上，提出了"枪杆子里面出政权"的著名论断。9 月，毛泽东亲自发动和领导了湘赣边界的秋收起义，带领秋收起义部队进军井冈山，建立了第一个农村革命根据地，实行"工农武装割据"，开辟了一条以农村包围城市的崭新革命道路。

9 月 29 日，作战失利的秋收起义部队到达江西永新三湾村，部队进行了整顿改编，史称"三湾改编"。毛泽东创造性地提出了"支部建在连上"的原则，确立了党对军队绝对领导的制度；宣布废除军阀制度，实行军队内部的民主制度，建立了人民军队内部新型的官兵关系。

从"三湾改编"到"古田会议"，毛泽东提出并制定了一套较为完整的人民军队的建军原则。在反"围剿"斗争中，提出并实践了动员群众、依靠群众和武装群众的人民战争思想；总结了游击战争"敌进我退、敌驻我扰、敌疲我打、敌退我追"的十六字诀和诱敌深入、集中兵力、运动战、速决战、歼灭战等作战原则。经过斗争实践，形成了一条马克思列宁主义的军事路线。

这一时期，以毛泽东为主要代表的中国共产党人，从中国的实际情况出发，不断地探索总结武装斗争和军队建设的经验，提出了中国革命战争的总方针，创造性地解决了中国革命的道路问题，提出了人民战争思想及一系列人民战争的战略战术原则，构建了毛泽东军事思想的基本内容，为其科学体系的形成奠定了坚实基础。

（二）毛泽东军事思想的形成

从遵义会议到抗日战争胜利，是毛泽东军事思想的形成时期。遵义会议纠正了王明"左"倾冒险主义在军事领导上的错误，重新肯定了以毛泽东为代表的正确军事路线，确立了毛泽东在红军和党中央的领导地位。这是中国革命由挫折走向胜利的一个历史转折点，也是毛泽东军事思想由产生到形成发展的起点。

红军长征到达陕北后，毛泽东在指挥作战之余，开始总结土地革命战争以来的经验，把土地革命战争时期产生的军事思想创造性地运用于抗日战争，制定了抗日民族统一战线的政治路线和军事战略方针，完成了他一生中最辉煌的军事理论巨著。1936 年 12 月，毛泽东在《中国革命战争的战略问题》一文中，阐明了无产阶级对待战争的根本立场、观点和研究指导战争的基本方法，分析了中国革命战争的特点和规律，论述了中国革命战争的战略指导问题，确立了积极防御的基本原则。随后，毛泽东在《抗日游击战争的战略问题》、《论持久战》和《战争和战略问题》等军事名著中，分析了中国革命战争，特别是抗日战争的特点和规律，确立了指导战争的方针、原则及战略、策略问题，把游击战提高到战略地位，创立了游击战争理论；阐述了人民军队的建军宗旨、原则和人民战争的基本内容。这一时期，毛泽东军事思想所涉及的无产阶级战争观和方法论、人民军队、人民战争、人民战争的战略战术等方面，发展成为系统的理论，形成了完整的军事科学体系。

（三）毛泽东军事思想的发展

抗日战争胜利后，经过解放战争、抗美援朝战争，以及社会主义建设时期国防和军队现代化正规化建设的新实践，毛泽东军事思想得到了全面的丰富和发展。

在战争指导上，毛泽东相继发表了《抗日战争胜利后的时局和我们的方针》、《以自卫战争粉碎蒋介石的进攻》、《集中优势兵力，各个歼灭敌人》、《大举出击，经略中原》、《解放战争第二年的战略方针》、《目前的形势和我们的任务》、《评西北大捷兼论解放军的新式整军运动》、《关于三大战役的作战方针》、《将革命进行到底》等大量文章。其中，在《目前的形势和我们的任务》一文中明确提出了著名的十大军事原则。解放战争时期，毛泽东军事思想得到了极大发展，不仅使战略防御和运动战理论有了发展，而且还创立了战略进攻、战略决战和战略追击的理论。建国前夕，毛泽东明确指出："我们不但要有一个强大的陆军，还要有一个强大的空军和一个强大的海军"，为和平时期建军指明了方向。

抗美援朝战争是一场挫败现代化敌人的反侵略战争。毛泽东根据当时的情况和特点，提出了一系列在现代条件下进行反侵略战争的理论及原则。如对英美军实行战术小包围，打小规模歼灭战；把阵地战提高到战略地位；建立强大的后勤系统，搞好后勤保障；军事打击紧密配合政治斗争等。

建国后，毛泽东提出了建设现代化、正规化的国防军，发展尖端国防科技和全民皆兵的思想，指出要在大力发展国民经济，增强国家经济实力的基础上，建立完整的国防工业体系，发展现代化的技术装备，独立自主地建设强大的国防，做好反侵略战争的准备。

三、毛泽东军事思想的主要内容

毛泽东军事思想主要包括：无产阶级的战争观和方法论、人民军队建设理论、人民战争思想、人民战争的战略战术和国防建设理论五个部分。无产阶级的战争观和方法论，是毛泽东研究和指导战争的基本立场、观点和方法，揭示了中国革命战争的指导规律，是毛泽东军事思想的理论基础；人民战争思想是我党从事革命战争的根本指导思想，是毛泽东军事思想的核心；人民军队思想是建设人民军队的指南，人民军队生存、发展于人民战争之中，是实行人民战争的骨干力量；人民战争的战略战术是适应人民战争需要的战略原则和作战方法，是人民战争取得胜利的保证；国防建设理论是毛泽东军事思想在建国后新的历史条件下的开拓性发展，阐明了和平时期国防建设的重要性，提出了国防建设的指导思想、方针、原则，是实现国防现代化的指南。

（一）无产阶级的战争观和方法论

以毛泽东为代表的中国共产党人，在指导中国革命战争的实践中，创造性地运用马克思主义的辩证唯物论和历史唯物论，观察和分析战争的基本问题，认识和运用军事领域的辩证规律，阐明了无产阶级的战争观和方法论。

1. 必须认识和把握战争规律

战争规律，是战争在发生和发展过程中，战争各方在政治、经济、军事、自然、地理诸方面因素的本质联系及其发展趋势。毛泽东在总结土地革命战争的经验时指出："战争规律，这是任何指导战争的人不能不研究和不能不解决的问题。"同样，"不知道战争的规律，就不知道如何指导战争，就不能打胜仗。"战争规律分为一般战争规律和特殊战争规律。战争的一般规律与特殊规律之间是辩证统一的关系。在研究战争的一般规律时，要注意战争的特殊性，免犯教条主义的错误；在研究战争的特殊规律时，要注意不凭个人臆断任意普遍化，免犯经验主义的错误。

2. 主观指导必须符合客观实际

认识和研究战争规律的目的，在于确立指导战争的方法。

毛泽东把这种合乎战争客观规律的战争指导方法，比作"战争大海中的游泳术"，称之为"战争指导规律"。毛泽东指出："一切战争指导规律，依照历史的发展而发展，一成不变的东西是没有的。"正确解决主观符合客观的问题，是战胜敌人的关键，是人的因素在战争指导者身上的主要体现，要解决指导上的主客观一致，需着重解决好三个问题：一是要熟识敌我双方的客观情况；二是要善于学习，勇于实践；三是要在客观物质的基础上，充分发挥主观能动性。

3. 着眼特点，着眼发展

毛泽东指出："战争情况的不同，决定着不同的战争指导规律"，"我们研究在各个不同历史阶段、各个不同性质、不同地域和民族的战争的指导规律，应该着眼其特点和着眼其发展，反对战争问题上的机械论。"由于各次战争的情况不同，有时间、地域、性质和对象的差别，因此，就各有其不同的特点和规律。

4. 关照全局，把握关节

全局是事物的整体和发展的全过程，局部是组成事物整体的各个部分和发展全过程的各个阶段。全局统帅局部，局部从属全局，构成全局与局部之间的正确关系。人们通常说，要从大局出发，就是指要特别关照全局、服从全局。对全局关照的好，能推动全局的发展；对全局关照的不好，就会阻碍和破坏全局的发展。战争总体上有全局，各个阶段各个战役本身也有全局，称为战争某阶段或某战役的全局。有时局部的失利，并不给全局以严重影响，而有的局部的失利，却对全局带来重大影响，甚至导致全局的失利。比如下棋，有时下一着错棋尚可挽回，但有时一着不慎，则会全盘皆输。这个对胜负起关键作用的一着，就是关节。因此，关节就是对全局有重大影响的关

键性环节。所以说，关照全局是战争指导的首要准则，把握关
节是推动全局发展的重要方法。

（二）人民军队建设理论

以毛泽东为代表的老一辈无产阶级革命家、军事家，把创
建人民军队作为进行武装斗争的首要问题和实现革命理想的最
主要手段，强调"没有一个人民的军队，便没有人民的一切"。
在革命战争年代，主要的斗争形式是战争，而主要的组织形式
是军队。为了把以农民为主要成份的军队建设成为一支无产阶
级性质的新型人民军队，毛泽东在长期的战争实践中，总结和
提出了一整套建军的理论和原则。

1. 人民军队的性质

毛泽东从"军队是国家政权的主要成份"、"是阶级压迫的
工具"的原理出发，提出了"枪杆子里面出政权"和"党指挥
枪"的思想，指明我军是中国共产党领导的执行无产阶级革命
政治任务的武装集团。坚持中国共产党对军队的绝对领导，是
确保人民军队的无产阶级性质的根本原则。

2. 人民军队的宗旨

人民军队是为无产阶级利益服务的工具，由此决定了这支
军队的无产阶级性和人民性的统一。毛泽东指出："紧紧地和中
国人民站在一起，全心全意地为中国人民服务，就是这个军队
的唯一宗旨。"全心全意为人民服务的宗旨，是我军建军原则
的核心，是我军区别于其他任何军队的本质特征。我军在战争
年代、和平年代，在捍卫国家利益的长期实践中，始终遵循这
一宗旨，从而赢得了人民群众的拥护和爱戴。

3. 人民军队政治工作的三大原则

政治工作是我军的生命线。进行强有力的政治工作，是毛
泽东建军思想的一个突出特点，是保持我军无产阶级性质，提

高战斗力，促进军队建设的可靠保证。我军的政治工作，随着革命战争的发展而逐步完善，形成了官兵一致、军民一致、瓦解敌军的三大原则。官兵一致的原则，体现了我军内部上下级之间政治上平等的关系，这是与旧式军队的根本区别之一；军民一致的原则，是人民军队本色的体现；瓦解敌军的原则，是从精神上征服敌人，是促进敌人从内部瓦解的有效武器，是加速敌人崩溃的战略性原则。

除以上三项重要内容以外，还有实行政治、经济、军事三大民主；实行三大纪律、八项注意；人民军队要不断提高革命化、现代化、正规化建设水平；发扬勇敢战斗、不怕牺牲和艰苦奋斗的优良传统和作风等。

（三）人民战争思想

人民战争是我党历来坚持的指导战争的根本路线，是我党唯一正确的战争指导思想，是毛泽东军事思想的核心内容。

1. 人民战争思想的含义

人民战争是指广大人民群众为反抗阶级压迫或抵御外敌入侵而组织和武装起来进行的战争。

人民战争具有两个基本特征：一是战争的正义性。毛泽东认为，战争的性质既取决于它的政治目的，又取决于它的社会效果，就是能否促进历史的进步，其根本标志在于是否符合广大人民群众的根本利益。战争的正义性是实行人民战争的首要条件和政治基础。二是战争的群众性。战争的群众性是指战争必须有广大人民群众支持和参加，这是人民战争的重要标志。历史上凡是具备这两个特征的战争都可称作人民战争。但是我党领导的人民战争，较之一般意义上的人民战争，群众性更广泛，革命性更彻底，组织性更严密。

人民战争思想的基本精神是：在中国共产党的领导下，以人民军队为骨干，依靠广大人民群众，实行主力兵团与地方兵团相结合，正规军、地方武装、民兵与游击队相结合，武装斗争与非武装斗争相结合的人民战争。总之，它是中国历史上最完全、最彻底的人民战争，是"真正的人民战争"。

2. 人民战争思想的理论基础

以毛泽东为代表的中国共产党人，在领导中国革命战争的实践中，创造性地发展了马克思主义关于人民战争的理论，对实行人民战争的必要性和可能性，以及如何实行人民战争问题，做了系统的论述，阐明了人民战争的理论基础和政治基础，实行人民战争的指导原则，创立了具有中国特色的人民战争思想。

人民群众是战争胜负的决定力量。战争是力量的抗争，人民战争的主体是人民群众，人民群众是社会发展变革的决定力量，也是战争胜负的决定力量。要准确地理解和把握人民战争思想，就必须首先认识人民群众在战争中的作用。毛泽东曾说："人民，只有人民，才是创造世界历史的动力。"这就是毛泽东人民战争思想的根本出发点和理论基础。

早在土地革命战争时期，毛泽东就指出："革命战争是群众的战争，只有动员群众才能进行战争，只有依靠群众才能进行战争。"中国革命战争的历史和实践证明，人民群众是人民军队赖以生存和发展的条件，是战争中一切力量的源泉，是战争胜负的决定力量。

战争的正义性是实行人民战争的政治基础。战争是政治的继续，是为一定的阶级、政治集团的利益服务的。历史上的战争虽然千差万别，但按其性质，不外乎两大类：一类是正义战争，一类是非正义战争。正义战争是进步的，符合人民群众根本利益，人民群众不但真心拥护，积极支持，而且踊跃参加。

相反，非正义战争是退步的，必然要遭到人民群众的坚决抵制和反对。战争的正义性是实行人民战争的政治基础，只有正义的革命战争，才能实行最广泛的人民战争。

战争胜负的决定因素是人不是物。人和武器是构成战斗力的两个基本要素，正确处理人与武器的关系，是人民战争思想的一个重要理论问题。

毛泽东根据历史唯物主义的基本原理，批判了"唯武器论"的观点，科学地阐明了人在战争中的地位和作用。他指出："武器是战争的重要因素，但不是决定的因素，决定的因素是人不是物。力量对比不但是军力和经济力的对比，而且是人力和人心的对比。""决定战争胜负的是人民，而不是一两件新式武器。"这是毛泽东在战争问题上对人与武器关系的精辟论述和高度概括。人是战争胜负的决定因素，在一定的物质基础上，谁充分发挥了人的能动作用，谁就能赢得战争的胜利。毛泽东在强调人是战争胜败决定因素的同时，并不否定武器的重要作用。

马克思主义政党的正确领导是实行人民战争的必要条件。人民战争作为战争的指导思想，不是群众起来就可以自发形成的，它必须有战争的领导条件。人民战争领导者必须具备两个条件：一是真正代表人民群众的利益，反映人民群众的根本愿望，全心全意为人民群众谋取利益；二是懂得和掌握群众路线的指导方法，善于制定有利于调动群众积极性的方针和政策。这两个条件，唯有马克思主义的政党才能具备。毛泽东的人民战争与一般意义上的人民战争有着本质的区别。中国共产党的正确领导是实行人民战争的必要条件。

3. 毛泽东人民战争思想的主要内容

毛泽东人民战争思想的内容主要有：坚持中国共产党对人

民战争的统一领导；结成最广泛的革命统一战线；实行以人民军队为骨干的三结合的武装力量体制；以武装斗争为主与其他斗争形式密切结合；建立巩固的革命根据地；实行灵活机动的战略战术。

（四）人民战争的战略战术

人民战争的战略战术，体现了毛泽东人民战争思想的战略指导原则和作战方法，是毛泽东高超的战争指导艺术的总结，它揭示了中国革命战争的指导规律，是毛泽东军事思想中十分精彩的部分。

1. 战略上藐视敌人，战术上重视敌人

毛泽东指出："从战略上看，必须如实地把帝国主义和一切反动派，都看成纸老虎。从这点上，建立我们的战略思想。另一方面，它们又是活的铁的真的老虎，它们会吃人的。从这点上，建立我们的策略思想和战术思想。"毛泽东关于帝国主义和一切反动派既是"纸老虎"，又是"真老虎"的论断，奠定了人民战争战略战术的基本原则。在战略上，敌人是纸老虎，我们要藐视它，树立敢打必胜的信心。在战术上，敌人又是真老虎，我们要重视它，讲究斗争策略和斗争艺术。

2. 保存自己，消灭敌人

保存自己，消灭敌人，是战争的目的。毛泽东指出："保存自己消灭敌人这个战争的目的，就是战争的本质，就是一切战争行动的根据。"进攻，是直接为了消灭敌人，同时也是为了保存自己。防御，是直接为了保存自己，同时也是辅助进攻或准备转入反攻的一种手段。保存自己，消灭敌人是兵家公认的原则，然而真正加以辩证地认识和运用的并不多见。毛泽东运用辩证唯物主义的方法，指明两者之间的关系是相辅相成的，是对立统一的。

3. 实行积极防御，反对消极防御

毛泽东在讲到攻防辩证统一的积极防御战略思想基本精神时说："积极防御，又叫攻势防御，又叫决战防御。消极防御，又叫专守防御，又叫单纯防御。消极防御实际上是假防御，只有积极防御才是真防御，才是为了反攻和进攻的防御"。这一论述深刻揭示了积极防御的实质和消极防御的要害，指明了积极防御的目的和必然进程。

积极防御的战略思想，是把积极防御的一般原理、原则，作为战略指导思想，用于指导战争全过程的一种战略理论。它要求在敌强我弱和敌优我劣的情况下，首先经过战略防御，采取各种不同形式的作战，不断削弱和消耗敌人，逐步改变力量对比，摆脱战略上的被动局面，争取战争的主动权。尔后适时地转入战略反攻或进攻，在有利情况下实施决战，稳步地实现整个战争的目标。

人民战争的战略战术的内容除以上三项外，还包括游击战、运动战、阵地战三种作战形式密切配合，适时进行以改变主要作战形式为基本内容的战略转变；做好战争准备，不打无准备、无把握之仗；战略上持久，战术上速决；集中优势兵力，各个歼灭敌人；以歼灭战为主，辅之以消耗战；慎重初战，执行有利决战，避免不利决战；作战指导上的主动性、灵活性和计划性等。

（五）国防建设理论

建国前，在毛泽东军事思想的形成过程中，就有关于国防建设的论述。建国后，毛泽东从实际情况出发，适应新形势新任务的需要，总结国防建设和军事斗争的实践经验，创立了国防建设理论。

1. 建设现代化、正规化的国防军，抵御外敌入侵

毛泽东指出，我们将不但有一个强大的陆军，而且有一个强大的空军和一个强大的海军。他亲自领导了我军现代化、正规化建设。在他的亲自主持下，颁布了各种条令、条例，开办了各类正规的军事院校，加强了部队训练，颁布了新中国第一部兵役法，使我军实现了由步兵为主的单一陆军向诸军兵种合成军队的转变。

2. 确立了发展"两弹一星"的国防科技战略

毛泽东指出，我们"不但要有更多的飞机大炮，而且还要有原子弹。在今天这个世界上，我们要不受人家欺负，就不能没有这个东西"。在这个战略思想指导下，在自力更生的基础上，实行了常规武器与尖端武器相结合发展，并优先发展尖端战略武器的方针，研制、生产出了原子弹、氢弹、卫星和导弹等一系列的新式武器和装备。

3. 积极防御战略思想有了新的发展

建国后，毛泽东根据国家安全利益的需要，从国际形势、我国周边安全环境和具体情况出发，确立了我国国防战略、国防建设的目标和方针。1956年，毛泽东批准了中央军委提出的阵地战结合运动战为未来反侵略战争的主要作战形式的积极防御的战略方针。以后，他又反复强调这一思想。20世纪50年代以后，毛泽东又相继提出"大办民兵师""全民皆兵"和"深挖洞、广积粮、不称霸"的战略思想。

四、毛泽东军事思想的历史地位

毛泽东军事思想是马克思列宁主义军事思想宝库中一颗璀璨的明珠，在中国军事思想发展史上具有划时代的意义，在世界军事思想发展史上独树一帜，具有重要的历史地位。

（一）毛泽东军事思想对马克思列宁主义军事理论做出了重

大而独特的贡献

毛泽东创造性地运用和发展了马克思列宁主义的军事理论，并将其发展到一个新高度，极大地丰富了马克思列宁主义军事科学的理论宝库。毛泽东的主要贡献在于：开创了一条农村包围城市、武装夺取政权的革命道路；创建了一支新型的人民军队；丰富和发展了马克思列宁主义的人民战争思想；创造了适合中国特点的人民战争的战略战术；科学地阐明了关于研究和指导战争的战争观和方法论。

（二）毛泽东军事思想在世界上具有广泛而深刻的影响

在中国革命战争取得胜利后，毛泽东军事思想受到世界各国的普遍重视，特别是 20 世纪 50 年代后期，在世界范围内逐渐形成了一个研究和学习毛泽东军事思想的热潮，许多国家还成立了毛泽东军事思想的研究会和学习会。

在美国、英国、法国、德国和日本，出版了不少毛泽东军事著作。在越南、莫桑比克、津巴布韦、安哥拉等第三世界国家的民族解放斗争中，毛泽东军事思想发挥了重要的指导作用。毛泽东军事思想的理论和实用价值举世公认，作为人类优秀文化的灿烂结晶，在世界军事理论殿堂中享有显赫的地位。

（三）毛泽东军事思想是我军克敌制胜的法宝

毛泽东军事思想运用辩证唯物主义和历史唯物主义的原理，批判地吸取了古今中外优秀的军事思想遗产，是最科学、最先进、最完整的军事理论。它揭示了中国革命战争的特殊规律，又反映了现代战争和国防建设的一般规律，是经过实践检验的科学真理。当今国际国内形势发生了巨大变化，科学技术发展日新月异，但毛泽东军事思想对我军打赢信息化条件下的局部战争，仍具有普遍的指导意义。无论过去、现在和将来，毛泽东军事思想都是我军克敌制胜的法宝。

思考题：

1、毛泽东军事思想的形成和发展经历了哪几个阶段？

2、在党的"八七会议"上，毛泽东提出的著名论断是什么？

3、毛泽东军事思想的主要内容是什么？

4、毛泽东军事思想的核心是什么？

5、"三湾改编"毛泽东创立的重要建军原则是什么？

第三节 改革开放以来党的军事指导理论新发展

一、邓小平军队建设思想

邓小平在领导新时期我军建设的伟大实践中，运用马克思列宁主义军事理论、毛泽东军事思想的基本原理，创造性地回答了新形势下军队建设、国防建设亟待解决的一系列重大理论和现实问题，提出了一整套具有中国特色、符合新时期军队建设和国防建设需要的科学理论，形成了系统的邓小平军队建设思想。

（一）邓小平军队建设思想的科学含义

邓小平军队建设思想，是邓小平在中国社会主义建设新的历史时期，关于军队建设及有关军事问题的科学理论体系。

1. 邓小平军队建设思想是马克思列宁主义军事理论、毛泽东军事思想与新时期军队和国防建设实践相结合的产物

邓小平在领导军队和国防建设的伟大实践中，以马克思列宁主义的巨大勇气和求真务实的态度，运用马克思列宁主义军事理论、毛泽东军事思想的立场、观点和方法，研究新情况，解决新问题，创造性地提出了一系列理论、原则、方针和政策，形成了一个完整的科学体系，是在新的历史条件下对毛泽东军事思想的继承和发展。

2. 邓小平军队建设思想是邓小平理论的重要组成部分

邓小平理论是邓小平军队建设思想的理论指导。我军建设和改革是整个国家建设和改革的重要组成部分。邓小平军队建设思想是邓小平理论与中国军队建设实际相结合的产物。解放思想，实事求是，是邓小平理论的精髓，也是邓小平军队建设思想的理论基础。

3. 邓小平军队建设思想是新时期中国军队和国防建设实践的科学总结

邓小平作为党的第二代领导集体的核心，亲自领导了新时期军队和国防建设的伟大实践，具体研究和解决了军队和国防建设实践中遇到的一系列重大现实问题。他的许多重要论述都是针对实际问题做出的，是对新时期军队和国防建设实践经验的科学总结。

4. 邓小平军队建设思想是以邓小平为杰出代表的全党全军集体智慧的结晶

邓小平军队建设思想不仅是邓小平个人，而且是以邓小平为代表、为核心的党的第二代领导集体的军队建设思想。邓小平许多重要思想都是在实践中集中了党中央、中央军委和广大指战员的集体智慧提出的，这就使邓小平军队建设思想具备了坚实的实践基础和群众基础。

（二）邓小平军队建设思想的主要内容

1. 军队和国防建设指导思想要实行战略性转变

（1）世界大战可以避免

世界大战在一定条件下可以避免，但霸权主义仍然是对世界和平的最大威胁，局部战争已成为主要战争形态。邓小平做出这一判断的根据是：第一，20世纪80年代以前，有资格打世界大战的只有美苏两个超级大国，别人没有资格；第二，世界和平力量的增长超过了战争力量的增长;第三,经济、科技日益成为世界各国竞争的重点。邓小平讲战争可以避免,主要指的是世界大战可以避免。同时,他也强调了局部战争的不可避免性。他说:"大战固然可推迟,但是一些偶然的、局部的情况是难以完全预料的。"20世纪80年代以后的历史进程,完全证实了邓小平的判断。

(2)我国周边安全环境发生了根本性好转,但仍然存在着各种现实和潜在的威胁

20世纪80年代中期以后,我国国家安全环境发生了根本性好转,主要标志是:与两个超级大国的关系改善,全面入侵的军事威胁消除,并与周边国家关系全面改善和发展。当然,在我国安全环境改善的同时,也存在着一些不容忽视的问题。首先,西方超级大国推行霸权主义和强权政治,干涉我国内政,对我实行"和平演变"战略和"西化"、"分化"政策;其次,我国与一些邻国的边界问题还未彻底解决,特别是我海洋国土和海洋权益遭到一些国家的侵犯;第三,祖国统一大业尚未完成,反"台独"、反"分裂"的斗争任务仍十分艰巨。

(3)和平与发展是时代主题

1985年3月,邓小平指出:"现在世界最大的问题,带全球性的战略问题,一个是和平问题,一个是经济问题或者说发展问题。和平问题是东西问题,发展问题是南北问题。概括起来,就是东西南北四个字。南北问题是核心问题。""和平与发展是时代主题"的论断,表明了和平与发展具有全球战略性意义,是全人类的重要战略任务。霸权主义是世界最危险的战争策源地,是危害世界和平、安全和稳定的根源。1992年邓小平又指出:"世界和平与发展这两大问题,至今一个也没有解决。"这说明,要实现世界的持久和平和人类的共同繁荣,任

重道远，还需要进行长期的艰巨斗争。

2. 军队建设要服从国家建设大局

（1）军队建设以经济建设为基础

邓小平根据马克思主义关于经济建设是军队建设基础的观点，明确提出了"军队要服从国家建设的大局"的重要思想：一是经济建设是我们的大局；二是经济建设为军队建设奠定物质基础；三是军队在大局下积极行动。

（2）军队和国防建设要与国家经济建设协调发展

邓小平指出："我们的四个现代化，其中就有一个国防现代化。如果不搞国防现代化，那岂不是三个现代化？"国防现代化必须与其他"三化"协调发展。只有在以经济建设为中心，大力发展国民经济的同时，不断加强军队和国防建设，才能保证富国强兵，才能保证我国"四化"建设的顺利发展。

3. 实行积极防御的军事战略

（1）贯彻积极防御的战略方针

邓小平强调，我们的战略方针是积极防御，以国家利益为最高准则来处理问题。他指出："我们未来反侵略战争，究竟采取什么样的战略方针？我赞成就是'积极防御'四个字。"我国对战争问题的基本原则是：人不犯我，我不犯人，人若犯我，我必犯人。贯彻积极防御的战略方针，有利于维护国家主权和安全，为改革开放和经济建设提供坚强有力的安全保证。

（2）坚持现代条件下的人民战争

邓小平结合新的历史条件，丰富和发展了毛泽东人民战争思想。他强调，我们的战略是毛主席制定的，毛主席的战略就是人民战争，现在我们还是坚持人民战争。他一方面强调在新的历史条件下坚持毛泽东人民战争思想，使之发扬光大；另一方面又坚定地认为，"真正的马克思列宁主义者必须根据现在的情况，认识、继承和发展马克思列宁主义。"

4. 建设一支强大的现代化正规化革命军队

（1）要始终不渝地坚持人民军队的性质

邓小平明确指出："我确信，我们的军队能够始终不渝地坚持自己的性质。这个性质是党的军队，人民的军队，社会主义国家的军队。这与世界各国的军队不同，就是与别的社会主义国家的军队也不同，因为他们的军队与我们的军队经历不同。我们的军队始终忠于党，忠于人民，忠于国家，忠于社会主义。我确信，我们的军队能够做到这一点，几十年的考验证明军队能够履行自己的责任。"

（2）现代化是我军"三化"建设的中心

邓小平指出："要承认我们军队打现代化战争的能力不够。要承认我们军队的人数虽多，但素质比较差。"以现代化为中心是解决我军建设主要矛盾的根本途径，是时代对军队建设的必然要求。邓小平提出军队现代化的主要内容包括军事人才现代化、武器装备现代化、体制编制现代化和军事理论现代化。

（3）提高军队正规化建设水平

正规化建设的主要内容：坚持依法治军，加强组织纪律，加强管理；全面建立战备、工作、生活等正常秩序；建立适应现代战争要求的科学体制编制，使部队适应未来作战任务、武器装备发展、部队训练和管理的需要；强化体制编制的科学性和权威性等。正规化建设是军队发展的客观要求，也是军队建设向高级阶段发展的重要标志。

5. 走有中国特色的精兵之路

（1）走精兵之路是我军建设的根本方针

邓小平强调："质量问题是影响战争胜败的问题。"只讲数量，不讲质量，会耽误大事，要正确处理数量和质量的关系，要把质量建设作为军队建设的根本方针，长期坚持下去。

（2）实现精兵之路的途径

邓小平指出，在没有战争的条件下，提高部队的素质，提高军队战斗力，主要靠教育训练。强调，要把教育训练提高到战略地位。第一，教育训练是牢固树立战斗队的思想、落实战备工作的实践基础；第二，教育训练是实现人与武器最佳结合的基本途径；第三，教育训练是提高诸军兵种联合作战能力的主要渠道和方式；第四，教育训练是加强作风纪律培养，增强部队凝聚力的重要手段。

二、江泽民国防和军队建设思想

江泽民国防和军队建设思想，是以江泽民为核心的中国共产党第三代领导集体，在领导国防和军队现代化建设的实践中，按照"三个代表"重要思想所体现的时代性和先进性要求，围绕解决"打得赢、不变质"两个历史性课题，创立的军事指导理论。

（一）江泽民国防和军队建设思想产生的时代背景

1. 国际战略格局发生重大变化

1993年12月，江泽民指出，走向多极格局，局势有所缓和，矛盾复杂多变，世界并不安宁。国际战略格局的演变，既为我国经济发展提供了难得机遇，也使我国面临严峻挑战。国家安全仍然面临着一些现实和潜在的威胁。处于复杂的战略环境，我军打赢现代战争能力不足的问题更加突出，履行维护国家主权和安全利益职能面临着更大的压力，必须以新的姿态迎接挑战，不断提高我国国防实力和军队现代化水平，以更有效地担负起捍卫国家安全和领土完整、为社会主义现代化建设提供安全保障的重任。

2. 市场经济体制对军队建设带来巨大影响

所有制结构、分配制度和国有企业改革，都会触及军人或其亲属的切身利益；改革开放的扩大和深化，乘机而入的资本主义腐朽思想文化，以及我国历史上遗留下来的剥削阶级腐朽思想文化和腐朽生活方式，也给官兵带来消极影响，从而使官兵的人生观、价值观、道德观出现新的变化，军队思想政治工作面临着新的考验；在市场经济条件下，军队的体制编制、教育训练、后勤保障、战场准备、兵员补充等方面，也面临着一些新情况、新问题；对外交流机会增多，外军许多新的军事思想不断涌入。

3. 高技术战争成为现代战争的基本样式

20世纪90年代以后世界上发生的几场局部战争，特别是海湾战争和伊拉克战争，全面展现了当代高技术的最新成果和高技术作战方法，高技术局部战争已成为现代战争的基本形态。世界新军事变革迅猛兴起，取得高技术质量优势成为国际军事竞争的主要标志，军事斗争准备在军事战略全局中的地位更加突出。如何在战争形态发生重大转变，高技术化成为军队现代化核心和本质的情况下，实现我军现代化建设的跨越式发展，这就要求军队必须把军事斗争准备的基点，放在打赢可能发生的现代技术特别是高技术条件下的局部战争上来。

（二）江泽民国防和军队建设思想的主要内容

1997年，江泽民指出，"对于新时期军队建设，有两个最重要的问题是我始终加以关注的：一个是在复杂的国际环境中，我军能不能跟上世界军事发展的趋势，打赢未来可能发生的高技术局部战争；一个是在社会主义市场经济和对外开放条件下，我军能不能保持人民军队的性质、本色和作风，始终成为党绝对领导下的革命军队。"两个历史性课题的提出，是对新时期我军建设主要矛盾和任务的深刻洞察和准确把握，抓住了军队建设带根本性和全局性的问题，确立了新时期军队建设的大思路。江泽民国防和军队建设思想的全部内容，都是围绕着两个历史性课题展开的；江泽民领导国防和军队建设的全部实践，也是以解决两个历史性课题为根本出发点和归宿点的。"打得赢"、"不变质"，是贯穿江泽民国防和军队建设思想的两条主线。根据军队革命化、现代化和正规化建设新的实践，江泽民提出了"政治合格，军事过硬、作风优良、纪律严明、保障有力"的"五句话"总要求。"五句话"总要求，涵盖了新形势下军队建设的基本内容，是检验军队"打得赢"、"不变质"这两个历史性课题落实程度的重要尺度。

1. 加强国防现代化建设，打赢高技术条件下局部战争

（1）从国际关系全局和国家发展大局谋划"打得赢"

江泽民指出："总体和平、局部战乱，总体缓和、局部紧张，总体稳定，局部动荡，将是今后一个时期国际局势发展的基本态势。"他强调，必须把维护国家安全统一和发展利益，摆在更加突出的战略位置，确保有效维护国家安全统一和发展利益。我军建设既要努力提高打赢战争的能力，又要努力提高遏制战争的能力。遏制战争，是相对和平时期军队的重要职能，也是维护国家安全统一和发展利益的最佳战略选择。军队要达到遏制战争的目的，必须保持强大的威慑力，具备打赢战争的能力。江泽民还指出："我们不仅在战争环境下要重视和加强军队建设，在相对和平时期，同样要重视和加强军队建设。有了一支与我们国家地位相称的强大的军队，无论出现什么突发事件，都能从容应付，立于不败之地。"并强调："没有一个人民的军队，便没有人民的一切，仍然是一个颠扑不破的真理。在新的历史时期，军队的地位和作用更加重要，国防和军

队建设只能加强,不能削弱。"

(2)国防建设要贯彻积极防御的战略方针

江泽民强调:"一个国家、一个民族,要生存发展,要在竞争激烈的国际环境中站稳脚跟,就不能没有正确的军事战略方针。国防建设要贯彻积极防御的战略方针。在当前复杂多变的国际新形势下,为了掌握战略主动,我们必须确立正确的军事战略方针。"还指出:"积极防御这个战略方针是我们的传家宝,要全面系统地学习,要完整准确地理解,要坚定不移地去贯彻。同时,随着形势的变化,还应实事求是地继承和发展。""全军的各项建设和一切工作,包括军事训练、政治工作、后勤保障、国防科研,等等,都要在新时期军事战略方针的指导和统揽下,立足于未来打赢现代技术特别是高技术条件下的局部战争,周密规划、全面部署和深入展开。"

(3)坚持和发展人民战争思想,发挥人民战争整体威力

江泽民指出:"无论武器装备如何发展,战争形态如何变化,人民战争都是我们克敌制胜的法宝。"强调,"以劣胜优,打人民战争,是我党我军的基本经验和宝贵财富,我们一定要发扬我军以劣势装备战胜优势技术装备之敌的优良传统,牢固地树立敢打必胜的信心。"还提出,要重视在全体人民中进行国防教育,增强国防意识。国防教育要作为公民的终身教育,要坚持不懈地抓下去。要深入持久地开展国防教育,增强全民国防观念,完善国防动员体制,加强国防后备力量建设。

(4)确立科技强军的思想,实现"两个转变"

江泽民把加强军队质量建设,依靠科技强军,走有中国特色的精兵之路,加快我军现代化建设,提高我军在现代技术特别是高技术条件下的作战能力,作为今后一个时期军队建设的重要指导思想,要求军事斗争准备要"由应付一般条件下的局部战

争，向打赢高技术条件下的局部战争转变"，军队建设要"由数量规模型向质量效能型、由人力密集型向科技密集型的转变"。

（5）培养和造就大批高素质新型军事人才

江泽民指出："军队的现代化，人员素质是个至关重要的因素"，"人才是兴军之本，必须把培养和造就大批高素质的人才作为军队现代化建设的根本大计来抓。"还说"未来的仗能不能打赢，军队会不会变质，关键是人。没有高素质的人才，一切都是空话。"没有高素质的军事人才，就无法创造先进的作战理论，无法形成高超的军事谋略和战法，武器装备再先进，也难以发挥应有的效能。因此，他强调，要把军队院校教育在优先发展的战略地位。

（6）加快发展"杀手锏"，实现武器装备现代化

江泽民指出："在当今世界上，一个国家如果不随着经济和社会的发展，努力增强国防实力，提高军队的素质和武器装备水平，在现代技术尤其是高技术条件下的作战能力不强，一旦战争发生，往往陷入被动挨打的地位，国家利益、民族尊严和国际威望就要受到极大损害。"武器装备落后，缺少有效的制敌手段，在战争中要取胜就会付出很大的代价。必须把国防科研和武器装备建设摆在提高军事实力的突出位置，特别要注重发展我们自己的"杀手锏"，增强我军打赢高技术战争的物质技术基础。要着眼军事斗争的需要，坚持有所赶有所不赶、有所为有所不为，抓住关键性的技术，集中财力、物力、人力办大事，重点发展那些一旦突破，就能对提高军队的威慑和实战能力产生重大影响的武器装备。

2. 坚持人民军队的性质、本色和作风，保证"不变质"

（1）党对军队的绝对领导是我军永远不变的军魂

江泽民说："一个军队要有军魂。我看，我们军队的军魂

就是党的绝对领导。"他强调，"党对军队的绝对领导是我军永远不变的军魂"，"坚持党对军队的绝对领导，必须首先从思想上政治上掌握军队"。只有从思想上政治上掌握部队，才能使广大官兵凝聚在党的旗帜下，做到任何时候、任何情况下都忠于党，跟党走，听党指挥；才能使广大官兵保持坚定的政治立场和正确的政治方向，在重大原则问题上分清是非界限，提高鉴别能力；才能使广大官兵具有先进的思想觉悟和高尚的道德情操，始终保持革命军人的政治本色。

（2）把思想政治建设摆在全军各项建设的首位

江泽民指出："思想政治建设，必须摆在全军各项建设的首位，这是从党、国家和军队工作全局的战略高度提出的要求。"这个要求，体现了人民军队建设的内在规律，对新形势下加强我军建设具有根本的指导意义，也是在国防和军事领域贯彻落实"三个代表"重要思想的具体体现。新时期军队思想政治建设的使命，是为打赢未来高技术战争提供强大的精神动力，为保持人民军队的性质、本色和作风提供可靠的政治保证。在国际国内环境发生重大变化时期，在高技术对军事领域影响越来越广泛深刻的情况下，我军思想政治建设只能加强不能削弱，只能抓紧不能放松。

（3）在继承优良传统的基础上大胆改革创新

江泽民倡导在全军部队广泛开展爱国奉献教育、革命人生观教育、尊干爱兵教育和艰苦奋斗教育，强调这四个方面的教育要搞得一年比一年更深入、更有成效。他提出，要加强我军优良传统和作风教育，切实保持老红军的本色长久不衰。还强调，军队要有良好的思想作风、工作作风、战斗作风和生活作风，做到实事求是，谦虚谨慎；积极进取，敢于创新；英勇顽强，雷厉风行；艰苦奋斗，勤俭办事。他指出，创新是一个民族进步的灵魂，是一个国家兴旺发达的不竭动力，创新也是军队发展的不竭动力。在新的历史条件下，由于我军建设的任务和面临的环境发生了深刻的变化，我们必须在坚持优良传统的基础上大胆改革创新，使我军始终保持旺盛的生机和活力，以改革创新的精神开拓前进。

三、胡锦涛国防和军队建设重要论述

21 世纪，中国的发展进入了一个重要的战略机遇期。胡锦涛以政治家和战略家的远见卓识与战略智慧，着眼时代特点，立足维护国家安全和发展利益的大局，依据国际国内环境的发展变化，新世纪新阶段国防与军队建设的客观实际，提出了关于加强国防和军队建设的一系列重要论述。

（一）胡锦涛国防和军队建设重要论述的科学含义和历史背景

1. 胡锦涛国防和军队建设重要论述的科学含义

胡锦涛国防和军队建设重要论述，是新世纪新阶段用科学发展观统筹国防和军队现代化建设，打赢信息化战争的军事指导理论，是毛泽东军事思想、邓小平军队建设思想和江泽民国防与军队建设思想的丰富和发展，是科学发展观在国防和军事领域的展开和延伸，是当代中国马克思主义的创新军事理论。

2. 胡锦涛国防和军队建设重要论述产生的历史背景

（1）世界多极化和经济全球化趋势进一步凸现，影响国家可持续发展的外部制约因素增加

新世纪新阶段，国际形势呈现总体和平、缓和、稳定的基本态势，和平、发展、合作是时代的主流；世界多极化和经济全球化趋势进一步凸现；各国利益相互依存、相互交织，对话合作不断增强。但是，随着国际形势的发展变化，我国可持续发展面临的外部制约因素也在增加，表现在西方敌对势力加紧

对中国实施西化、分化和遏制政策，千方百计牵制中国发展；我国周边安全环境存在诸多隐患，围绕海洋权益的斗争加剧；随着国家利益的拓展，维护海外利益的任务更加艰巨。

（2）国家社会和经济发展形势总体良好，影响国家安全和稳定的不确定因素增多

我国经济社会发展、国防和军队建设进入新世纪新阶段以后，给国家的安全和发展带来了有利的机遇。表现在，政治安定、民族团结、经济发展、社会和谐的局面得到进一步巩固；对世界的影响力在增长；社会和经济发展形势总体良好，但影响国家安全和发展的不稳定、不确定因素增多，"台独"等分裂势力猖獗，恐怖势力、宗教极端势力等邪恶势力勾联聚合，不断组织策划渗透、瓦解和破坏活动；我国人口、就业和"三农"等问题凸现，社会矛盾和犯罪问题增多；国内安全与国际安全的互动性增强，一些国内问题如果处理不当，可能会演变为国际问题，一些国际问题也可能诱发我国社会稳定问题；国家面临的传统安全威胁和非传统安全威胁因素相互交织。

（3）我军所处环境和面临的任务发生了重大变化，国防和军队建设面临时代性挑战

由于我军所处环境和面临的任务发生了重大变化，国防和军队建设需要解决诸多具有时代性的课题。如何在国际上单边主义和强权政治仍然存在，多极化趋势日渐呈现，区域化和全球化经济机遇与挑战并存，竞争大于合作的复杂形势下，坚决有效地维护国家的战略利益；如何在我国改革发展进入关键时刻，特别是"台独"分裂势力严重威胁祖国和平统一大业的背景下，更好地履行党和人民赋予军队的神圣使命，有效维护国家主权、统一和稳定；如何在世界新军事变革加速推进，战略主动权竞争日趋激烈的形势下，大力推进国防和军队信息化建

设，不断增强应对危机、维护和平，遏制战争、打赢信息化战争的能力；如何在我国经济实力、科技实力、国防实力和民族凝聚力不断增强，国防和军队建设取得巨大成就的基础上，继续抓住机遇，乘势而上，推动国防和军队建设迈上新的台阶。

（二）胡锦涛国防和军队建设重要论述的主要内容

1. 军队要大力加强思想政治建设

（1）把思想政治建设摆在各项建设的首位

胡锦涛指出："要毫不动摇地把思想政治建设摆在各项建设的首位，保持和发展我军特有的政治优势，坚持不懈地用党的理论创新的最新成果武装官兵，坚定官兵的理想信念，强化全军的军魂意识，坚定地打牢听党话、跟党走的思想基础，保证军队建设正确的政治方向。"他还指出，思想政治建设是军队的根本性、基础性建设。要积极适应新的形势和任务，把部队思想政治建设抓得更加有力、更加扎实、更加富有成效。

（2）增强思想政治工作的针对性和时效性

胡锦涛强调，要紧密联系部队建设的新形势和新特点，切实加强和改进思想政治工作。这是确保党对军队绝对领导的必然要求，是确保部队"打得赢、不变质"的必然要求，也是确保广大官兵健康成长的必然要求。要着眼于时代发展和任务变化对思想政治工作提出的新要求，根据部队官兵的成分变化和思想实际，有的放矢地做工作，增强思想政治工作的针对性、实效性。

（3）改进思想政治教育的内容、形式和手段

胡锦涛指出，要持久地开展以坚定理想信念和树立正确的世界观、人生观、价值观为核心的思想政治教育，使广大官兵始终保持政治上的坚定和思想道德上的纯洁，始终保持坚强的革命意志和旺盛的战斗精神。要深入扎实地搞好保持共产党员先进性教育活动，确保取得实实在在的成果下，使其成为官兵

满意工程。

（4）加强军队各级党组织的能力建设

胡锦涛强调，要大力加强军队各级党组织的能力建设，不断提高加强部队思想政治建设，把握部队建设正确方向的本领；不断提高领导军事斗争准备，带领部队完成信息化作战任务的本领；不断提高推进中国特色军事变革，推进部队机械化信息化建设的本领；不断提高依法从严治军，加强部队正规化建设的本领。各级党组织的能力建设，体现在党的思想、组织、作风、制度建设各个方面，要充分发挥党委的核心领导作用、党支部的战斗堡垒作用和共产党员的先锋模范作用。

2. 坚持党对军队的绝对领导，强化"军魂"意识

（1）坚持党对军队的绝对领导是我军建设的首要问题

胡锦涛指出："党对军队的绝对领导是我军的军魂，这一条永远不能变。而且在新的历史条件下更要强化这一观念，这是我军'不变质'的根本保证。"胡锦涛关于坚持党对军队绝对领导的重要论述，是对我军建军根本原则的继承、丰富和发展，是新的历史条件下我军建设与发展的首要问题，深刻揭示了在新的历史条件下坚持党对军队绝对领导原则的科学性、重要性和必然性。对这个根本问题，胡锦涛始终给予高度关注，明确指出，保证党对军队的绝对领导，始终是关系我军性质和宗旨，关系社会主义的前途命运，关系国家的长治久安的重大问题，因而也始终是我军建设和发展的首要问题。

（2）坚持党对军队绝对领导是我军的立军之本

胡锦涛指出，党对军队的绝对领导，不仅是我军革命化建设的核心和本质，而且是我军战斗力的源泉，是我军无往不胜的法宝。回顾我军的战斗历程，之所以能从小到大，由弱到强，克服各种艰难险阻，战胜国内外强大敌人，打出一个人民

的天下，究竟靠的是什么？原因固然很多，但根本的一条，就是有党对军队的绝对领导。党的绝对领导，是我军的建军之本、强军之基、力量之源。党对军队的绝对领导，既出凝聚力，又出战斗力。

（3）坚持党对军队的绝对领导是我军永远不变的军魂

胡锦涛指出："我军作为党领导的人民军队，在巩固党的执政地位、保证社会主义红色江山永不变色、维护人民群众的根本利益中，肩负着神圣使命，具有重要作用。只要我们党紧紧依靠全国人民，牢牢掌握人民军队，国家就出不了什么大的乱子，我们就可以'任凭风浪起，稳坐钓鱼船'。"他强调，要"高度关注新形势下坚持党对军队绝对领导的问题，不断加强全军部队的军魂教育，强化军魂意识，坚决抵制'军队非党化、非政治化'和'军队国家化'等错误政治观点的影响，确保党从思想上政治上组织上牢牢掌握部队。"

（4）保证枪杆子永远掌握在忠于党的可靠的人手里

胡锦涛指出，新世纪新阶段，面对执政与相对和平的环境，面对各种利益关系的调整，面对"酒绿灯红"的影响，面对资产阶级腐朽思想文化的侵蚀，建设高素质的干部队伍，确保枪杆子真正掌握在忠于党的可靠的人手里，比我军历史上任何时候都更加紧迫、更加重要。他强调，要以更严的要求、更高的标准，执行党对军队绝对领导的根本制度和党的政治纪律，坚决维护其权威性、严肃性，不管形势如何变化，不管军队成员如何更新，不管改革如何发展、体制编制如何调整，都要一以贯之地加以坚持，都要随着历史条件的发展不断加强，而不能有丝毫的动摇和削弱。

3. 军队要强化战斗精神，树立敢打必胜的信心

胡锦涛强调，要在全军深入进行强化战斗精神、提高打赢

能力的教育，真正搞清楚为什么要准备打仗、准备打什么样的仗、怎样准备打仗这个重大问题，引导广大官兵牢固树立敢打必胜的坚定信心。

（1）强化战斗精神是对我军优良传统的继承和发扬

我军历来具有英勇顽强的战斗意志和战斗作风，依靠一不怕苦、二不怕死的革命精神、压倒一切敌人的英雄气概和决不为强大敌人所屈服的必胜信念，依靠胜敌一筹的战争指挥艺术，依靠灵活机动的战略战术，依靠人民战争的法宝，创造了许多以劣势装备打败优势装备的国内外强大敌人的奇迹，在威武雄壮的战争舞台上导演了一幕幕有声有色的战争活剧。

（2）强化战斗精神是以劣胜优的必然要求

我军武器装备的现代化水平有了很大改善和提高，但与西方主要发达国家军队武器装备的发展水平相比还有很大差距。全靠新装备打仗是不现实的，要坚持有什么装备打什么仗。对我军来说，还是要以劣抗优、以劣胜优，立足现有装备打仗。要充分发挥我军的优长，强化战斗精神，充分发挥人的主观能动性，把现有装备的潜力和效能最大限度地发挥出来。

（3）强化战斗精神是谋求战斗力优势的重要途径

人的思想觉悟、战斗意志、牺牲精神以及综合素质，直接决定着武器装备效能的发挥，影响着战争的胜负。人各方面作用的发挥首先依赖于敢打必胜的过硬战斗精神。战斗中，如果贪生怕死，不想打仗，不敢打仗，缺乏必胜的信念，那么就不能发挥武器装备的最佳效能，就不会积极主动地采取灵活的战法打击敌人，就会在敌人心理威慑面前丧失抵抗意志。

4. 军队要认真履行新世纪新阶段的历史使命

胡锦涛着眼于国家利益和军队建设与发展的战略全局，根据军队所处的国际国内环境发生的重大变化，从维护国家的发展利益和安全利益出发，确立了新世纪新阶段军队新的历史使命，他在 2004 年 11 月指出："军队要为党巩固执政地位提供重要的力量保证，为维护国家发展的重要战略机遇期提供坚强的安全保障，为维护国家利益的拓展提供有力的战略支撑，为维护世界和平和促进共同发展发挥重要作用。"

（1）为党巩固执政地位提供重要的力量保证

为党巩固执政地位提供重要的力量保证，是党赋予我军的核心使命。坚持党对军队的绝对领导，是履行核心使命的根本保证，也是保证社会主义红色江山永不变色，实现人民群众根本利益的保证。当前，我党执政地位面临着许多方面的挑战：一是西方发达国家在经济、科技、军事等方面的优势给我们造成的压力将长期存在；二是西方敌对势力妄图"西化"、"分化"我国的战略图谋从来没有改变；三是社会转型期的矛盾和问题进一步凸现；四是党对军队绝对领导的根本原则和制度面临着国际思想政治领域的尖锐斗争。我军必须坚持党对军队绝对领导的根本原则和制度，确保我军能够经受住各种斗争任务和各种复杂环境的考验，始终成为党巩固执政地位的中坚力量。

（2）为维护国家发展的重要战略机遇期提供坚强的安全保障

本世纪头 20 年，对于我们国家来说，是一个必须紧紧抓住并且可以大有作为的重要战略机遇期。冷战结束以来，两极格局解体，大规模、大范围的军事对抗大为减少，而代之以综合国力的激烈竞争。战略机遇期是就可能性而言的，是努力排除各种风险赢的结果。如果主观努力不够，战略机遇期不仅抓不到手，而且还会变成"战略风险期"。把握战略机遇期，关键是要创造稳定可靠的安全环境。军队在维护战略机遇期方面必须发挥应有的作用，最重要的就是运用军事实力所产生的威慑作用，遏制或延缓战争的爆发，同时做好应对战争、突发事件和危机的准备，必要时以果敢的军事行动控制危机，以战止战。

（3）为维护国家利益的拓展提供有力的战略支撑

胡锦涛指出，国家安全逐渐超出传统的领土、领海、领空范围，不断向海洋、太空、电磁空间扩展和延伸。海洋安全、太空安全、电磁空间安全，已经成为国家安全的重要领域。过去，特别是在冷战结束以前，我国的国家利益中生存利益是第一位的，安全利益应对外敌大规模的陆地入侵是主要的，发展利益也主要是自力更生、艰苦奋斗的自我封闭的发展利益。当今时代，国家利益的内涵和外延发生了深刻变化。高科技的发展和陆地资源的逐渐减少，将人们的目光引向遥远的未来和更加广阔的空间。世界上没有不以安全为条件的发展，也没有不以发展为目的的安全，这就决定了国家的安全利益必须随国家利益的发展而不断延伸。

（4）为维护世界和平与促进共同发展发挥重要作用

我国要实现和平发展，要维护国家安全和国家利益，要维护世界和平与促进共同发展，必须有强大的军事实力作后盾。我们要在国家经济不断发展的基础上，努力建设一支同我国安全和发展利益相适应的军事力量，提高应对危机、维护和平、遏制战争、打赢战争的能力，以更好地履行维护国家安全、捍卫国家主权和领土完整的职责，发挥维护世界和平的积极作用。

5. 统筹国防和军队建设，打赢信息化战争

胡锦涛指出，坚持在国防和军队建设中贯彻落实科学发展观，首要问题是要坚持国防建设和军队建设全面协调可持续发展的方针，坚持"五个统筹"，即：统筹中国特色军事变革与军事斗争准备，统筹机械化建设与信息化建设，统筹诸军兵种

作战能力建设，统筹当前建设与长远发展，统筹主要战略方向与其他战略方向。

（1）必须统筹中国特色军事变革与军事斗争准备

统筹中国特色军事变革与军事斗争准备，两者既相互统一，又相互区别，要注意正确处理好推进中国特色军事变革与做好军事斗争准备的关系。一是要以军事斗争准备来促进中国特色军事变革，以中国特色军事变革来带动军事斗争准备；二是要紧紧围绕军事斗争准备的现实需要推进中国特色军事变革；三是要把军事斗争准备纳入中国特色军事变革的全局之中；四是要以变革的精神指导军事斗争准备。

（2）必须统筹机械化建设与信息化建设

我军机械化与信息化建设的基本现状：一是武器装备仍处在机械化半机械化状态，信息化武器装备建设刚刚起步；二是体制编制仍滞留在机械化时代，信息化时代的改革尚处于论证和试验阶段；三是具有我军特色的机械化作战理论体系尚不完善，信息化作战理论还处在探索阶段；四是人才队伍的状况还不适应机械化和信息化建设的需要。面对我军机械化尚未完成，同时又要努力向信息化过渡的现实，我们必须从国情和军情的实际出发，正确处理好机械化和信息化的关系，努力完成机械化和信息化建设的双重历史任务，实现我军现代化的跨越式发展。

（3）必须统筹诸军兵种作战能力建设

精干够用的诸军兵种作战力量，既是国家强大的象征，也是维护国家安全、捍卫国家利益、保卫国家稳定与发展的重要保证，同时还是我国维护和促进世界和平与发展的重要物质基础。胡锦涛指出，必须下功夫解决军队内部存在的各种问题，进一步优化结构，理顺关系，加强体制建设，提高整体效能，使军队建设与发展在系统筹划、协调发展中前进。我军作战力量的编成、军兵种及其武器装备的结构等，总体上属于陆战型、近战型和本土纵深防御型，这样的力量结构所形成的作战功能与信息化和一体化联合作战是不相适应的，必须进一步优化军兵种总体结构，进一步优化军种内部结构，整合诸军兵种作战力量，提升整体作战能力。

（4）必须统筹当前建设与长远发展

实现国防和军队建设的可持续发展，就是要把国防和军队建设作为一个承前启后的发展过程，统筹当前建设与长远发展，既注重当前建设和做好眼前工作，又要着眼未来，谋求长远发展，避免时断时续或大起大落，以确保国防和军队建设与发展的连续性与持久性。当前建设，是指国防和军队建设应对近期可能面临的军事冲突和战争威胁而进行的以军事斗争准备为主要内容的建设活动，具有明显的指向性、目标性和应急性。当前建设的指向，就是对我国安全构成现实威胁的作战对象；当前建设目标由一个完整的指标体系构成，是根据作战对象的特点及其作战能力，通过针对性极强的建设和准备，具备战胜对手的战略能力；当前建设的应急性，主要表现在建设时间的有限性和急迫性，要求军队随时做好作战准备，随时准备打仗。长远发展，主要是指为实现国防和军队战略目标而进行的建设活动。国防和军队建设的长远目标是通过完成阶段性任务来实现的。

（5）必须统筹主要战略方向与其他战略方向

正确判断周边安全环境，准确确定和统筹好主要战略方向与其他战略方向，对于保证我国的国家安全，全面建设小康社会具有十分重要的意义。我国是世界上地缘环境最复杂的国家，复杂的地缘关系，决定了我国的战略方向具有多元性。新中国成立后，国家的主要战略方向曾随着国际局势、周边安全环境的变化和国家面临的现实威胁做过多次重大调整。统筹主要战略方向和其他战略方向，处理好各战略方向之间的关系，必须做到突出重点，兼顾一般，多手准备，有备无患。统筹主要战略方向与其他战略方向需要把握以下几个问题：一是立足全局抓主要战略方向，做到有所为，有所不为；二是根据主要战略方向的相关性，抓好其他战略方向，使其他战略方向起到策应作用；三是加强形势评估，把握不同战略方向地位的变化，防止战略指导失误。

6. 加强军队全面建设，提高信息化作战能力

随着信息时代的到来，世界各国都在加快军队信息化建设的步伐，特别是我军要加强全面建设，提高信息化作战能力，打赢信息化战争，胡锦涛强调，首先要解决的一个重要问题就是正确处理革命化、现代化和正规化的关系问题。

（1）革命化是军队建设的根本方向

胡锦涛指出，要坚持不懈地用马克思列宁主义、毛泽东思想、邓小平理论和"三个代表"重要思想武装全军，保证军队建设的正确政治方向。坚持毛泽东、邓小邓、江泽民领导我军在长期斗争实践中形成的光荣传统和优良作风。思想政治建设是革命化建设的核心，革命化是军队建设的根本方向。要牢牢地把握住"讲政治"这根弦，坚持以党的旗帜为旗帜，以党的意志为意志，以党的方向为方向，坚决维护党中央、中央军委的权威，确保政令、军令畅通。

（2）现代化是军队建设的本质要求

现代化是军队建设的中心任务和本质要求。要从我国的国情和军情出发，坚持以机械化为基础，以信息化为主导，推进机械化和信息化的复合发展，增强我军信息化条件下的威慑和

实战能力，实现军队现代化建设跨越式发展。实现军队现代化建设跨越式发展的途径主要有四种：一是"舍弃"式跨越，即舍弃机械化建设的"夕阳技术"，避免重复无前途技术的开发和投资，将有限的资源用在"朝阳技术"上；二是"非零点"式跨越，即直接引进利用先进的信息化技术，不必从零开始，从头研制，在较高的起点上起步，加快发展速度；三是"改造"式跨越，即对有价值的机械化平台进行信息化改造，在改旧为新中实现跨越式发展；四是"重点"式跨越，即对带有战略影响的核心技术，要自力更生，合力攻关，力争实现突破，以免受制于人，以局部跃升带动整体发展。

（3）正规化是军队建设的重要保证

正规化是军队建设的重要基础和保证。要把从严治军作为全局性、基础性、长期性工作紧抓不放，把依法治军作为正规化建设的基本要求，加强军事法制建设，完善军事法规体系，依照条令条例和规章制度规范军队各项建设和工作，使军队建设进一步走上法制化轨道。

7. 加强军事训练，提高部队应对危机和处置突发事件的能力

（1）军事训练是重要的治军方式和管理方式

胡锦涛强调："军事训练是军队和平时期最基本的实践活动，是战斗力生成的基本途径。"加强军事训练，不仅是军事斗争准备的重要实践，也是重要的治军方式和管理方式。要充分认识加强军事训练的重要性，切实把军事训练作为部队的经常性中心工作，集中精力，抓紧抓实。要坚持从难从严从实战需要出发，坚持高标准、严要求，改进和创新训练的内容和方式方法。要把培养战斗精神贯穿于训练的全过程，发扬我军敢打必胜的光荣传统，养成英勇顽强的战斗作风和铁的纪律。实

现人和武器的最佳结合要靠训练，培养部队英勇顽强的战斗作风要靠训练，提高指挥员组织指挥现代战争的能力也要靠训练。在我军武器装备总体水平还不高的情况下，更要靠高质量的军事训练来弥补技术的差距和不足。

（2）提高部队应对危机和处置突发事件的能力

胡锦涛强调："要紧贴部队的各项工作，全面提高部队应对危机和处置突发事件的能力。"军队要把国家主权和安全放在第一位，履行好维护国家主权、统一和稳定的神圣职责，为创造一个有利于全面建设小康社会，加快推进社会主义现代化建设的长期安全环境做出应有贡献。要坚决抵御外来侵略，确保我国领海、领空和边境不受侵犯。坚决反对和遏制分裂势力及其活动，严密防范和打击民族分裂主义势力，决不让各种分裂势力和西方敌对势力分化我国、破坏我国主权和领土完整的图谋得逞。要严密防范和坚决打击恐怖主义活动。要密切关注社会形势，积极支持和配合地方党委、政府妥善处理各种社会矛盾和问题，做好维护社会稳定的工作。

8. 推进中国特色军事变革，加快军事创新

军事创新是军队实现持续发展的动力之源和必要条件，是加速推进中国特色军事变革的内在要求，也是我军履行新的历史使命的客观要求。科学发展观的第一要义是"发展"，没有军事上的不断创新，就难有军队建设上的不断发展和进步。

（1）创新军事理论

我军面临加快军事理论创新的时代性课题。在长期的革命战争中，我军的武器装备不如敌人，但先进的军事理论符合当时的实际情况，因而运用这些理论能够以劣胜优并不断发展壮大。进入新世纪新阶段，我军的建设环境、条件都发生了很大变化，使命任务也有新的拓展。新的形势迫切要求我军必须

有相应的军事理论作指导，但是，我军的军事理论研究状况与新形势下军队建设和作战的要求，以及与美军等发达国家军队的军事理论研究相比，还有较大的差距。新的形势呼唤新的理论，我军必须加快军事理论创新的力度，努力实现军事理论创新的突破。

（2）创新军事组织体制

军事组织体制是影响军队整体效能发挥的关键因素，军队的科学发展需要通过创新军事组织体制来奠定基础，军事组织体制的科学性需要通过不断的创新来实现。目前，我军的军事组织体制与未来信息化战争的要求不相适应的矛盾还比较突出。创新军事组织体制，要围绕军队总体结构和重大体制展开。一是要进一步优化总体结构；二是要建立"扁平网状型"的指挥体制；三是要建立和完善三军一体化保障体制。四是要建立多功能、小型化的部队编成体制。

（3）创新军事技术

胡锦涛指出："我们只有把科学技术真正置于优先发展的战略地位，真抓实干，急起直追，才能把握先机，赢得发展的主动权。"科技创新是军事变革的源头，既迫切又艰巨，必须加快推进，并逐步扩展领域和提高水平。胡锦涛说："科技力是综合国力的重要内容和基础。自主创新能力是国家竞争力的核心。一个国家、一个民族要真正赢得发展、造福人类，必须注重自主创新。""落后就要挨打，这是中国人民从近代以来屡遭外来侵略的经历中得出的刻骨铭心的教训。"科学技术是第一生产力，军队现代化的关键也在于提高军事技术水平。科技强军是重大的战略选择，也是艰巨的历史任务。必须"坚定不移地依靠科技进步和创新来实现全面、协调、可持续发展"。我们只有加快以信息技术为核心的军事技术创新，才能尽快缩小

与发达国家军队在军事技术方面的差距，研制出克敌制胜的
"杀手锏"，形成我们独有的优势，切实提高我军的威慑能力和
实战能力。

（4）创新军事管理

胡锦涛指出，我们要努力适应军队现代化建设的新形势，
更新管理观念，加强现代管理知识的学习，大力提高科学管理
的能力。要深化管理体制改革，促进资源的有效配置和综合集
成，努力实现人力、物力、财力的最佳组合，产生最大效益。
要着眼于新的时代特征、履行新的历史使命，加强军事管理思
维、军事管理模式和军事管理理论的创新。只有搞好这些重点
领域的改革创新，军队的战斗力才能够得到大幅度的提升，才
能使军队的全面建设跃上一个新的台阶。

9. 坚持依法从严治军

（1）依法从严治军是提高军队建设质量和效益的重要保证

胡锦涛强调，要适应军队现代化发展的要求，加强依法治
军、从严治军，严格按国家的法律法规和军队的条令条例治理
军队、管理部队，确保部队的高度稳定和集中统一，建立正规
的战备、训练、工作和生活秩序。坚持依法从严治军，一是要
逐步建立适应社会主义市场经济发展要求，符合现代军事发展
规律，能够体现我军性质和优良传统的军事法规体系，把军队
建设事业纳入法制化的轨道，做到有法可依、有法必依、执法
必严、违法必究；二是要从制度上和法律上保证党对军队的绝
对领导，使"党指挥枪"的原则更具稳定性、权威性和规范性；
三是要把党关于军队建设的主张，通过法定程序上升为国家意
志，实现领导与依法办事的统一；四是要把治军的成功经验，
用法规的形式确定下来，促进我军的革命化、现代化和正规化
建设。

（2）把作风纪律建设作为核心内容

胡锦涛强调："要把作风纪律作为从严治军的核心内容，加强部队的经常性教育和经常性管理，加强部队的作风培养，强化官兵的纪律意识，严肃政治纪律、军事纪律、组织纪律，确保党中央和中央军委政令军令畅通。"作风纪律是军队的命脉，是部队战斗力的重要因素。我军发展之所以能够由小到大、由弱到强，从胜利走向胜利，很重要的一条原因就是有严明的纪律作保证。治军不严，后患无穷。在新的历史时期，坚决贯彻从严治军方针，必须大力加强军队的纪律建设，有力维护和保证部队的高度集中统一。

（3）不断提高依法管理的水平

胡锦涛强调："要把从严治军与依法治军统一起来，狠抓条令条例和规章制度的落实，坚决做到有法必依、执法必严、违法必究。"从严治军的一个重要方面，就是依法管理。"令严方可以肃兵威，命重始足于整纲纪。"坚持依法从严治军，要把从严治军作为一项全局性、基础性、长期性工作紧抓不放，要由"单纯管"向"管育结合"转变，打牢从严治军的思想基础；由"治兵"向"治军"转变，提高从严治军的目标层次。在新的形势下，要把提高依法管理的水平摆在突出位置，切实转变工作思路、指导思想和管理重点。

10. 坚持国防建设与经济建设协调发展

（1）正确处理经济建设与国防建设的关系

胡锦涛强调："坚持在国防和军队建设中贯彻落实科学发展观，首要问题是坚持国防建设与经济建设协调发展的方针。"我国是一个发展中国家，处于社会主义初级阶段，我军的现代化建设是在我国特殊国情环境中进行的。由于受国家经济实力所限，我军军费供需矛盾突出的问题不可能在短期内根本解决。我国的国防和军队现代化建设始终面临着双重压力。一方面，我国的军费，无论是绝对数还是占国民生产总值的比重，与世界主要国家相比都是较低的。这么大一支军队，要维持正常运转，还要有所发展，是一件很困难的事。另一方面，如果我们不紧紧跟上世界新军事变革的潮流，不下大力气努力提高国防和军队现代化水平，一旦发生什么事情，就会陷入被动的境地。

（2）把国防建设融入现代化建设全局之中

胡锦涛指出："要依托国家经济社会发展，把国防建设融入现代化建设全局之中，统筹国防资源与经济资源，注重国防经济与社会经济、军用技术和民用技术、军队人才和地方人才的兼容发展，进一步形成国防建设和经济建设相互促进、协调发展的良好局面。"他从国际战略全局出发，根据国家经济不断发展的实际，高度重视国防和军队建设，提出在国家建设全局中思考和筹划军队建设。就是要以国家安全环境为前提，摆正军队现代化建设地位；以国家战略利益为根本，确定军队现代化建设目标；以世界军事发展为参照，校正军队现代化建设走向；以基本国情军情为依据，选择军队现代化建设模式；以综合国力为依托，建立军队现代化建设与国家经济建设协调发展的机制。

（3）建设一支同我国安全和发展利益相适应的军事力量

胡锦涛提出，要在国家经济发展的基础上，努力建设一支同我国安全和发展利益相适应的军事力量，确保全面建设小康社会目标的顺利实现。如果把 20 世纪视为"战争和对抗的世纪"，那么 21 世纪则是"竞争和淘汰的世纪"。为了防止被"边缘化"，世界各国特别是一些大国，无不把抓住战略机遇期，发展和壮大自己作为首要的战略选择。"机之不至，不可以先；机之已至，不可以后。"战略机遇期具有很强的时效性和挑战性，抓住了就是契机，抓不住就是危机。在人类社会的发展史上，一个国家或民族，因抓住机遇而走向强盛、因丧失机遇而逐渐衰落的事例屡见不鲜。战略机遇期的形成是多种因素相互影响、相互作用的结果，但必须具备安全和发展两个方面的条件。一个巩固的国防，一支强大的军队，始终是国家安全与经济发展的基本保障。

思考题

1. 邓小平军队建设思想的主要内容包括哪几个方面？

2. 江泽民国防和军队建设思想的主要内容包括哪几个方面？

3. 胡锦涛国防和军队建设理论的主要内容包括哪几个方面？

第四节　习近平强军思想

2013 年 3 月 11 日，习近平在十二届全国人大一次会议解放军代表团全体会议上明确提出：建设一支听党指挥、能打胜仗、作风优良的人民军队，是党在新形势下的强军目标。党在新形势下的强军目标，集中概括了我军建设的根本原则、根本职能、根本宗旨，体现了军队革命化现代化正规化相统一的全面建设思想，深刻反映了我们党建设强大人民军队的不懈追求，丰富发展了党的军事指导理论，为新形势下加强国防和军队建设指明了方向。

一、强军思想的重大意义

（一）建设强大的人民军队是我们党的不懈追求

我军是中国共产党缔造和领导的人民军队，也是在党的绝对领导下发展壮大起来的。人民军队的发展史，就是一部在中国共产党领导下的强军史。在革命、建设和改革的不同历史时期，我们党都根据形势任务发展变化，及时提出明确的目标要求，引领和推动人民军队建设不断向前发展。我们党在创建和领导人民军队的长期实践中，坚持把马克思主义军事思想同中国革命战争和人民军队建设实践相结合，创造了具有中国特色的马克思主义军事理论成果，形成了毛泽东军事思想、邓小平新时期军队建设思想、江泽民国防和军队建设思想、胡锦涛国防和军队建设思想。

党的十八大以来，习近平对加强国防和军队建设作出一系列重要论述，丰富发展了党的军事指导理论。这些理论成果，既一脉相承又与时俱进，是各个历史时期我们党建军治军经验的凝练升华，集中体现了我们党建设强大人民军队的一贯意志主张，是指引我军战胜一切艰难险阻，不断发展壮大的强大思想武器。

（二）强军思想指明了军队建设的聚焦点和着力点

国家利益始终是军人目光的聚焦点，维护国家利益永远是军人的神圣职责。只有军队强大了，才能有效应对来自各方面的风险挑战，为国家发展、人民幸福创造和平安宁的内外环境。军队建设任务艰巨繁重、工作千头万绪，只有明确聚焦点，才能加快发展。落实强军思想，要求必须把听党指挥作为军队建设的首要，充分体现了党坚持从思想上政治上组织上建设和掌握部队，确保部队绝对忠诚、绝对纯洁、绝对可靠的一贯追求；要求必须坚持一切建设和工作向能打胜仗聚焦，充分反映了我军的职能使命，反映了按照战斗力这个唯一的根本的标准搞建设、抓准备、谋发展的工作思路；要求必须坚持把作风建设作为一项基础性长期性工作抓紧抓实，充分反映了贯彻依法治军、从严治军重要方针，保持我军作风优良的鲜明特色和政治优势的建设方略。强军思想深刻把握军队建设的历史方位和阶段性特点，立足中国国情军情，着眼世界发展大势，以宏远的战略视野科学回答了我军建设带方向性、根本性、全局性的重大问题，抓住了我军建设的主要矛盾和问题，进一步明确了军队建设的主要任务和努力方向，对全面深化国防和军队建设改革，加强军事斗争准备的指导更具前瞻性和针对性。

（三）强军思想指引军队发展方向

强军思想，总结我们党建军治军成功经验，适应国际战略形势和国家安全环境发展变化，着眼于解决军队建设所面临的突出矛盾和问题，集中体现了我军的性质、宗旨、根本职能和作风，体现了新形势新任务对军队建设的新要求，为在新的起点上加快推进国防和军队现代化进一步指明了方向。这些年来，虽然我军建设有了很大的发展进步，但现代化水平与国家安全需求相比差距还很大，与世界先进军事水平相比差距还很大；我军现代化水平与打赢信息化局部战争的要求不相适应、军事能力与履行新世纪新阶段我军历史使命的要求不相适应的矛盾依然十分突出。缩小"两个差距"、解决两个"不相适应"矛盾，是我们建设强大军队、有效履行使命任务必须着力解决的紧迫课题。强军思想指明了中华民族伟大复兴对建设一支强大人民军队的迫切需要，充分体现了我们党对实现强国梦强军梦的深邃思考和战略运筹，对于加快推进国防和军队现代化建设具有重大指导意义。只要我们坚决贯彻落实强军思想，坚定不移地朝着强军方向团结奋进，国防和军队建设就能够不断开创新局面。

二、正确理解把握强军思想的内涵

党在新形势下的强军目标，是习近平提出的重大战略思想，内涵丰富、意蕴深远。听党指挥是灵魂，决定军队建设的政治方向；能打胜仗是核心，反映军队的根本职能和军队建设的根本指向；作风优良是保证，关系军队的性质、宗旨、本色，三者相互联系、密不可分。

（一）听党指挥是灵魂

2013 年 8 月习近平指出，贯彻落实强军目标，要始终扭住听党指挥这个强军之魂。强军必须铸魂，必须把听党指挥作为军队建设的首要，铸牢听党指挥这个强军之魂，毫不动摇地坚持党对军队绝对领导的根本原则和制度，确保部队绝对忠诚、绝对纯洁、绝对可靠。

1. 听党指挥是建军之魂、强军之魂

我军 90 年奋斗发展的历史，就是在党的领导下从小到大、由弱到强的历史。没有党的领导，就没有军队的成长壮大。党对军队绝对领导这一建军根本原则，是中国共产党把马克思主义建党建军学说同中国革命实际相结合的伟大创造。听党指挥决定军队建设的政治方向。对军队来说，政治方向就是归谁领导、听谁指挥，为谁扛枪、为谁打仗的问题。这个问题，直接决定这支军队的性质宗旨和前途命运。

党对军队绝对领导的根本原则有着特定内涵和要求，古田会议从理论和实践的结合上阐明了党对军队绝对领导的原则和重要性，并从政治上、思想上、组织上确立了一整套实现这一原则的制度和措施。党对军队绝对领导的根本原则，明确规定了党和军队的关系，要求中国人民解放军必须完全地无条件地置于中国共产党的领导之下，在思想上政治上行动上始终与党中央、中央军委保持高度一致，坚决维护党中央、中央军委权威，任何时候任何情况下都坚决听从党中央、中央军委指挥；决不允许向党闹独立性，不允许其他政党在军队建立组织

和进行活动，也不允许任何个人向党争夺兵权；未经党中央、中央军委授权，任何人不得插手军队，更不得擅自调动和指挥军队。这"一个要求、两个不得、三个不允许"，规定了中国共产党是我军唯一的独立的领导力量，枪杆子必须牢牢掌握在党的手中。我军是执行党的政治任务的武装集团，坚持党对军队绝对领导是我军永远不变的军魂。"魂"是我军的生命所系，无"魂"则无"命"；"魂"是我军的立军之本，无"魂"则无"本"；"魂"是我军建设发展的方向和动力源泉，无"魂"则迷"向"。任何时候任何情况下，人民军队都必须始终不渝地听党的话、跟党走。

2. 听党指挥，引领我军从胜利走向胜利

习近平指出，无论战争形态怎么演变、军队建设内外环境怎么变化、军队组织形态怎么调整，党对军队绝对领导的根本原则和制度必须始终不渝坚持。这个最根本的问题守不住，军队就会变质，就不可能有战斗力。推进中国特色军事变革，如果削弱甚至丢掉了党对军队绝对领导的根本原则和制度，就会在变革中断了我们的根，丢了我们的魂。我们这支军队，始终置于中国共产党这样一个先进政党的绝对领导之下，才始终保持了统一的意志、坚强的团结、铁的纪律，既没有被外部敌人所撼倒，也没有被内部的野心家所分裂；才始终保持了强大战斗力，从小到大、由弱到强、无坚不摧、无往不胜；才始终赢得了人民群众的爱戴和支持，有了不竭的力量源泉，发展成为一支具有铁的纪律、顽强战斗精神和高超战略战术的强大军队。新形势下，我军肩负着维护国家主权、安全、发展利益的重大责任，肩负着为实现强国梦提供坚强力量保证的神圣使命。只有毫不动摇地坚持党对军队绝对领导，才能有效应对复杂环境的考验，自觉担当起党和人民赋予的各项使命任务。

3. 听党指挥是党和人民对军队的最高政治要求

军队听党指挥关系党的执政地位。军队听党指挥，不仅是军队建设发展的"命根子"，也是国家之福、人民之福。坚持党对军队的绝对领导，对于巩固党的执政地位、保证社会主义红色江山永不变色具有极其重要的意义。近年来，西方在中东、北非等地区策动所谓的"颜色革命"，都把军队作为渗透破坏的重点目标，结果这些国家几乎一夜之间政局突变，社会陷入动乱之中。目前，我国面临的生存安全问题和发展安全问题、传统安全威胁和非传统安全威胁相互交织，国家安全问题的综合性、复杂性、多变性进一步增强，维护国内社会和谐稳定、周边环境和平安全的任务更加艰巨。西方敌对势力把破坏和割裂党同军队的关系、否定党对军队的领导，作为对社会主义进行"和平演变"、颠覆社会主义制度的重要手段。敌对势力极力鼓吹"军队非党化、非政治化"和"军队国家化"，妄图改变我军性质，用心极其险恶。只有坚决听党指挥，我军才能成为捍卫人民利益、维护国家统一和民族团结的强大力量，为全面建成小康社会、实现中华民族伟大复兴，提供重要力量支撑和坚强安全保障。牢记听党指挥这个强军之魂，是党和人民对我军的时代要求。

4. 一切行动听从党中央、中央军委指挥

坚持党对军队的绝对领导，确保部队绝对忠诚、绝对纯洁、绝对可靠，是一个根本政治原则，决不能有任何动摇、任何含糊。90年的风雨历程，铸就了我军鲜明的特质，也赋予了党对军队绝对领导丰富的内涵和要求。坚决听党指挥，必须深刻领会和准确把握其内涵要求，切实融入灵魂血脉，化为自觉行动。

坚定理想信念。理想信念是精神上的"钙"，理想信念不坚定，精神上就会"缺钙"，就会得"软骨病"。科学理论是崇高理想信念的基石，要通过认真学习和把握习近平系列重要讲话精神，以理论上的清醒保持政治上的坚定，以信仰信念的坚定确保军魂意识永驻。

纯洁思想道德。道德是信仰的基石，是做人的基础。灵魂是军魂的基础，很难设想一个灵魂不干净的人会忠诚于党。铸牢军魂，必须着力塑造忠诚品格，端正价值追求，强化道德自律，以灵魂的净化确保军魂的牢固。

站稳政治立场。坚决反对和抵制"军队非党化"、"军队非政治化"和"军队国家化"，必须在是非对错面前、在诱惑考验面前坚持正确的政治方向、站稳政治立场。听党指挥，最紧要的是始终在思想上政治上行动上同党中央保持高度一致，坚决维护党中央、中央军委权威，一切行动听从党中央、中央军委指挥。

（二）能打胜仗是核心

习近平指出：能打胜仗是核心，反映军队的根本职能和军队建设的根本指向。面对新的战争形态、作战样式，能不能决战决胜，赢得战争，这是习近平思考和强调最多的问题。强军兴军的最终目的，就是能打仗、打胜仗。

1. 能打胜仗是军队履行职能的根本要求

能打胜仗是军队的根本职能。实现强军目标，要求我军任何时候任何情况下都能够做到上得去、打得赢。这是党和人民对军队的根本要求，是我军履行职能、不辱使命的根本体现。准备打仗、能打胜仗，对任何一支军队来说，都是生存、发展和壮大的永恒课题。我军在不同时期担负的具体任务不同，但作为战斗队的根本职能始终没有改变。时代在变，环境在变，任务在变，但"为人民扛枪、为人民打仗"的根本职能始终没有变。建国以后,当国家安全面临威胁时,我军依法履行战斗队职能,在党的领导下胜利进行了多次边境自卫反击作战,平息武装叛乱,制止社会动乱,用热血和忠诚捍卫了国家主权和领土完整。进入新的历史时期,我军的使命任务不断拓展,部队越来越多地参与执行反恐维稳、抢险救灾、安保警戒、国际维和、国际救援等非战争军事行动的任务。现在维护国家安全的手段和选择增多了,但军事手段始终是保底的手段。历史和现实告诉我们,一个国家要自立于世界民族之林,既要以雄厚的经济实力为基础,又要有强大的军事力量作后盾。如果缺少强大国防实力作支撑,经济、政治和外交手段等都会非常脆弱。只有努力建设与我国国际地位相称、与国家安全和发展利益相适应的巩固国防和强大军队,才能真正做到关键时刻能够断然出手,决战决胜。

军队的一切建设都是为打赢。历史反复证明,强国的关键是强军,强军的核心是能打仗、打胜仗。军队能不能打赢,事关国家存亡和民族兴衰。文无第一,武无第二,战场打不赢,一切等于零。在国家建设中,发展是硬道理;在军队建设中,打赢是硬道理。强军兴军,核心是能打胜仗。强军之"强",必须体现在战斗力上。俗话说,"养兵千日,用兵一时"。我们投入这么大的精力抓建设搞准备,为的是关键时刻拉得出、用得上、打得赢。

军人的最高荣誉在打赢。战场无亚军,战争对抗与其他角逐不同,只能以成败论英雄。一支军队没有对胜利的追求,就没有存在的必要;一个军人没有对胜利的渴望,就不是真正的军人。战场打不赢,军队的威望、军人的荣誉必然会受到严重损害。我军自建军以来,取得了一次又一次胜利,以能打大仗、善打硬仗、敢打恶仗闻名于世,赢得了世人的广泛赞誉。

当前，我国正处于由大向强迈进的关键阶段，我们比历史上任何时期都更加接近中华民族伟大复兴的目标，军队维护国家主权、安全和发展利益的责任也比历史上任何时候都更加重大。军队必须全部心思向打仗聚焦，各项工作向打仗用劲，坚持不懈拓展和深化军事斗争准备。每名军人都要苦练打赢本领，珍惜荣誉、创造荣誉、捍卫荣誉。

能战方能止战。强大的国防和武装力量，如同一支引而不发的利箭，是对觊觎者的强大威慑，是国家安全、和平安宁和民族尊严的可靠保障。有效履行我军保卫祖国、保卫人民和平劳动的根本职能，既表现在战时能够打赢战争，也表现在平时具有强大的威慑力与遏制战争的作用。毛泽东指出："世界上的事情总是那样的，你准备不好，敌人就来了。准备好了，敌人反而不敢来了。"古往今来，有充分准备，有强大军事力量，有打赢能力，才能不战而屈人之兵，达到"以武止戈"的目的。世界需要和平，中国的发展需要一个和谐的安全环境。树欲静而风不止，我国周边安全环境非常复杂，各种风险挑战明显增多，面临的对手比过去更为强大。我们既要增强敢于亮剑的勇气，更要练就战而胜之的剑法，以决战决胜的信心和实力，制止战争、赢得战争。

2. 提高军事威慑和实战能力，确保做到召之即来、来之能战、战之必胜

能打胜仗，说到底就是要打赢信息化战争。我们探求打赢之道，必须全面提高军事威慑和实战能力。

能打胜仗是军队存在的根本价值。习近平突出强调军队要能打仗、打胜仗，是对我们党领导军队建设历史经验的科学总结，集中回答了军队有效履行职能使命的核心问题，抓住了建设强大军队的关键和要害。当前，求和平、谋发展、促合作依

然是时代潮流，但战争威胁依然存在。要有效维护国家主权、安全和发展利益，军队必须具备克敌制胜的强大能力。把能打胜仗作为核心要求，强军就有了刚性标准，就能带动军队建设全面发展。能打仗、打胜仗就必须按照打仗的标准搞建设抓准备。当前，国际和我国周边安全环境更趋复杂，这就要求我们要清醒看到面临的严峻形势，始终做到心中有忧患、眼中有敌情，按照能打仗、打胜仗的要求来抓部队建设、抓部队准备、抓部队训练、抓部队管理。要保持箭在弦上、引而待发的高度戒备态势，全面提高军事威慑和实战能力，确保部队召之即来、来之能战、战之必胜。

3. 从实战需要出发从难从严训练

军事训练是打胜仗能力生成的基本途径，是做好军事斗争准备的关键性工作。兵可以百日无战，决不可一日不练。军事训练水平上不去，军事斗争准备就很难落到实处，部队战斗力也很难提高，战时必然吃大亏。我军历来高度重视军事训练，始终把军事训练摆在战略位置来抓。新形势下面对打赢信息化局部战争的严峻考验，必须坚持把军事训练作为部队建设的"主业"，必须坚持把军事训练抓得紧而又紧、实而又实。

树立大抓军事训练的鲜明导向。军队不是表演队，实战化容不得虚假化。训练开虚花，打仗尝苦果。平时搞花拳绣腿，战时必断臂折腿。平时敢拼命，战时才能不丢命。要着力培养求真务实的训练作风，坚决克服训练中的形式主义和弄虚作假行为。历史与现实警示我们，必须充分认识我国安全问题的综合性、复杂性、多变性，始终保持清醒头脑，不断强化忧患意识、危机意识，以"时刻准备着"的姿态枕戈待旦、严阵以待。

4. 大力强化一不怕苦，二不怕死的战斗精神

"气为兵神，勇为军本"，狭路相逢勇者胜。历史反复证

明，人是战争胜负的决定性因素，是战斗力构成的核心，战斗精神是战斗力的"催化剂"和"倍增器"，是一支军队战胜敌人、履行使命、发展壮大的强大精神支柱。我军要打赢信息化局部战争，首先要把信息化战争的制胜机理搞透，紧跟世界新军事革命的发展趋势，积极推进中国特色军事变革。要全面提升打赢信息化战争的能力素质。现在，我军的武器装备有了很大改善，战争形态和作战方式也发生了深刻变化，但战斗精神决不能丢。我军是一支能打仗、打胜仗的英雄军队，始终保持克敌制胜的强大战斗力，在长期革命战争和建设实践中培育形成了独具特色的过硬战斗精神，这种精神概括起来就是："一不怕苦、二不怕死"。军人的勇气和血性不是与生俱来的，必须通过严格的训练来磨砺。要把培育敢打敢拼战斗精神摆在突出位置，发扬大无畏的英雄气概和英勇顽强的战斗作风，不断强化军人的血性和胆气。

（三）作风优良是保证

作风优良，是党在新形势下强军目标的重要内容，也是实现这一目标的重要保证。作风是政治品格、思想境界和精神状态的集中反映。作风优良，才能凝聚军心、赢得民心，才能发展自己、战胜敌人。一支能征善战的劲旅，必定是一支作风优良的军队。党的十八大以来，中央军委和习近平主席以前所未有的力度大抓作风建设，把作风建设作为军队的生命工程来对待，作为胜利之源来维护。

1. 作风优良是强军兴军的重要保证

作风优良是我军的鲜明特色和政治优势。只有作风优良的军队，才能得到人民群众的广泛支持，拥有战胜敌人的坚实基础。在长期革命斗争实践中，我军形成了一整套优良作风和传统，集中体现为我军建设的一系列基本原则和根本制度。从被人民群众认定为"共产党的队伍""人民的子弟兵",到被全社会誉为"最可爱的人""共和国卫士",很重要的就在于我军始终保持了"老红军的本色、老八路的作风"。站在新的历史起点上,习近平主席把作风优良作为实现强军目标的保证加以强调,要求军队要把我党我军光荣传统和优良作风继承好、发扬好,一代代传下去,艰苦奋斗,顽强拼搏,永葆老红军本色。我军的优良作风传承着党的"红色基因",反映着一代代革命军人共同的价值追求,是我军战无不胜、攻无不克的力量源泉。历经岁月的积淀、血火的熔铸,我军的优良作风已深深融入官兵的血脉,成为人民军队旗帜上最鲜亮的底色,是我军独有的精神财富和政治优势。

作风优良才能塑造英雄部队。作风优良方能塑造英雄部队,作风松散可以搞垮常胜之师,这是古往今来军队建设的一定规律。作风连着凝聚力。对一支军队来说,强大的凝聚力是完成各项任务的重要前提和基础。好作风催生凝聚力、提升向心力,能够使官兵心往一处想,劲往一处使,拧成一股绳。作风关系战斗力,好作风如同好空气,坏作风就像雾霾天。

实现强军目标,建设强大军队,优良作风是根基。作风不仅关系到军队的凝聚力与战斗力,而且决定军队的形象,影响着军队的生存和发展。习近平把军队的作风建设提升到战略高度,要求全军上下以踏石留印、抓铁有痕的劲头正风肃纪。反复强调,我军人民军队的性质永远不能变,老红军的传统永远不能丢;艰苦奋斗的政治本色永远不能改。丢掉了好传统好作风,就是自毁长城。要坚持从思想根子抓起,解决好世界观、人生观、价值观这个"总开关"问题,要建立一整套科学合理的法规制度,不断把作风建设引向深入。

2. 保持发扬我军光荣传统和优良作风

在长期的革命战争和建设实践中，我军培育形成了一整套独具特色的光荣传统和优良作风，这是我们的血脉灵魂，是宝贵的精神财富。

自觉践行为人民服务的根本宗旨。毛泽东指出："紧紧地和中国人民站在一起，全心全意地为中国人民服务，就是这个军队的唯一的宗旨。"歌曲"我是一个兵，爱国爱人民"，形象地诠释了人民军队为人民的根本宗旨。不管时代如何发展，形势和任务如何变化，当人民的子弟兵，做人民利益的忠诚捍卫者，这一条任何时候也不能改变。

发扬我党我军在长期实践中培育的革命精神。我党我军在长期革命、建设和改革的伟大实践中，培育形成了许多光耀千秋的革命精神。

勇于牺牲、视死如归的献身精神。在战场上，面对敌人的炮火勇往直前，面对死亡的威胁义无反顾，前仆后继、浴血奋战；在执行急难险重任务中，临危不惧，冲锋在前，敢于用热血甚至生命换取最后的胜利。

英勇顽强、敢打敢拼的战斗作风。在履行使命任务中，无论面对什么样的困难，都无所畏惧，抢打头阵；无论面对多么强大的敌人，都敢于斗争，敢于胜利。

坚贞不屈、矢志不渝的革命气节。不论面对什么样的生死考验，都不改初衷，不动摇立场，不丧失必胜信念，真正做到富贵不淫、贫贱不移、威武不屈，始终对党和人民的事业忠心耿耿，永葆革命军人的坚贞气节。

坚忍不拔、愈挫愈奋的坚强意志。挫折面前不气馁，压力面前不低头，考验面前挺得住，始终如一地朝着既定目标前进，不达目的绝不罢休。

奋勇向前、力争上游的拼搏劲头。就是敢挑重担，迎难而上，处处不甘落后，事事力争上游，"见红旗就扛，见第一就争"，努力拼搏进取，争创一流。

以苦为乐、以苦为荣的革命乐观主义精神。在身处逆境、面临困难局面的情况下，始终信念坚定、乐观向上，不悲观、不灰心、不退缩，坚定必胜信心，保持坚强意志和昂扬精神状态。

传承和发扬我党我军光荣传统和优良作风，关键是要树牢宗旨意识，始终做到学人民、爱人民、为人民。

加强作风建设是当前的紧迫课题。信息化战争对军队作风的要求和标准更高了。一方面，信息化战争是体系与体系的对抗，打的是诸军兵种联合作战，必须有更优良的作风，才能形成钢铁般的凝聚力和强大的战斗力。另一方面，我军目前所处的社会环境日趋复杂，意识形态领域的斗争更加尖锐复杂，敌对势力加紧对我进行意识形态渗透，千方百计拉拢腐蚀官兵，部队极易受到不良思想和风气侵蚀。我军已经几十年没打过大仗，一些官兵忧患意识、责任意识、使命意识有所淡化，思想和精神有所懈怠，形式主义、官僚主义、享乐主义和奢靡之风有所滋长。这种现象非常危险，越是在相对和平环境下，越要加强军队作风建设。

3. 贯彻依法治军、从严治军方针

习近平强调，要把作风建设作为军队一项基础性长期性工作抓紧抓实，夯实依法治军、从严治军这个强军之基。

依法治军、从严治军是建设强大军队的铁律。依法治军、从严治军，军队才能形成严明的作风和铁的纪律，始终保持强大的凝聚力和战斗力。军纪凝聚战斗力，令严才能壮军威。我们党在领导人民军队的长期革命战争和建设实践中，形成了依法治军、从严治军的重要思想。建军之初，毛泽东就极为重视军队纪律建设，倡导"三大纪律、八项注意"，军纪严明成为人民军队区别于旧军队的一个重要特征。新国成立后，又适时提出军队正规化建设必须实行"五统四性"，为我军依法治军、从严治军奠定了坚实基础。习近平把握大势，鲜明提出依法治军、从严治军是强军之基，深刻揭示了依法治军、从严治军在建设强大军队中的基础地位和基石作用，开辟了我军依法治军、从严治军的新境界。

坚持从严治党、从严治官。依法治军、从严治军，关键是从严治党，要害是从严治官。军队党的建设是军队全部工作的基础和关键，广大党员干部是建军治军的骨干。只有从严治党、从严治官，才能更好地夯实强军之基，使依法治军、从严治军方针真正落到实处。习近平和中央军委始终把加强军队党的建设摆在突出位置紧抓不放。中央军委制定了加强自身作风建设"十项规定"，召开专题民主生活会对照检查，带动各级大力改进作风；召开全军党的建设工作会议，深入研究军队建设重大问题，出台一系列制度规定；深入推进党风廉政建设，建立军队巡视制度，先后多次对违反中央"八项规定"和军委"十项规定"精神的典型问题进行专门通报，起到了很好的警示教育作用。好作风是抓出来的，也是党员干部带出来的。广大党员干部要自觉接受组织和群众的教育管理监督，始终把自己置身于组织视野之内、法规约束之中、群众监督之下。习近平指出，形式主义、官僚主义、享乐主义和奢靡之风，发生在士兵身边的不正之风，一个对领导干部腐蚀性最强，一个对广大官兵杀伤力最大，必须着力加以克服。要以踏石留印、抓铁有痕的力度，以壮士断腕、刮骨疗毒的决心，加大力度解决难点问题。通过纠治"四风"，努力把军队各级党组织建设得更加坚强、更加有力，从思想上组织上作风上为实现党在新形势下的强军目标提供坚强保证。

三、牢记强军思想，献身强军实践

习近平反复强调："实现中华民族伟大复兴，是中华民族近代以来最伟大的梦想。这个梦想是强国梦，对军队来说，也是强军梦。"他多次勉励青年官兵要把个人理想抱负融入强军梦的实践，把个人成长与实现强军梦紧密结合起来，在实现强军梦的实践中书写人生华章。

（一）强军梦是国家的梦、军队的梦，也是每个官兵的梦

强军梦与官兵的梦紧密相连。梦想是人类的精神追求，有梦想才有动力，有梦想才有未来。军人的理想追求与民族的存亡、国家的安危和人民的福祉紧密相连。强军梦凝聚了中华民族的历史宏愿，寄托着中华儿女创造美好未来的共同向往，也与每个官兵的梦息息相关。强军梦只有成为每个官兵的梦，才有力量、有根基。每个官兵的梦也只有融入强军梦，才有实现平台，才能梦想成真。

强军梦引领官兵的梦。梦想对于人生有如灯塔对于航船，有了梦想我们就会看见希望，就会在梦想的指引下奋力前行，创造出彩的人生。强军兴军的伟大事业也拓展了官兵实现梦想的平台，创造了官兵逐梦的实现条件，提供了官兵圆梦的支撑环境。广大官兵把党和人民的目标要求作为自己的努力方向，以强军目标为遵循来规划人生、引领成长，就能真正有所作为，让军旅青春绽放绚丽光芒。

官兵的梦汇聚强军力量。一个伟大的梦想必然是由千万人的梦汇聚而成，一项宏伟的工程总是由千万双手共同缔造，强军梦汇聚了每名普通官兵的美好向往。习近平强调："中国梦是国家的、民族的，也是每一个中国人的。国家好、民族好，大

家才会好。只有每个人都为美好梦想而奋斗，才能汇聚起实现中国梦的磅礴力量。"同样，实现强军梦必须汇聚全军官兵的智慧和力量。实现强军梦，没有旁观者，没有局外人。广大官兵只要强化主人翁责任感，心往一处想，劲往一处使，实现强军梦的力量就无比强大，实现个人梦的空间就会无比广阔。强军梦与官兵的梦互促共进，每名官兵只有正确处理追求个人梦想与追求强军梦想的关系，自觉为实现强军梦而奋斗，努力贡献个人的聪明才智，才能实现个人的理想抱负。

（二）把个人理想抱负融入强军梦的实践

要力担强军责任。当前，我国面临的安全挑战更加多元和复杂，综合国力竞争日趋激烈，传统强国与新兴大国矛盾不时显现，局部冲突和地区热点此起彼伏，周边环境复杂多变。面对严峻的挑战和考验，我们不能有丝毫懈怠。广大官兵都要时刻保持清醒头脑，增强使命感紧迫感，珍惜为强军兴军做贡献的宝贵机会，努力发挥自己的聪明才智，在实现强军目标的征程中奋勇争先。雷锋说过："一滴水只有放进大海里才永远不会干涸，一个人只有当他把自己和集体事业融合在一起的时候才能最有力量。"党在新形势下的强军目标，描绘了强军兴军的壮美图景，也为每名官兵提供了建功立业的众多机会。大家选择了军营，就要自觉把自己的"小梦"与强军梦这个"大梦"紧密结合起来，把部队建设作为人生的梦想舞台，把本职岗位作为成长成才的"星光大道"，在强军兴军的广阔舞台上最大限度地实现自己的人生价值。

伟大的事业铸就伟大的军队，伟大的军队培养伟大的战士。我军是一个大学校、大熔炉。广大官兵来到部队，在为保卫祖国尽义务、献青春的同时，还有各式各样属于自己的梦，比如：有的想加入党组织，追求政治上的进步；有的想考学提干，当一名军官；有的想立功受奖，获得荣誉；有的想转士官，在部队干出些名堂；有的想学点技术，掌握谋生的手段……这些梦想，虽然各不相同，五彩缤纷，但只要自觉投身强军实践，努力拼搏奋斗，都有机会得到实现。今天，我军现代化程度不断提高，武器装备不断更新，官兵可以在掌握新式武器装备中学习科学技术、学习信息化知识，提高能力本领。军队大力实施人才战略工程，各种学习培训机会越来越多，学习型军营蔚然成风，每年都有大批学习成才标兵和先进个人在军营这所大学校中脱颖而出。随着强军兴军伟大实践的深入推进，我军建设必将会有更大的发展，官兵实现个人梦想的舞台也会更加宽广。

（三）提高与强军思想相适应的能力素质

当前，我军打信息化战争能力不够、各级干部指挥信息化战争能力不够的问题还比较突出，这两个问题依然很现实地摆在我们面前。面对强军兴军的时代课题，提高官兵的能力素质，从没有像今天这样重要和紧迫。

解放思想，更新观念。观念的落后是最根本的落后，观念的转变是最根本的转变。当前，世界新军事革命加速发展，战争形态、作战样式、指挥方式、武器装备都发生了很大变化，中华民族复兴进入关键时期，我军建设进入关键阶段。在这样的时代背景和任务要求下实现强军目标，必须解放思想、更新观念、拓宽视野，牢固确立与强军目标相适应的思想观念和思维方式。

刻苦学习，增长知识。能力素质是以知识为基础的。对军人来讲，不学习就会成为信息时代的"文盲"。必须强化"知识危机感""本领恐慌感"，主动加快知识更新、优化知识结构、拓宽知识领域。每名官兵都要坚持全面发展、全面过硬，在自己的职责范围和各项工作中，力求补好短板，成为部队建设的多面手。

严格训练，精武强能。成功是拼搏出来的，本领是练出来的。必须树牢吃大苦、耐大劳的思想，自觉加大训练难度强度，敢于在恶劣环境和艰苦条件下摔打，在执勤、战备、演习、抢险救灾等任务中磨砺。流血流汗不流泪，掉皮掉肉不掉队。仗怎么打兵就怎么练，打仗需要什么就苦练什么。

梦想在前方召唤，广大官兵要牢记强军目标，强化使命担当，提高能力素质，从现在做起，从岗位做起，脚踏实地干好本职工作，在强军兴军的伟大征程中放飞梦想。

思考题

1. 确立强军思想的重大意义是什么？

2. 习近平强军思想的主要内容有哪些？

3. 如何理解贯彻强军思想，献身强军实践？

第三章　国家安全

　　国家安全是指国家政权、主权、统一和领土完整、人民福祉、经济社会可持续发展和国家其他重大利益相对处于没有危险和不受内外威胁的状态，以及保障持续安全状态的能力。

　　教学目标：了解国际战略格局的现状、特点和发展趋势，正确认识我国的周边安全环境现状和安全策略，明确世界军事形势特别是主要国家的军力与发展对国际战略环境的影响，增强国家安全意识。

第一节　国际战略环境概述

国际战略环境，是指世界各主要国家和政治集团在一定时期内，通过战略上相互联系、相互作用和相互斗争所形成的国际战略格局和国际战略形势。它是国际政治、经济和军事形势的综合体现，是国家（集团）制定战略必须首先考察和关注的外部环境和条件。研究国际战略环境，对于洞察国际斗争特别是战争与和平的基本趋势，进而判明对本国战略利益的影响，具有十分重要的意义。

一、历史演变

近代以来，随着贸易的发展和资本在全球的迅速扩张，世界市场开始出现，国际分工日益明显，国际政治登上舞台，并由此产生了国际战略环境。

19 世纪初，拿破仑战争失败后，欧洲列强召开了维也纳会议，重新建立了政治军事的战略格局。俄国、英国、奥地利成为当时国际政治中的主导力量。由于列强之间的内在矛盾难以解决，因此，到 19 世纪 50 年代，这个均势格局便开始走向崩溃。从 60 年代开始，普鲁士经过三次王朝战争，于 1871 年完成了德意志民族的统一。德国的崛起打破了已有的均势，使世界战略格局发生了重大变化。

在 19 世纪后 30 年瓜分世界的狂潮中，欧洲列强的矛盾日

趋加剧。以英、法、俄为一方的协约国集团和以德、奥、意为
另一方的同盟国集团，相互抗争，并最终引爆了第一次世界大
战。战后，形成了"凡尔赛—华盛顿体系"，成立了以战胜国
主导的国际联盟，形成了多极格局。大战导致了苏联的诞生，
并成为世界战略格局中的一支重要力量。此后，英国和法国开
始衰落，德国暂时削弱，美国则乘机崛起。

由于对"凡尔赛—华盛顿体系"的不满，以及世界经济危
机的爆发，法西斯势力在欧洲兴起和发展。1922 年，意大利法
西斯夺取了政权。1933 年，希特勒掌握了德国的政权，成立了
第三帝国。日本法西斯军国主义也十分猖獗。德、日、意三国
形成了轴心国同盟，妄图称霸世界。1939 年，第二次世界大战
爆发，美、英、苏、中组成的反法西斯同盟，最终战胜了德、
日、意法西斯同盟，赢得了战争的胜利。

第二次世界大战后，美苏两国的战时同盟关系迅速破裂，
形成了长期对峙的局面。20 世纪 60 年代末 70 年代初，在美
苏两极之外，世界出现了西欧、中国和日本等新的力量中心。
1991 年，苏联解体，两极格局崩溃，冷战结束，世界各种战略
力量开始重新整合。美国变成世界上唯一的超级大国，俄罗斯
在世界事务中仍然发挥着重要作用，欧盟成为国际政治中的一
支重要力量，中国、日本及东盟在国际事务中的作用愈来愈明
显，世界向多极化发展的趋势更加清晰。

二、发展趋势

和平与发展在前进中面临挑战。当前，和平与发展是世界
人民共同追求的目标和不可逆转的世界潮流。霸权主义和强权
政治越来越招致大多数国家，特别是广大发展中国家的不满和
抵制。广大发展中国家坚决反对霸权主义，希望在一个相对和

平稳定的环境中尽快发展本国的经济，主张对话、避免对抗。因此，总的看来，国际形势继续趋向缓和，维护和平与稳定的力量继续增长，和平与发展已成为世界人民的共同要求和不可阻挡的历史潮流。但是，和平与发展两大主题却仍面临重大挑战。霸权主义和强权政治依然存在，领土、民族、宗教、资源等因素引发的武装冲突和局部战争连绵不断。不公正、不合理的国际政治经济秩序没有得到根本改变，发展中国家仍有亿万人民处于贫困状态。特别是美国倚仗自己在经济、军事、科技等方面的优势，极力鼓吹奉行"新干涉主义"、"单边主义"，干涉别国内政，推行新的"炮舰政策"。先后发动了海湾战争、科索沃战争、阿富汗战争、伊拉克战争等局部战争，导致这些地区的局势长期动荡，各种矛盾进一步激化。一些地区固有的民族矛盾、宗教对立、领土争端、资源纠纷等依然存在，有些矛盾甚至更加复杂化。另外，因南北贫富差距拉大引发的恐怖活动、社会动乱、难民危机、毒品泛滥等日趋严重，也成为当今世界不稳定的重要因素。

国际战略关系将随着经济全球化发生深刻变化。经济全球化是一个充满矛盾和冲突的过程，它正在改变着人类社会的生存和发展环境，带来人类社会关系的重大变迁。经济全球化使各国在经济领域相互联系、相互渗透、相互影响、相互制约，既促进了共同发展，同时也带来了极大的不稳定因素。经济全球化要求在全球范围内实现产品、资源、资金、科学技术等生产要素的流动和优化配置，国与国之间不同程度地形成了"你中有我、我中有你"、"有福共享、有难同当"的利益格局，"一荣俱荣，一损俱损"的互动效应日趋增强。但各国在经济全球化中的相互依存关系又是不均衡、不对称和不平等的，由此导致全球范围内的各种矛盾凸显。一是霸权与反霸权之间的矛盾尖锐化；二是南北矛盾突出，面临更严峻的挑战和更大的风险；三是激化了民族矛盾；四是全球性问题日益突出。

世界力量分化组合加剧，使单极与多极之争更趋激烈。单极与多极矛盾的实质，是美国霸权主义同世界各国人民反对霸权主义的斗争。美国凭借其政治、经济、军事上的强大优势，利用反恐这个前所未有的机遇，抓紧打造美国主导的世界新秩序。但多极化趋势不可逆转，美国致力维护其霸权地位与其他国家争取和平共处的斗争也一直没有停止。世界主要国家尽管原则上认同并支持美国反恐，但对美国诉诸武力、"先发制人"等单边主义行径和谋霸企图也不无戒备和抵制。制衡美国"一超"的力量将越来越强大，并且趋于自发联合，欧盟和其他大国将不可避免地成为其主要竞争对手，"一超"与"多极化"的斗争将长期存在并日趋激烈，多极化的发展进程将不可避免地加快。

三、国际战略格局

国际战略格局，是指对国际事务具有重要影响力的力量，在一定历史时期内相互联系、相互作用而形成的较为稳定的力量结构。它又分为国际政治格局、国际经济格局和国际军事格局，国际战略格局则是这几种格局的综合。国际战略格局形成、发展和变化的物质基础是各国政治、经济和军事力量间的相互对比。它是制定内外战略和策略方针的主要依据之一，同时还是正确认识和判断国际战略环境的一个关键因素。

当前，国际战略格局的主要态势，是美国构筑单极世界的战略正在推进，但它没有也不可能阻断世界多极化的发展趋势。两极格局结束后，世界出现了一超和多强并立的态势，大国关系在不断变化与调整，世界上各种政治力量在不断进行分化组合。多极化趋势的发展，有利于世界的和平、稳定和繁荣，有利于推动建立公正合理的国际政治经济新秩序。

美国谋求建立单极世界。冷战后，美国成为唯一的超级大国，世界出现了一超多强的局面。美国经济连续高速增长，国力日益增强，军事实力强大，政治影响广泛，综合实力处于绝对领先地位，为其独自称霸世界提供了雄厚的基础。因此，美国极力保持一超的局面，构建美国领导下的单极世界。为了实现建立单极世界的目标，美国已制订并实行了一整套战略措施。在政治上，极力推行以美国为模式的所谓"全球民主化"；在经济上，倚仗其强大的经济实力，以进行经济制裁为手段，迫使别国无限度地开放市场，利用高科技和不等价交换等手段剥削发展中国家；在军事上，保持庞大的"防务"开支，努力发展高精尖武器，在世界各地部署军事力量并建立军事联盟，插手干涉别国内部事务。在全球战略方面，既联合又试图控制欧洲；既利用又要制约日本；以北约东扩为手段，进一步挤压，削弱俄罗斯；将中国视为主要竞争对手，继续向台湾出售武器。2017 年 1 月，特朗普政府上台后，反复强调要"使美国再次强大"，极力主张"美国优先"。其战略意图昭然若揭，即千方百计地保持美国综合国力的领先优势，想方设法地继续保住美国的世界领导地位。

欧盟势力日益扩大。2004 年以来，欧盟在内统外扩与壮大实力方面都取得重大突破。其一，正式接纳中东欧的 11 个国家和地中海的 2 个国家入盟。欧盟现在拥有 28 个成员国、430多万平方千米土地面积和 5 亿人口，实际上已将绝大多数欧洲国家统合在自己麾下。其二，欧盟首脑会议一致通过的《欧洲宪法》草案，为欧洲第一部宪法的出世做好了铺垫，昭示欧盟将通过实质性的机构和体制改革，有效推行共同外交和防务政策，为在国际舞台扮演分量更重的角色做好准备。其三，欧盟的经济形势比较稳定，经济实力大幅提升，欧元在国际金融体系中的地位大幅攀升。这些表明欧盟在提升实力地位和统合欧洲的道路上实现了一次历史性跨越，朝着建设"欧洲人的欧洲"和世界独立一极目标迈出了实质性步伐。随着一体化的扩大、深化和实力的壮大，欧盟独立自主意识日益增强。它不再甘当美国的伙计，要求在北大西洋联盟中进行权利再分配和角色重新定位，力争与美国建立新的平等伙伴关系。欧盟朝着世界独立一极的目标迈进，对美国的单极战略形成有力挑战。

俄罗斯重振大国地位。20世纪90年代以后，俄罗斯国内形势不稳，金融危机严重，生产停滞，经济滑坡，大国地位受到严重削弱，但它毕竟拥有良好的工业和科技基础，拥有丰富的资源和巨大的发展潜力。在军事上，它仍然是唯一能够和美国相抗衡的核大国。近年来，俄罗斯社会趋向稳定，经济迅速发展，各行业全面增长，一系列宏观经济指标有较大的改善。据国际货币基金组织预计，俄罗斯经济在很长一段时间里可维持5%～6%的年均增长率，为世界上经济增长最快的国家之一，将跻身世界主要经济体之列。俄罗斯在财力有限的情况下，利用高科技提升防务能力，保持了世界第二大军事强国地位。随着经济的复苏，俄罗斯加快了军队建设和武器装备更新换代的步伐，重振大国的意图更加明显。尤其是2007年恢复战略轰炸机战备值班、2008年对格鲁吉亚军事挑衅的反击和当前在叙利亚的军事行动，更彰显了俄罗斯重振大国地位的雄心，也充分显示出俄不甘忍受美国强权政治的反抗意志。

日本走向政治军事大国。日本是世界第三经济大国，人均国民产值超过美国。从长期的发展来看，日本经济仍将走在世界的前列。但由于历史等原因，日本在国际社会的政治军事影响却远未达到其经济上对世界的影响。它在外交上依附于美国，唯美马首是瞻，亦步亦趋。然而，近年来日本通过对内外政策的调整，争取进入联合国安理会常任理事国，与美国签订防务协议、建立战区导弹防御系统，努力扩大国际影响力，加速走向政治、军事大国的迹象比较明显。日本正在由经济大国向世界政治大国甚至军事大国转变。

中国综合国力稳步上升。中国是世界第二经济大国，对世界经济增长的贡献率高达30%。改革开放将近40年来，中国保持了持续、高速发展的强劲势头，与世界经济的关系更加紧密。在综合实力和对世界和平与发展的贡献显著提升和增大的基础上，中国在外交上不断开拓进取，国际地位和作用明显提高，在地区和世界事务中日益发挥重要的影响。中国坚持走和平发展的道路，努力与世界各国平等互利合作，不单纯追求己方利益，而是力主双赢，并积极加强区域合作，推动共同发展，不断为促进全球发展和繁荣做出重要贡献。中国高举和平、发展、合作的旗帜，坚持原则，伸张正义，更加积极参与国际事务，在力所能及的范围内支持和援助其他国家，充分发挥了一个负责任大国的作用，国际影响日益增大。随着综合国力的飞速发展，"一带一路"战略的加快推进，中国在全球和地区事务中将发挥举足轻重的引领作用。

地区性大国不断壮大。印度、巴西、南非等地区大国幅员辽阔，近年来经济持续强劲发展，外交空前活跃，努力争当联合国安理会新的常任理事国。它们的快速崛起不但加强了其在相关地区的龙头地位，而且将促进世界战略力量的调整和重组，成为推进世界多极化进程的重要新因素。

区域一体化组织蓬勃发展。经济是基础，发展水平不同也决定了不同国家在国内政治及国际事务中采取不同的立场。发展中国家间发展不平衡，利益各异。因此，一些经济发展水平比较接近的国家和地区组成的地区性组织兴起，活动积极，联合自强趋势增强。广大中小国家为了在新的形势下有效地维护自己的独立和主权，提升本国的国际地位，在致力于自身发展的同时，强化了联合自强、走区域一体化道路的势头。除了区域组织不断发展外，大区域一体化组织也在形成和加强。除欧盟、东盟外，近年还涌现出非洲联盟和南美洲联盟。

四、世界军事形势

世界军事形势，是指当前世界总的军事状况和未来发展趋势。它是国际战略环境的一个重要组成部分。世界各国和各国家集团军事实力的消长，决定它们在国际政治中的地位和作用。冷战结束后，世界军事力量的总体规模呈下降趋势，但多数国家军队的质量水平却在不断提高。美国、俄罗斯、日本、印度等各主要大国，紧紧抓住这一难得的战略机遇期，积极推进军队转型，展开了面向未来的军事战略调整。因此，加强军事力量仍被作为维护和扩展各国利益的重要手段，作为争夺多极化格局中重要地位的战略筹码。

（一）美国

美国拥有一支全球进攻性军事力量。近年来，美军人数虽然有所减少，但军费开支逐年增加，2017 年预算达 5827 亿美元。其现役部队 140 万人，文职人员 80 万人，此外还有一支素质较高、装备齐全的 86 万人的预备役部队（包括国民警卫队和军种后备队）。美国将全球划为包括太平洋战区、欧洲战区、中央战区、北方战区、南方战区和非洲战区在内的六大战区，实行"前沿存在"战略，在海外部署了 1/4 的现役作战部队。在太平洋战区部署了约 10 万兵力，在欧洲战区部署了约

10 万兵力，在中央战区部署了约 12 万兵力。美国在世界各地保持着数百个军事基地，以控制战略要点，扼守全球海域的 16 个咽喉要道。

美国认为，冷战虽然结束了，全球性的核战争的威胁也减小了，但是世界仍然存在着危险和不稳定的因素，美国面临着各种威胁和挑战。应着手对未来可能出现的不确定威胁做出准备，通过利用新军事革命成果，调整武装力量的结构，加速发展装备等措施，以适应未来的需要。

近年来，美国调整全球军事部署的一个重点，是将反恐和遏制本地区出现"拥有丰富资源的军事竞争对手"作为其亚太战略的主要目标，将防范的重点放在从东北亚到中东的所谓"不稳定弧形地带"。为此，美国将关岛作为西太平洋战略基地，强化其对东亚地区的快速反应和打击能力；将位于本土的陆军第一军司令部迁至日本，强化驻日美军指挥与控制能力；增强朝鲜半岛、日本、台湾等前沿地区的自主防卫能力；加强美军在东南亚的军事存在。

美国将国家利益区分为三类。一是"生死攸关的利益"。即关系美国生存、安全和活力的具有压倒一切的重要性的利益；二是"重要利益"。即这些利益一旦受到威胁，虽不会直接影响美国的国家生存，但会间接影响到美国的安全和强盛以及美国所处的国际环境；三是"人道主义利益"。这些利益与美国所倡导的民主、自由和人权等价值观密切相关。

美国将针对不同类型的威胁有选择地使用军事力量。当第一类利益受到威胁时，美国将不惜一切代价，甚至单独行动，坚决动用武力；当第二类利益受到威胁时，只有当使用武力可以促进美国利益并能达成预定目标，而且其他手段已无法实现这些目标时，才有选择地和有限地使用武力；而当第三类利益受到威胁时，一般不把使用武力作为优先考虑的手段，但美军可参与部分行动。总之，一旦决定动用军队，必须考虑所付出的代价和所承担的风险与受到威胁的美国利益是否相称。

为此，美国提出了美军新的四项战略任务：一是保卫美国；二是在关键地区前沿慑止侵略和胁迫行为；三是在同时发生的大规模冲突中迅速取胜；四是实施数量有限的小规模应急作战。在美军新的战略任务中，已经重新把保卫美国作为美国武装力量的首要任务。重点是保卫其陆地、空中和太空通道，并提出美军要提高其保卫基础设施的能力。例如：石油和天然气运输与储藏、信息和通信、银行和金融、电力、运输、供水、应急部门及政府服务等方面的设施。同时，美军还做好准备，对发生在美国领土或盟国领土的国际恐怖主义行动做出果断反应。

（二）俄罗斯

俄军于1992年重新组建，现有兵力约100万人，文职人员约75万人。另有内卫军、边防军等其他部队约100万人。俄罗斯2017年国防预算491亿美元。俄军拥有一支强大的战略核威慑力量，具有较强的作战能力。目前，俄军主要兵力部署在其国土的欧洲地区，战略意图是以强大的战略核力量和保持较高戒备程度的常规力量作为威慑手段，遏止北约继续压缩其战略空间。同时准备应付国内和独联体各国出现的突发事件或武装冲突。在其国土的亚洲地区也部署了较多兵力，目的是对付某些国家的扩张性军事力量和应付东北亚可能发生的武装冲突。

进入新世纪后，俄罗斯先后推出了新的《俄罗斯联邦国家安全构想》《俄罗斯联邦军事学说》等一系列重要文件，确立了"遏制与机动"的军事战略，其要点是：在威胁判断上，明确了以美国为首的北约是俄主要外部威胁和未来可能的作战对象；在战争准备上，强调在立足打大规模地区战争的基础上，重点遏制地区性武装冲突；在武装力量建设方面，要求加速军事改革，力争建成一支精干、高效，具有充分遏制能力的职业化军队；在战略部署方面，完善指挥体制，调整兵力部署，在重点区域组建由各军兵种组成的"军队集团"等等。为了适应"遏制与机动"的新战略，俄罗斯加快了军队建设转型的步伐。

裁减军队员额，调整军队的结构与编制。2012年，俄军总员额从113万减至100万，中高级军官从30万减至15万。同时，调整军兵种结构，扩建常备力量。目前，俄军陆、海、空天军三大军种和空降兵都组建了常备兵团和部队，并通过改善装备和加强训练，大力提高其应急作战能力。到2011年，俄军组建了600个常备部队和兵团。俄军组建常备部队的目的主要是适应未来战争和武装冲突的需要，迅速应付各种突发事件和武装冲突。俄军把战略投送作为常备兵力的基本使用方式，将同时加强军事运输航空兵建设。

优化战略指挥机构。一是调整国防部职能。国防部主要职能是参与拟定关于俄军事政策和军事学说的建议，制定武装力量建设构想，制定武器装备发展的国家计划等，不直接指挥部队的作战行动；二是扩大总参谋部的战略指挥权，授予其对军队的战略指挥权；三是确立军区的战役—战略司令部地位。

调整战区部署，收缩海外基地。一是国内部署调整：目前，俄领土按军事行政区域划分为四大军区。鉴于俄罗斯国土辽阔，而兵力规模又在不断减少，俄军不再沿边界全面布防，而开始实行"前轻后重，重点设防"的方针。根据威胁程度的不同，俄军陆上部署以西部战略方向即欧洲方向为重点，以西南方向和中亚方向为次重点；海上部署以大西洋海区为重点构成"北方的战略堡垒"，以远东方向为次重点，增强对美、日的威慑力；二是国外部署调整：进一步压缩境外驻军，已主动撤出在古巴、越南的基地，还将维和部队撤出了巴尔干。与此同时，俄保留和加强了在独联体国家的驻军和军事基地。

发展战略核力量。核武器是俄罗斯目前唯一有效的全球性战略威慑力量，也是俄罗斯支撑大国地位、与美国保持低水平的战略平衡的王牌。俄为遏制北约的强劲攻势，并与以美为首的北约达成一定实质意义上的平手，只有依靠核力量来发挥有效的威慑作用。从地区安全角度看，核武器是俄罗斯维护势力范围的"杀手锏"。俄罗斯放弃不首先使用核武器的承诺，既可吸引一些国家与俄结盟，也可慑止邻国向俄提出领土要求，遏制境外武装冲突向俄蔓延，确保俄国土的安全和完整。俄军认为，一旦外来侵略由地区性冲突扩大为大规模战争，俄可首先使用核武器打击敌军事目标，使侵略者放弃侵略野心和阴谋。另外，核武库的存在亦可有效地阻止周边国家向西方和外部伊斯兰势力靠拢，遏制境外武装冲突蔓延到俄国内，从而确保国家安全。

（三）日本

日本有现役部队 23 万人，文职人员 2.1 万人，预备役部队 4.2 万人。2017 年军费预算达 464 亿美元。日武装力量（自卫队）现有直升机航空母舰 4 艘、第三代作战飞机 300 多架，编有 4 个"八八舰队"，是一支装备精良、体制灵活、便于扩充的军事力量。

1997 年 9 月，日美修改《防卫合作指针》，规定了日美三大合作机制，即平时合作、日本有事时的合作和周边事态时的合作，并明确了 40 项联合作战措施。1998 年 4 月，日本内阁批准了《周边事态措施法案》《自卫队法修正案》和《日美相互提供物资和劳务协定》，为参与美国军事干预行动完成了立法程序。2015 年 4 月，日美发布新版《防卫合作指针》。双方决定把日本自卫队同美军的合作扩大到全球范围，提出了从平时到发生冲突时的"无缝"合作。这一重大突破，标志着美国允许日本武装力量在全球扮演更具进攻性的角色。

近年来，日本开始全面调整军事战略，虽然在名称上仍保留"专守防卫"的提法，但其内容却有了实质性的大变化，更加强调军事战略的"主动性""先发制人"等原则，并将自卫队建设目标定位为建立一支"合理、精干、高效"的防卫力量，即指规模小、装备精良、高速机动、整体作战能力强的军队。为了实现这一建设目标，日本采取了一系列措施：一是彻底摆脱旧的编制体制，建立一个符合日本实际的多样化新结构。2007 年 1 月，日本防卫厅正式升格为"省"。二是发展和装备高技术武器，加快武器装备更新换代的速度。三是大力加强针对各种威胁的军事训练，提高部队的快速反应能力和与美军联合作战的能力。

经过逐步调整，日本的军事战略已从"行使武力于遭敌入侵之后"，转变为强调"遏制敌人入侵企图"。从"不对对方实施先发制人的攻击，只在受到武力攻击时才进行有限的武装自卫"，转变为能够在未来作战时采取"洋上防空"、"海上歼敌"、"前方处置"等将敌拦截在领土以外。从防止侵略，转变到预防发生周边事态。从保卫日本的"内向型"，转变为干预别国内政的"外向型"。从对美国的依赖转变为同美国的联合。日本的所谓"专守防卫"军事战略，实际上已经演变为"主动先制"的进攻战略。

2011 年 12 月，日本政府通过了新的《防卫计划大纲》，明确将其兵力部署重心由北向西、向南调整，其战略意图主要是应付朝鲜半岛及其他方向上可能发生的"周边事态"。2013年 12 月，日本政府出台《2014 年度以后防卫计划大纲》，除了强调朝鲜的核导威胁外，明确将中国视为现实中的主要威胁和战略对手。

（四）印度

印军现役部队约 126 万人，居世界第 4 位。2017 年国防预算 535 亿美元，排名世界第三位。在其主要邻国当面，印军部署了重兵，并经常举行军事演习，声称要谋求"对等的核威慑"，打低、中、高三种强度的战争和全方位战争。

进入新世纪，印度将过去重在防御的"反制威慑"战略或称"拒止威慑"战略，调整为重在进攻的"惩戒威慑"战略。其主要内容是，以积极进攻、主动出击为作战指导思想，以打有限战争为主要作战样式，以主要邻国为作战对象，全面加强军事力量建设，获取强大的军事优势地位，做好现代高技术战争准备，对敌产生威慑作用。一旦需要，即对敌实施先发制人的有限战争，给敌以必要的教训和惩罚。

伊拉克战争后，印军认为，"对威胁唯一有效的反击就是实力和警惕"，强调"军备必须威慑侵略"，"必须足以打败侵略者"，以战略威慑力量遏阻区外大国。还认为，21 世纪的印度洋将是众多新崛起的地区强国角逐之地，印度必须及早做好准备。对区外大国的威慑仅靠常规力量是远远不够的，必须使用战略威慑力量，拥有与进入印度洋地区的核国家相匹敌的能力。

为此，印度加紧研制、购买航空母舰和核潜艇、潜射弹道导弹，提高海上机动作战能力，尤其是远洋作战能力，借助核威慑手段维持与区外大国的力量平衡，"劝阻"区外大国干涉印度洋地区事务。印度把强大的军事力量和战略威慑能力对周边邻国（包括印度洋沿岸地区各国）和区外国家所产生的威慑效应，作为谋求地区性大国地位，进而成为世界性大国的现实基础。同时，认为仅靠威慑是不够的，还必须对周边各国进行实际的武力"干预"，解决与印度利益攸关地区的政治动荡，实现特定的国家目标。

思考题：

1. 什么是国际战略环境？

2. 当前及今后一段时间内国际战略环境的发展趋势是什么？

3. 什么是国际战略格局？

4. 当前国际战略格局的主要特点有哪些？

5. 什么是世界军事形势？

第二节　中国周边安全环境

国家周边安全环境，是指一个国家周边安全的状况和态势。包括与相邻国家矛盾冲突、边界纠纷、军事渗透、颠覆甚至入侵等情况。它关系着国家和民族兴衰存亡，是制定国家安全战略的主要依据。

一、中国周边安全环境的基本特征

（一）陆上、海上邻国的数量多

我国陆上邻国有 14 个，海上邻国有 8 个。周边人口密集的国家多、军队规模大的国家多、涉及国际和地区热点的国家多。这些邻国中，有的国家之间存有积怨，甚至对立，一旦发生局部战争，将危害我国边境安全。有的国家政府军与地方武装摩擦不断，一旦发生大规模冲突，将损害我国边境安全。有的国家曾经对我国发动过侵略战争，或与我国发生过边界冲突。还有一些国家与我国存在着历史遗留下来的边界领土争端和海洋划界争议。

（二）边界、海上权益的争议多

我国陆地面积约 960 万平方千米，海洋面积约 300 万平方千米。陆地边界线长 2.2 万千米，大陆海岸线长 1.8 万千米。在陆上，与印度存在边界争议，与不丹尚未划分边界。在海上，300 多万平方千米的海洋国土中有 150 多万平方千米存在争议。其中，我国与朝鲜、韩国之间存在黄海、东海大陆架划分争议，与日本之间存在东海大陆架划分、钓鱼岛归属争议。我国南海，处于"岛屿被侵占、海域被分割、资源被掠夺"的严重局面。

（三）受大国战略博弈的影响多

我国地处中、日、美、俄、印等大国战略利益的交汇区，周边安全环境受大国战略角逐的影响甚大。美国强硬推行"重返亚洲"战略，计划 2020 年前将其驻海外 70% 以上的海、空力量部署到亚太地区，以保持其军力在这一地区的领先优势，维护其在这一地区不可动摇的领导地位。俄罗斯的战略重心在欧洲，但其大部分国土位于亚洲，在太平洋有着漫长的海岸线和大片海洋国土，决定了其在该地区具有重要战略利益。日本是位于大陆边缘的岛国，面积不大，纵深短浅，资源贫乏，战略资源和产品市场主要依赖国外，该地区是其主要贸易对象所在地。同时，日本作为世界经济强国，正在追求从经济大国走向政治大国和军事大国，希望在亚太地区和国际事务中发挥更大的作用，以确保日本在该地区的安全利益。印度位于亚欧大陆外缘弧形地带的中心部位，靠近石油宝库中东，是东南亚和西亚陆上交通要冲，印度半岛扼守着西方称之为"海上生命线"的印度洋战略通道。

二、中国周边安全环境中的不稳定因素

（一）美国亚太战略

美国军力前沿部署对我国安全构成现实威胁。美国认为，在亚太地区实施前沿兵力部署，可以充分显示美国介入亚太地区安全事务的坚定决心，可以充分发挥美军强大的战略威慑作用，可以灵活快速应对各种安全威胁与军事冲突。为此，从2014年1月开始，美国大幅度地加强了在日本的军事力量，部署了最先进的导弹预警、战略侦察和空中作战等装备。2017年5月，美国以应对朝鲜核导威胁为名，不顾中俄两国的坚决反对，一意孤行地在韩国部署了"萨德"反导系统。

美日军事同盟对我国安全构成严峻挑战。美国在亚太地区与日本、韩国、澳大利亚、泰国和菲律宾五个国家签订有正式防务条约，这些军事同盟关系形成了美国亚太地缘战略力量体系。其中，美日军事同盟是这一体系的核心支撑。近年来，美日军事同盟关系已由过去主要针对前苏联，转变为现在主要针对朝鲜、中国；双方军事合作范围由"远东"扩展到"日本周边"，并将台湾海峡、南海包括其中；美国同意提升了日本在军事同盟中的地位和作用，使其由单纯受美国保护的对象，转变为与美国分担责任的重要伙伴。

（二）台湾问题

台湾是中国不可分割的一部分，世界上只有一个中国，即中华人民共和国。这早已被包括美国、日本在内的国际社会绝大多数成员所广泛认同，是不能、也根本不可能改变的客观事实。台湾回到祖国的怀抱，实现国家的完全统一，是大势所趋、人心所向，是包括台湾同胞在内的全体中国人民的共同意

愿，是中国政府和中国军队不可动摇的坚定决心和钢铁意志，是任何力量、任何国家也阻挡不了的历史洪流。2016年5月，台湾主张"台独"的民进党上台"执政"后，拒绝承认维系和发展两岸关系最重要的政治基础"九二共识"，直接导致海峡两岸常态化沟通机制暂停，两岸关系急转直下、降至冰点，台海形势日趋复杂、严峻。

蔡英文当局上台以来，其"两岸政策"逐步浮出水面，公诸于世，核心和实质就是与祖国大陆"政治上撇清、经济上脱钩、军事上对抗、文化上割裂"。由此，台湾当局的"台独"思想、立场和主张昭然若揭。在这一政策的引导下，民进党当局殚精竭虑、不遗余力地试图拉近、套紧与美国政府的合作关系，同时，疯狂推行"去蒋化""去中国化"和"台湾化""本土化"，积极推进以扩大和深化与东盟、澳大利亚、新西兰经贸合作为主基调的所谓"南向政策"，进一步加快了整军备战的步伐。蔡英文当局"台独"战略的三大支点是"倚美拒统""以武拒统"和"以拖拒统"；基本方式是"渐进式台独"；基本手段是"法理台独"。

长期以来，台湾问题一直是以美国为首的国际反华势力干涉中国内政、对中国施加压力、遏制中国崛起的战略筹码。2005年7月，美国在与台湾"断交"26年后，首度派遣现役军官驻台，不断强化美台军事合作，加强双方情报共享、指挥融合和联合作战能力。2015年12月，美国向台湾出售2艘"佩里"级护卫舰和"毒刺"防空导弹、反坦克导弹、两栖突击车等武器装备。美台军事合作正朝着更高阶段的"联合演习""联合作战"的方向迈进。2016年，特朗普在竞选美国总统时曾公开扬言："一个中国的原则也是可以谈判的。"因此，在台湾问题上，我们对美国既要听其言，更要观其行，绝不能抱有不切实际的任何幻想。近年来，日本政府围绕阻止中国统一、围堵中国崛起的长远目标，出于以台湾问题牵制中国、减轻东海方向战略压力的现实考虑，无所顾忌地加大了插手台湾问题的力度和强度，增加了与台湾的官方往来，发展了与台湾的实质关系。

（三）周边热点

朝核问题。一方面，如果朝鲜无视联合国安理会决议和国际社会的强烈呼声，无所顾忌、不计后果地继续进行核导试验，美国以消除朝鲜核导威胁为由对其实施军事打击，那么，就可能产生灾难性的后果，对我国东北边境地区的安全带来严重威胁。另一方面，如果朝鲜拥有了核武器，日本、韩国则可能以应对朝鲜核武导胁为借口发展核武器，那么，东北亚地区就会笼罩在核扩散、核阴影之下，我国也将会面临着前所未有的核武威胁。

印巴冲突问题。印巴冲突由来已久，两国自 1947 年因克什米尔反目成仇，70 年来发生过 3 次战争，小规模冲突更是不计其数。除了克什米尔这一根深蒂固、难以调和的尖锐矛盾外，受"9·11"事件后南亚地区战略格局变化，特别是大国争夺的影响，印巴关系中的变数有所增大。一旦两国再次爆发大规模冲突，将会对我国西北边境地区的安全造成重大危害。

（四）边界和海洋权益争端

中印边界争端。中国和印度有着 2000 多千米的边界线，地理上可分为西、中、东三段。由于历史的原因，中印边界从未正式划定过，边界全线都存在着争议。在中印边界 12.55 万平方千米的争议区中，我方控制面积约占全部争议区的 26%，印方控制面积约占全部争议区的 74%。东段争议区面积最大，达 9 万多平方千米。近年来，中印两军在边境争议区发生纠纷的次数多、频率高，如果军事危机失控，有可能爆发武装冲突。

钓鱼岛争端。钓鱼岛历来是中国固有领土。20世纪70年代初中日邦交正常化谈判时，对钓鱼岛争端双方达成谅解，同意"搁置争议，以后再说"。但是，90年代以后，日本政府不顾中方严正交涉，多次采取单方面行动，以制造其实际占有和控制钓鱼岛的"事实依据"。2012年4月，日本公然上演"购岛"闹剧，企图将钓鱼岛"国有化"。9月14日，中国6艘海监船组成的执法编队进入钓鱼岛领海巡航。此后，我国在钓鱼岛保持常态化巡航，打破了日本对钓鱼岛的单方面控制。2013年11月23日，中国政府宣布划设东海防空识别区，有力捍卫了国家的领土主权，维护了相关空域的飞行秩序。

南海争端。自古以来南沙群岛及其海域一直是中国的神圣领土，20世纪70年代以前南海毗邻国家对此从未提出异议。70年代以后，菲律宾、越南、马来西亚等国先后侵占了我国南沙群岛的43个岛礁。因此，南沙群岛及其海域现已形成四国五方各自控制的局面。近年来，这些国家巩固支离扩大既占岛礁，加紧掠夺性开采油、气资源，大力推动南沙问题合法化、国际化。随着对南海资源需求的进一步增长，围绕南沙岛礁、海域的争夺将会持续下去。长远看，在美、日等域外大国别有用心的强力干预下，南海争端的未来趋势有可能是"岛礁占领多元化、海域划分合法化、资源开发国际化、军事斗争复杂化"。

思考题：

1. 什么是国家周边安全环境？

2. 中国周边安全环境中存在哪些不安全因素？

3. 按照联合国海洋法公约，中国应享有的海洋管辖范围有多大？

4. 中国与周边国家间主要存在哪些海洋权益争端？

第四章　信息化装备

教学目标：了解支撑信息化装备的军事高技术的内涵、分类、发展趋势及对现代战争的影响，熟悉高技术在军事上的应用范围，掌握高技术与新军事变革的关系，明确学习、了解军事高技术对进一步认识现代战争的特点与规律具有重要意义，激发学习科学技术的热情。

第一节　军事高技术概述

军事高技术的发展，正在军事领域引发一场深刻的变革。近期几场局部战争表明，现代战争已经成为高技术武器装备的较量，谁拥有军事高技术及其武器装备，谁就握有战争的主动权，进而立于不败之地。

一、军事高技术概念

高技术是建立在现代科学技术全面发展基础上，处于当代科学技术前沿的，对提高生产力、促进社会文明、增强国防实力起先导作用的技术群。军事高技术，是建立在现代科学技术成就基础上，处于当代科学技术前沿，对武器装备发展起巨大推动作用的那部分高技术的总称。高技术的发展不但对整个科学技术进步和经济发展产生深远的影响，而且导致军事技术日益走向高技术化。

军事高技术的范围十分广泛，通常将其分为六大技术群：信息技术群，包括微电子、光电技术、计算机、自动化、卫星通信和光纤通信技术等，是当代和未来科学技术的先导；新材料技术群，包括信息材料、能源材料、结构材料和功能材料技术等，是高技术及其产业发展的物质基础；新能源技术群，包括核能、太阳能、风能、地热能、海洋能和生物能技术等，是维持和发展社会生产和生活的动力源泉；生物技术群，包括基因工程、细胞工程、酶工程和发酵工程技术等，是解决人类粮食、能源和医药难题的有效手段；海洋开发技术群，包括海水淡化、海水提铀、海底采矿以及海底工程建设技术等，是开发利用海洋资源的新手段；航天技术群，包括航天器的制造、发射和测控技术，航天遥感、空间通信以及空间工业技术等，是当代科技发展的象征，对传统技术具有渗透性并能带动其发展。

从军事高技术与武器装备的关系出发，军事高技术可分为两大类型：一是支撑武器装备发展的基础技术，主要包括微电子技术、光电技术、计算机技术、新材料技术、高性能推进与动力技术、仿真技术、先进制造技术等；二是直接用于武器装备并使之具有某种特定功能的应用技术，主要包括精确制导技术、伪装与隐身技术、侦察监视技术、信息战技术、指挥控制技术、军事航天技术、核化生武器技术、新概念武器技术等。

军事高技术既有高技术的共同特征，又有其自身的特点。军事高技术与一般技术相比，具有高智力、高投入、高竞争、高风险、高效益、高保密、高速度等七大特点。

二、高技术武器装备

高技术武器装备是指采用了高技术，且作战效能较之传统武器装备发生了质的飞跃的武器、武器系统和军事技术装备。军事高技术的发展极大地提高了武器装备的作战效能，倍增了武器装备的杀伤效能、综合作战能力、自动化水平和生存能力，还提高了武器装备的全天时、全天候的作战能力，以及武器装备的可靠性和可维修性，使武器装备发生了划时代的重大变化。高技术武器装备的产生，反映一个国家整体高技术的水平。

高技术的开发及其在军事上的应用，对武器装备、军事战略、军队编制和作战样式等都有重大的影响。高技术的最新成果运用于军事领域，催生出许多新武器，提高了武器装备的战术技术性能，缩短了更新换代的周期。随着微电子、光电技术、自动化、新材料等高技术的发展，精确制导武器、激光武器、隐身武器等高技术武器相继出现并投入实战使用，大大提高了作战效能。军事战略的制订及其变革，与科学技术特别是高技术的发展水平密切相关。导弹核武器的迅速发展，曾使"核武器制胜论"和"核威慑战略"在相当长一段时间内成为美国和苏联军事思想和军事战略的基础。随着航天技术、电子技术、激光技术等高技术的发展，美国制订了"星球大战计划"。军事技术特别是军用高技术的发展，对军队体制的变革有巨大的推动作用。军队的总体构成将向总员额减少，技术军兵种和专业技术人员不断增加的趋势发展。火箭、导弹等高技术的发展，导致了导弹部队的出现，许多国家组建了防空导弹部队和战略导弹部队。随着军事航天技术的发展，特别是航天飞机的出现，美国建立了航天司令部，前苏联也组建了类似的机构。高技术的发展和各种高技术兵器运用到战场上，使作战样式发生了重大的变化。电子战、空袭战、导弹战等新的作战样式，在战争中发挥了重要作用。

高技术的发展及其在军事上的应用，还将对作战指挥、军事训练、后勤保障等产生深远的影响。随着高技术武器装备数量的增多和指挥自动化程度的提高，对军人的素质提出了更高的要求，军队官兵要具有较高的科学技术水平、军事知识和技能，才能充分发挥先进武器装备的威力。现代战争在很大程度上已表现为高技术的较量，高技术已成为战争中制胜的重要因素。

思考题：

1. 什么是军事高技术？

2. 军事高技术有哪些特点？

3. 军事高技术主要包括哪些高技术群？

第二节 军事高技术与新军事变革

自 20 世纪 80 年代以来，世界军事领域广泛兴起了一场新的深刻变革，被称之为"新军事变革"。新军事变革是世界文明由工业时代向信息时代过渡的产物，其发生的根本条件是信息时代的到来，主要动因是人类技术社会形态由工业社会向信息社会的转型。

新军事变革是当今世界政治、经济、科技发展的必要产物，是时代的军事特征，代表着当今世界军事发展的大趋势。新军事变革是世界各国军队都要面临的挑战，具有世界性和时代性。新军事变革的到来，预示着一场争夺 21 世纪世界军事制高点的国际军事大较量已经开始。落后就要挨打。在军事上落后就意味着在未来战争中失去主动权。建设信息化军队、打赢信息化战争，既是新军事变革的基本目标，也是军队信息化建设的目标。

一、世界新军事变革的发展概况

军事变革，是指由科学技术的进步而引起武器装备的演进，进而引起军队编成、作战方式和军事理论等方面逐步发生根本性变化，最终导致整个军事形态发生质变的特殊社会现象。在世界军事发展史上，发生过多次断代性飞跃的军事变革。如果以整个军事形态是否发生质变来衡量和判断，一般可以把迄今为止的军事变革分为四次：第一次是金属兵器取代木石兵器，建立农牧时代军事体系的金属化军事变革；第二次是火药兵器取代金属兵器，建立工场手工业时代军事体系的火药化军事变革；第三次是机械化武器装备取代火药兵器，建立大工业时代军事体系的机械化军事变革；第四次是信息化武器逐渐主宰战场，建立信息时代军事体系的新军事变革，也就是信息化军事变革。我们所说的世界新军事变革，指的就是这场信息化军事变革。

（一）世界新军事变革的发展历程

世界新军事变革始于越南战争后期，海湾战争之后得到了全面发展，已经经历了 40 多年的演变过程。世界近几场局部战争特别是伊拉克战争表明，这场变革已经进入新的发展阶段，正在发展成为一场波及全球、涉及军事领域各个方面的深刻革命，最终将实现整个军事体系由机械化向信息化的全面转变。这场变革大致经过了三个阶段。

1. 孕育奠基阶段（20 世纪 70 年代到 80 年代末）

越南战争中，美国动用了当时除核武器以外所有的先进技术和装备，其中以精确制导武器的使用最为引人注目。越南战争后期，美军发射激光制导炸弹 2.5 万枚，摧毁桥梁、发电站、建筑物等坚固目标 1800 个，命中率达 60% 以上，作战效能比传统的普通炸弹提高了上百倍。

1973 年的第四次中东战争中，阿以双方首次大量使用导弹。第四次中东战争使"以绝对优势兵力战胜敌人"的原则不再灵验，精确制导武器巨大的作战效能，使之成为改变军事力量对比的杠杆。此后，美国等发达国家军队开始重视研制和生产这类精确制导武器，从而为新军事变革埋下了第一粒种子。同一时期，指挥自动化系统的迅速发展，成倍地提高了武器装备和作战部队的战斗力。精确制导武器与指挥自动化系统的发展，为新军事变革的孕育和形成奠定了最基本的物质技术基础，提供了源泉和动力。

1979年，前苏军总参谋长奥加尔科夫元帅预言，先进技术的出现必将引起一场"军事技术革命"。他建议以信息技术为核心，带动一系列高技术群的发展，占领科技制高点，加速信息化军队建设的步伐。这个创造性思维在世界上是第一次提出，很有超前性，如果苏联抓住那次机遇，在技术革命方面就会超前美国一步。但是，当时的苏军长期陷入阿富汗战争之中，无暇顾及军事变革。然而，"奥加尔科夫预言"一经提出，便在世界军事领域引起了广泛重视和极大反响。奥加尔科夫元帅的改革创意，很快被美国国防部副部长佩里接受，并开始推进以信息技术为核心的军事技术革命，大力发展以精确制导武器、电子信息装备和隐身战斗机为主的武器装备。虽然前苏联最早提出军事变革的概念，但它本身并未走在这次新军事变革的最前面，而美国接过了新军事变革的接力棒，在雄厚的国力基础和先进的高科技能力支撑下，率先进入了新军事变革时期。

2. 全面展开阶段（20世纪90年代至2002年）

1991年的海湾战争是世界新军事变革的分水岭。一方面，这场初步运用新军事变革成果的战争，展示出许多不同于以往战争的新特征。另一方面，世界两极格局彻底瓦解，美国和西方在很短的时间内失去了明确的战略对手，世界上出现了"大战远离"和"一超独霸"的状态。为了建立美国和西方主导下的世界政治、经济新秩序，美国和西方大国纷纷调整军事战略，力图抓住这难得的历史机遇全面推进军事变革，以抢先占领军事领域中的战略制高点，适应新战争形态的要求。他们认为，奥加尔科夫所说的"军事技术革命"带有极大的片面性，技术虽然是这场军事革命的基础,新的技术也确实起了作用,但叫军事技术革命容易将这场革命误导为纯技术和武器发展,忽略了作战概念和组织变化的重要性,建议将其改称"军事革命"。美国国防部采纳了他们的建议。从此美国以"军事革命"取代"军事技术革命",继续就有关问题展开研究。1994 年 1 月,美国国防部长威廉·佩里批准成立"军事革命高级指导委员会",正式开展军事革命的研究和实践工作,大张旗鼓地积极推进新军事变革,在武器装备、编制体制和军事理论方面进行全面改革创新。

以 1996 年 5 月美国参谋长联席会议《2010 年联合构想》为标志,美国开始全面推动新军事变革。1997 年 5 月,美国国防部公布的《四年防务审查报告》中,第一次出现"为未来而转型美国部队"的提法。从此,"转型美国军事"逐渐成为美国国防部一项中心工作。同年 12 月 1 日,美国国会指定成立的"国防委员会",在审查国防部的四年一度防务评审后提交了一份报告——《转型防务:21 世纪国家安全》,第一次把转型列为标题,确定了美国推行新军事变革的方针和思路。2000年 5 月,美国参谋长联席会议发表《2020 年联合构想》,将军事理论家通过著书立说表述的军事变革思想,提升为作战理论要素,进入军队的官方文件。2001 年美国国防部发表的《四年防务审查报告》进一步强调了转型的意义,并把转型作为国防部工作重点之一。时任国防部长拉姆斯菲尔德说:"反恐怖主义战争并没有取代国防部转型的需要;相反,我们必须加速我们组织、作战、业务和过程改革。"美国国防部 2002 年《国防报告》特别提出,"转型是美国防务政策的核心","从根本上说,转型就是通过正在进行的军事变革,用美国的术语重新定义战争。"对军事转型的这一定位表明,美国新军事变革已基本完成了从自发到自觉、从局部到全局、从边缘到核心的演变，标志着美国对新军事变革的研究实现了质的飞跃。

在美国的带动和影响下，信息技术先进、信息产业发达的国家，如英、法、德、日等国的军事变革，都取得了很大进展。而信息技术落后、信息产业不发达的国家，其军事变革也开始起步。

3. 质变发展阶段（伊拉克战争至今）

2003年3月20日至5月1日，美英联军在伊拉克发动了一场高度信息化的局部战争，即伊拉克战争。伊拉克战争是冷战结束以来作战样式最丰富、信息化程度最高的一场局部战争。美军在利用高技术兵器从太空、空中和海上进行非接触作战的同时，与伊军展开地面接触作战；在实施精确打击的同时，对部分集群目标实施"地毯式"轰炸。与1991年的海湾战争、1999年的科索沃战争，以及2001年的阿富汗战争相比，美国发动的这场战争技术含量更高、信息化特征更为明显，标志着美军经过多年军事变革实践，已经在建军和作战等诸多方面取得了突破性的进展。如果说海湾战争是介于昨天的机械化战争和明天的信息化战争之间的话，伊拉克战争则反映了未来信息化战争的雏形，标志着人类战争进入一个新的发展阶段。伊拉克战争中，美军只用海湾战争一半的兵力、时间和物资消耗，就达成了推翻萨达姆政权的战略目的。这除了美伊两国的GDP差260倍，萨达姆政权不得人心外，主要是因为军事上美国不断推进新军事革命，已经建立起高度机械化和半信息化的军事体系，而伊拉克仍是机械化半机械化的军事体系，双方力量相差悬殊。这场战争所呈现出来的许多鲜明特点，给世界军事领域带来了强烈冲击。伊拉克战争使美国尝到了军事变革的甜头，更加倾力加快军队转型步伐。伊拉克战争的硝烟还未散尽，美国就着手总结、借鉴这次成功的实战，进一步深化军事变革，并计划到 2030 年率先完成新军事变革。美国新军事变革带来的超强作战能力，使世界上许多国家，尤其是各主要大国在震惊的同时，更增强了紧迫感和危机感，围绕缩小与美国的"时代差"而竞相加快变革步伐。一些国家结合伊拉克战争经验教训及自身前期军事改革的经验教训，出台了一系列推进新军事变革的新举措，推动军事变革在更高的层次、更广的领域、更大的范围加速发展，世界新军事变革进入质变发展阶段。

（二）世界新军事变革中的大国竞争态势

1. 美国

美国是这场新军事变革的抢先者，其变革的动因是谋求军事上的绝对优势，通过在军事领域的一系列科技创新和突破，拉大与潜在对手的"时代差"和"技术差"，从而形成"不对称局面"，为实现和保持单极世界打造新的利剑。美国在军事变革中提出要确保 15～20 年的绝对优势，而夺取军事优势最有效的途径，就是抢先开发并牢牢占据人类活动的新领域。2001 年，美国三军转型路线图出台，确立 25～30 年陆军建成网络化的目标部队；海军的建军指导思想要适应 21 世纪美国面临的战略需求，实现由海向陆的转变，即由湛蓝色海军向棕蓝色海军转变；空军实现航天航空一体化，成为以天基为主导的全球打击力量。2003 年的伊拉克战争，又给美国的军事转型注入了一副强烈的兴奋剂。战争刚一结束，小布什就声称："加快军事转型是确保美国安全的第一要务。"拉姆斯菲尔德也强调，"军队转型已经成为美国防务战略的核心要求。"白宫和五角大楼随后出台了一系列重要举措，使美军的军事转型再次提速。美军上下广泛开展了伊拉克战争经验教训的总结活动，上到国防部，下到参战部队的营以上军官，都成立了评估小组，通过总结评估，为加快军队转型步伐寻找新的突破口和着力点。2003 年 5 月和 9 月，五角大楼相继颁布《国防部转型计划指南》和《军事转型战略途径》。同年 11 月，陆海空三军公布了本军种转型路线的修订版，此后每年修订一次。这些文件为加快美国军事转型步伐制订了更为系统、操作性更强的行动纲领。美国国会通过的 2004 年防务预算为 4005 亿美元，2012 年更达到 6940 亿美元，为军队转型的再次提速提供资金保证。美国如此下力加速推进他们的军事转型，就是要抢占先机，甩远对手，做到无论是潜在的竞争对手，还是自己的战略盟友，至少 15 年内谁也别想赶上他们。

2. 俄罗斯

俄罗斯的军事变革主要是为应对美国及北约的威胁，利用其雄厚的军事基础，谋求新的战略主动，维护其在国际事务中的大国地位。伊拉克战争中，应用传统作战理论和俄式武器装备的伊拉克军队一败涂地，使俄罗斯受到了很大的震动。俄罗斯有的著名人士说："现代战争对俄罗斯将军们来说，已经成为看不懂的战争"，"明天的俄罗斯军队很可能是今天伊拉克军队的翻版"。在这种情况下，俄罗斯朝野痛定思痛，在承认自己落后的同时，加快了军事变革的步伐。他们从实际出发，不再和美国全面进行竞争，而是选择自己基础好、水平高的领域，采取重点发展、稳步推进的方针来推进军事变革，目的是保住它的大国地位，并且为俄罗斯日后的东山再起进行军事实力上的准备。2003 年 5 月，普京在圣彼得堡召开了研讨会，专题研究如何加快军队尽快迈进 21 世纪的进程。他在最后发表的国情咨文中发誓，一定要建设一支强大的、职业化的、装备精良的现代化军队，以便使俄罗斯重返有影响力的世界强国之列。

同年 10 月，俄罗斯召开了联邦武装力量领导人会议，作出了俄罗斯联邦武装力量发展的决议，俄罗斯军队建设从此跨入稳步、有序的发展阶段。会议同时强调，现代战争关键已经是运用和整合信息流的能力，政府和有关方面必须保证军队信息化建设的落实。随着俄罗斯经济实力的增强，俄罗斯军队的信息化变革肯定会出现新的局面。

3. 日本

日本近些年的军费投入始终高居世界第二，他们借助美日军事同盟，尽量不事声张地加快信息化军事变革，以免引起国际社会对它的过多关注。2003 年以前，防卫厅就制订了《综合措施纲要》。伊拉克战争后，他们着手重修《防卫计划大纲》，把自卫队建设全面纳入信息化发展轨道。他们大规模调整军队指挥体制，把海陆空自卫队的指挥权统一归到新建的联合参谋部，调整装备发展战略，重点建设海陆空互通的高速通信系统和中央指挥系统，发展新型侦察卫星和预警雷达，并且对宙斯盾战舰、F-15 战机等主战兵器的系统软件进行更新换代，等等。日本人搞新军事变革有着双重目的：既要实现自卫队由机械化向信息化转变，又要实现国家军事战略由"本土防卫"型向"海外干涉"型或"海外参与"型转变。2003 年 6 月 6 日，日本利用伊拉克战争和朝核危机，在一天内就通过了《武力攻击事态法案》、《自卫队法修改案》和《安全保障会议设置法修改案》，简称"有事三法案"，目的之一就是为追随美国进行海外军事干预铺平法律通道。

4. 印度

印度进行新军事变革的目的是为当上世界大国提供军事能力支撑。印度有着自身的优势。首先，印度的信息产业发达。2000 年，印度软件已能向 75 个国家和地区出口，出口的规模和成本均居世界第一位。全球 500 强企业有 200 多强使用的是印度生产的软件，美国加州的硅谷有 2000 多家移民办的高科技企业，其中 40％是印度人创办的，美国进口的软件 62％也是来自印度。印度凭借有利的基础性条件，实行寓军于民，军民互助的方针，达到既促进经济发展，又实现军事变革的双重目的。其次，印度还在俄、美两个大国之间左右逢源，获取先进的武器装备，军队的信息化建设发展很快。2003 年前，印度就和俄罗斯谈妥了 190 架苏 30 作战飞机的订单，2003 年又和美国达成了快速出口协议，此后凡是 4000 万美元以下的军售项目，就不再需要美国国会一一审批了。印度还在洽购美国的爱国者导弹和电子战系统，并和法国、以色列也有军火交易，准备增购 136 架幻影 2000 和一批潜艇、导弹、预警机和无人机。2003 年印度从俄罗斯引进首批 6 架空中加油机，使印军已经装备的苏 30 航程由 6000 千米提高到 9000 千米。当今的印军已经成为亚洲拥有先进飞机和电子战飞机数量最多、性能最好的军队，也是世界上第 6 个具有空中加油能力的军队。印军还力争拥有太空激光武器，并努力实现陆军装备的数字化。

英、法、德等国，也出台了军事变革的措施，力图通过军事变革，形成相对优势，能够在国际战略格局中发挥重要作用。英国在 2003 年底发表的防务白皮书中，宣布要以提高网络化能力为核心，把英军的转型推向新阶段。伊拉克战争后，法国从总统、总理到国防部长，以及一些高官，都在公开场合宣称要加快军事变革，提高紧迫性，2003 年国防拨款一下就增加了 12.4％。德国也公布了新的《国防政策指针》，提出要加紧建设适应未来信息化战争要求的联邦国防军。

总的看，当前世界新军事变革中的大国竞争态势表现在两个方面：一是普遍地把新军事变革摆上国家总体发展战略的重要位置，在变革的速度和质量上日趋激烈；另一个是变革的发展很不平衡，各国与美国的军事能力差距有可能进一步拉大。可以用十二个字来概括："美国一马当先，各国群起追赶"。

二、世界新军事变革的主要内容

新军事变革是整个军事体系由机械化向信息化的全面转型，变革的基本内容是四个革新，一个转变。即：革新军事技术，最终实现武器装备的信息化；革新军事理论，用符合未来信息化战争特点和规律的军事观念和思维方式去谋划建军和作战；革新作战方式，探索和采用便于发挥信息化优势的战略战术；革新体制编制，按照建设信息化军队、打赢信息化战争的要求去重组军队的结构。一个转变是：推动战争形态由机械化战争向信息化战争转变。

（一）加快发展以信息技术为核心的军事高技术

军事信息技术革命是新军事变革的先导和基础，各国都把优先发展军事信息技术，作为推进新军事变革的基本措施。例如美国国防部制订的 21 项关键技术，其中 13 项属于信息技术；欧洲的"欧几里德"计划 11 个领域中，有 9 个领域属于信息技术。在一些国家的武器装备研制计划中，收集、处理、分发、保护信息的信息系统占有相当大的比例。正是由于信息技术的发展，这些以信息为主导的系统，以及与这些系统有关的核心技术，才促进了军事革命的诞生。

在信息技术的牵引下，整个高技术群将飞速发展。一批新技术如纳米技术、生物技术、新材料技术、新能源技术、隐身技术、定向能技术等将会有更大突破。一批更加高效的新型武器，如强激光武器、动能武器、高功率微波电磁脉冲武器等将陆续出现，成为新军事变革的物质基础，进而推动新军事变革向高级阶段发展。

（二）革新武器装备，使武器装备向信息化、智能化、一体化方向发展

武器装备是形成军队战斗力的重要基础。伊拉克战争结束不久，美国就通过了总额高达 4005 亿美元的 2004 年度国防预算，并提出要突出研发高新武器装备；日本计划在 5 年内投入 2400 亿美元，优先发展战略预警系统、C⁴ISK 系统和陆军数字化装备；俄军计划用 5 年时间建立起武装力量的高科技基地，大力扶持军事科研所和武器设计局。英国、法国、德国、印度等国也明确表示，要加大军事高科技装备方面的投入。由机械化装备快速向信息化装备过渡，信息化的新型武器装备体系逐渐成为主角。

一是高度信息化。运用信息技术成果对现有武器装备进行改造，研制和发展新型信息战武器装备，加快了武器装备技术水平由机械化向信息化的过渡。目前，西方发达国家半数以上的陆军装备实现了信息化，海空军装备的信息化程度更高，并正在重点开发信息化作战平台、信息化弹药、单兵数字化装备，以及专门用于攻击或扰乱信息设备的特种信息战武器。美国启动 150 亿美元的陆军"未来作战系统"，该系统由高科技坦克、战术机器人及网络化指挥与控制部分构成，核心是将新式武器组织在一起并形成合理的 C⁴ISR 系统。美军将大批装备第四代武器，第四代全隐身战机将达到 3000 余架，大量无人机和机器人将被列装，空地海天多维信息系统将进一步完善。

二是高度智能化。武器装备的信息化，使越来越多的武器系统能自动侦测和识别目标，掌握最佳攻击时机，准确打击目标，具有较高的智能化水平。西方国家军队设计的智能侦察坦克，重量只有普通坦克的十分之一，装有核、生、化探测器和红外、音响传感器，能在时速 64 千米的情况下，分清敌我，鉴别道路，绘制地图，探测地雷。美军列入研制计划的军用智能机器人达 100 多种，能代替士兵遂行排雷、布雷、清障、侦察等危险任务。英国确定将武器开发的重点从坦克、炮弹和军舰等常规武器转移到"数字化"高科技武器，并削减不适应高科技作战环境的武器装备，准备斥巨资开发智能炸弹、无人驾驶飞机和能在数千千米以外"实时"作战的电脑网络系统。

三是综合一体化。以精确制导武器、新型军用卫星、指挥自动化系统、电子战装备和反导弹系统等为代表的高技术武器，杀伤力成倍增长，打击精度空前提高，综合作战能力大大增强。美军在阿富汗战争中使用的弹药，大部分是毁伤力强、效费比高的精确制导弹药，如"联合直接攻击弹药"，射程达 90～300 千米，命中精度为 3 米。打击坑道、洞穴的激光制导钻地炸弹，能穿透 6 米厚的混凝土，攻击地下 30 米深的防护设施。新一代作战飞机、舰艇、坦克等作战平台，在大量使用隐形技术的同时，普遍采用红外、雷达成像、毫米波等高技术夜视器材和侦察探测装备，降低了夜暗和不良气候对作战行动的影响，提高了战场生存能力和全天候、全时辰作战能力。美国研制的太空战斗机和太空轰炸机，时速达 10 马赫，作战半径可达 1 万千米以上，可同时实施对天、对地攻击。

（三）调整改革体制编制，使军队结构向小型化、一体化、多能化的方向发展

一是提高质量，减少数量。海湾战争结束后，美军从实战需要出发，较大幅度地压缩了军队规模特别是陆军规模，通过调整编制体制，不断提高部队机动能力。据统计，美军现役总兵力从 1991 年的 198.5 万压缩到目前的 139.8 万。其中，陆军的减幅最大，从 71 万人减至 48.1 万人，减少 46.3%；海

军从 57 万人减至 38.2 万人；空军从 51.1 万人减至 36.2 万人；海军陆战队从 19.4 万人减至 17.3 万人。其中，美陆军将作为基本战术单位的现役诸兵种合成师由 16 个减至目前的 10 个。2003 年 4 月 11 日，美国防部向国会递交了《21 世纪国防转型改革法案》，提出了"建立一支精干、灵活、快速和可远距离行动"的军队转型目标，将 10 个作战师中的大部分或全部改造成规模较小、易于快速部署的作战部队，每个师由 1.5 万人至 2 万人的规模改为 5000 人的旅级"战斗队"，使其能够在 96 小时内将一个整编旅部署到世界任何一个角落，在 120 小时内部署一个整编师，30 天内部署 5 个整编师。俄罗斯在大量裁减陆军员额的同时，重点对其体制编制进行调整，将在试验论证的基础上，彻底改变陆军合成兵团和部队的结构，使其编成更为灵活。

二是优化结构，改革指挥体制。伊拉克战争中，参战美军是正在全面转型的部队，采取了一体化的指挥体制和模块化的作战编成。美军打破了传统军种体制，按照作战职能建成了探测预警子系统、指挥控制子系统、精确打击与作战子系统、支援保障子系统。这四个子系统的功能紧密衔接，构成一个天网、地网一体化作战体系，陆海空三军 C^4ISR 指挥系统实现了互联，使大量信息能够及时有效地传给指挥中心和陆、海、空军作战平台甚至是数字化单兵。与海湾战争相比，伊拉克战争的目标更高、难度更大，但美军使用兵力和大规模作战时间只占海湾战争时间的 3/5，军费消耗减少了 2/3，这在很大程度上得益于美军结构重组取得的成果。受伊拉克战争的启发，一些国家将在压缩军队总体规模的同时，优化军队内部结构，建立扁平网状式指挥体制，按实际需要编组合成度更高、整体作战能力更强的一体化部队，从而推动机械化军队向信息化军队转型。例如，法国陆军对其现存的体制编制进行了大刀阔斧的改革，撤销军、师两级建制，成立作战部队司令部和后勤部队司令部两大作战指挥机构。

三是发展重点部队，组建新型高技术部队。各国军队在优化陆军结构，加大海、空军建设力度的同时，重点发展军事航天力量、导弹部队及导弹防御部队、电子战和信息战部队等。美国正致力于建设 10 支"远征型航空航天部队"。为了突出太空作战力量建设，美军已经组建了试验型的第 527 空间攻击中队和第 76 空间控制中队，计划到 2015 年前后建成真正的"天军"。俄罗斯把军事航天部队和导弹航天部队从战略火箭军中单列出来，组建起 5 万人的独立兵种——航天兵，2003 年扩编到 9 万人，专门遂行太空作战任务。随着高新技术武器装备的发展，还将发展一些新的军种和兵种，如信息战部队等。

（四）创新适应未来信息化战争要求的军事理论

加强军事理论创新，是在世界新军事变革中赢得先机、把握主动的先决条件。当前，随着世界军事科技、战争形态、作战方式的发展和演变，新军事变革更加凸显以军事理论创新牵引整个军事体系转型的鲜明特点。进入 21 世纪以来，世界一些主要国家纷纷加快军事理论创新的步伐。美军在几场局部战争中所以能取胜，一个重要的原因是美军重视理论创新，注重超越自我，永远盯着下一场战争。

冷战结束后，美军所发动的每次战争，几乎都运用了不同的作战理论。1991 年的海湾战争，突出反映了"先空中打击、后地面突击，并以空中打击为主"的"非线式机动战"联合作战理论；1999 年的科索沃战争，突出反映了以空中打击为主的"非对称、非接触"联合作战理论；2001 年的阿富汗战争，则反映了全频谱支援的特种作战的联合作战理论；而伊拉克战争中，又实践了震慑理论，即强调抛弃传统的消耗战思想，利用新的战略和技术，把震慑对手，影响其意志、判断和理解力作为战争设计的目标，强调综合运用外交战、心理战、谋略战、宣传战和军事打击手段，以最少的伤亡，瓦解对手的作战意志，快速达成国家战略目标。也就是，"不局限于以决定性力量摧毁和消耗敌军事力量，而是致力于影响和控制对手的判断及意志"，迅速取得决定性胜利。伊拉克战争结束后，美军开始总结经验教训。一方面，将"震慑"作战理论纳入作战条令，并准备在未来的试验、演习和实战中进一步发展这一理论；另一方面，提出要对"快速决定性作战"等理论作进一步修改和完善，使之发展成为指导美军实施军队转型的基本理论，继续保持军事理论创新先行者的地位。俄罗斯军方在总结伊拉克战争、车臣反恐战争经验教训的基础上，努力探讨和完善新的军事理论，如"第六代战争"理论、"精确打击"理论、"特种作战"理论、"空天一体战"理论等，加快了理论研究的步伐，就连过去并不太注重的"信息战"理论，俄军也加大了研究的力度。

思考题：

1. 世界新军事变革发展经历了哪几个阶段？
2. 世界新军事变革的主要内容有哪些？

第三节　精确制导武器

精确制导武器是指按照一定规律控制武器的飞行方向、姿态、高度和速度，引导其战斗部准确攻击目标的武器。精确制导武器的出现，是第二次世界大战后军事技术最引人注目的进展之一。各类精确制导武器的迅速发展、大量装备和广泛应用，对战争进程乃至结局都产生了巨大的影响。

一、精确制导武器

（一）定义

精确制导武器是指采用精确制导技术，直接命中概率在50％以上的武器。如各类导弹以及制导炸弹、制导炮弹、制导鱼雷等。直接命中的含义是指制导武器的圆概率误差（也叫圆公算偏差，缩写CEP）小于该武器弹头的杀伤半径。

（二）分类

精确制导武器包括导弹和精确制导弹药两大类。

导弹是依靠自身动力推进，能控制飞行弹道（轨迹），将战斗部导向并毁伤目标的武器。通常由战斗部、推进系统、控制系统和弹体等部分组成。分类方法很多：按作战任务可分为战略导弹和战役战术导弹；按弹道特征可分为弹道式导弹和飞航式导弹；按射程可分为近程导弹（1000千米以内）、中程导弹（1000—3000千米）、远程导弹（3000—8000千米）、洲际导弹（8000千米以上）；按发射点和目标位置可分为地空导弹、地地导弹、空地导弹、舰舰导弹、舰空导弹、潜地导弹和空空导弹；按攻击目标可分为反坦克导弹、反舰导弹、反潜导弹、反卫星导弹、反辐射导弹和反导导弹。还可以按发动机和推进剂的种类分为固体导弹、液体导弹、固液导弹；按发动机装置的级数可分为单级导弹和多级导弹。

精确制导弹药可分为末制导弹药和末敏弹药。

末制导弹药有寻的器和控制系统，在其弹道末端能根据目标和弹药本身的相对位置自行修正或改变弹道，直至命中目标。主要有制导炮弹、制导炸（航）弹和制导鱼雷等。

末敏弹药不能自动跟踪目标，也不能改变飞行弹道，只能在可散布的范围内，利用其自身的探测器（寻的器）探测和攻击目标。

（三）特点

1. 命中精度高

对武器射程之内的点目标，直接命中概率可达 50% 以上，比普通武器弹药高出数十倍至上百倍。如美国的民兵—Ⅲ地地洲际弹道导弹，射程 13000 千米，CEP 值在 200 米左右；美 BGM-109C "战斧" 对陆攻击巡航导弹，射程 1300 千米，CEP 值为 9 米；激光制导炮弹和炸弹，CEP 值为 1—2 米。

2. 作战效能高

精确制导武器的效能是用精度、威力、射程、效费比、可靠性、全天候作战能力等主要战术技术性能指标来衡量的。虽然单发（枚）武器成本比较高，但它的作战效益更高。例如一枚数万美元的反坦克导弹，可以摧毁数百万美元一辆的坦克；一枚 10 万美元的防空导弹，可以击落几千万美元一架的飞机；数十万美元一枚的 "飞鱼" 反舰导弹，曾击沉一艘价值 2 亿美元的 "谢菲尔德号" 导弹驱逐舰。据国外统计，轰炸机使用制导炸弹比使用普通炸弹效费比高出 25 至 30 倍。

3. 可控性强

精确制导武器采用导引、控制系统或装置，调整受控对象（导弹、炮弹、炸弹等）的运动轨迹，使之完成规定的任务。

二、精确制导武器的制导方式

随着高新技术的发展，精确制导武器的制导方式也有各种类型，按不同的控制导引方式，可分为自主制导、寻的制导、遥控制导、复合制导四种。

(一)自主制导

自主制导，是利用弹载测量装置测定武器内部或外界某些固定的参考基础作为依据，产生控制信号，控制武器按预定的方案（弹道）飞行，直至命中目标。常用的制导方式有：惯性制导、程序制导、地形匹配制导、景象相关匹配制导、星光制导、GPS（全球定位系统）制导等。

自主制导由于和目标及指挥站不发生任何联系，对外界依赖性小，抗干扰能力强，武器射程远，但也有一经发射飞行弹道就不可改变的弊端。主要用于远程精确制导武器（弹道导弹、巡航导弹）的初始飞行段，适合于攻击固定目标。

GPS 是美国 1993 年建成使用的"导航星"全球定位系统的简称。由空间设备、地面控制设备及用户设备三部分组成，部署了 24 颗导航定位卫星，可为用户提供全天候连续实时高精度的三维位置、速度和精确的时间信息。GPS 制导就是利用 GPS 接收机接收 4 颗导航定位卫星的信号来修正武器的飞行路线。

(二)寻的制导

寻的制导又称自寻的制导。主要特点是通过弹上的导引系统（导引头或寻的器）感受目标辐射或反射的能量，自动跟踪目标，导引制导武器飞向目标。寻的制导精度高，但作用距离较短，多用于末制导，适合打击运动目标。

寻的制导按接收的能量（波长）可分为雷达制导、红外制导、毫米波制导、电视制导、激光制导等类型。按信号来源可分为主动寻的制导（弹上装有能量发射装置、照射源和接收装置）；半主动寻的制导（弹上装有接收装置，照射源安装在弹外的地面、舰上、机载制导站内）和被动寻的制导（不使用照射源，弹上只安装接收目标本身辐射能量的接收装置）三种基本类型。其中主动寻的制导和被动寻的制导均具有"发射后不用管"的优点。

（三）遥控制导

遥控制导是通过设在精确制导武器以外（地面、飞机、舰艇）的制导站，来测定目标与武器之间的相对运动参数并形成制导指令，再通过弹上的控制系统，控制武器飞向目标。按指令传输方式和手段，遥控制导可分为指令制导和波束制导两大类。指令制导的方式主要有无线电指令制导、有线指令制导和电视制导。波束制导有雷达波束制导和激光波束制导。

（四）复合制导

复合制导是在一种武器中采用两种或两种以上制导方式组合而成的制导技术。各种单一制导方式有其所长，也有其所短，若要精确制导武器系统既具有作用距离远、精度高，又有较强的抗干扰能力，显然依靠单一的制导方式是难以实现的。因此，先进的精确制导武器系统往往采取复合制导方式。远程精确制导武器一般都采用复合制导系统。

三、精确制导武器的发展过程

精确制导武器起源于制导武器。第二次世界大战期间，德国人制造并在实战中使用了飞航式导弹（或称巡航导弹）V1 和弹道式导弹 V2，从此揭开了制导这门神秘技术的序幕。第二次世界大战后特别是 20 世纪 70 年代以来，微电子技术、计算机技术的突破和在制导技术中的应用，使制导精度有了很大提高，精确制导武器进入全面发展阶段，并在几场局部战争中产生很大影响。精确制导武器的发展，大体经历了四个阶段：

20 世纪 50 年代末至 60 年代初出现了战术导弹。20 世纪 50 年代中期，随着小型火箭发动机和制导技术的改进，制导武器命中精度有很大提高。1956 年阿以战争中，法国制造的第一代反坦克导弹 SS10 已具有了对付当时坦克的能力。50 年代末和 60 年代初，中国和苏联分别用苏制防空导弹击落美高空侦察机，在世界范围引起很大反响。

20 世纪 60 年代末和 70 年代初出现了制导炸弹。微电子和计算机技术在制导技术中广泛应用，电视制导、红外制导、雷达波束制导和激光制导的航空炸弹相继出现了。1965 年美国研制成功"宝石路"激光制导炸弹，随后用于越南战争。70 年代中期，开始出现了"精确制导武器"这一术语。

20 世纪 70 年代末 80 年代初出现了制导炮弹。第一代制导炮弹以 80 年代美军的"铜斑蛇"和苏军的"红土地"为代表。"铜斑蛇"激光制导炮弹用 155 毫米榴弹炮发射，制导精度可达 1 米以内。苏军的"红土地"制导炮弹用 152 毫米榴弹炮发射，采用半主动激光制导，命中精度可与反坦克导弹媲美。

20 世纪 90 年代，精确制导技术开始向"智能化"方向发展。2001 年在阿富汗战争中，美军首次用无人机发射导弹攻击地面目标，导弹能够在一定程度上识别真假目标，体现了其较高的智能化水平。

四、精确制导武器对作战的影响

精确制导武器在 20 世纪 60 年代以来的几次局部战争中，以显赫的战绩确立了"兵器之星"的地位，对作战产生了深远影响。

（一）提高了作战效能

据统计，第二次世界大战期间，飞机投弹的圆概率误差为 1000 米；越南战争期间，飞机投弹的圆概率误差为 100 米，当时轰炸一个钢筋混凝土目标平均需要 200～300 枚炸弹；海湾战争期间，激光制导炸弹的圆概率误差为 1～2 米，只需 1～2

枚即可炸毁目标。

在越南战争中，美国为了轰炸河内附近的清化大桥，曾出动 600 多架次飞机，投掷数千吨炸弹，损失飞机 18 架，仍未能炸毁该桥，后改用刚刚研制成功的激光制导炸弹，仅出动飞机 12 架次，就将大桥炸毁，飞机无一损伤。

第四次中东战争中，埃及和以色列之间展开了一场第二次世界大战以后最大的坦克战，开战头三天，以军在西奈半岛就损失坦克 300 余辆，其中 77% 是被反坦克导弹击毁的。

1982 年 6 月，以色列入侵黎巴嫩，以军在电子干扰机掩护下，使用多种空地精确制导武器对贝卡谷地进行空袭，仅 6 分钟就一举摧毁了叙利亚 19 个苏制"萨姆—6"防空导弹连阵地。

海湾战争中，多种精确制导武器纷纷登场亮相，在战争中充当主角，成为双方打击的主要武器，并显示出了超常的作战能力。虽然美军投入的精确制导武器数量仅占全部弹药消耗量的 8%，却完成了伊拉克被摧毁重要目标的 80% 以上。美军在海湾战争以后的历次战争中，使用精确制导武器的数量占全部弹药总量的比例不断上升，到 2003 年伊拉克战争时，这个比例已经达到 68%。目前，世界上拥有精确制导技术并能自行研制生产精确制导武器的国家有 20 多个，但近 100 个国家和地区的军队装备了这种武器，几乎所有国家都或多或少地拥有水平不等的精确制导武器。在电子战和 C^4ISR 系统的密切配合下，精确制导武器已经成了现代战场的主要打击武器。

（二）使作战样式发生了深刻变化

使超视距、全天候、多模式、多目标精确打击变为现实。海湾战争中，美军从 1000 千米外发射的 35 枚空射巡航导弹、从海上发射的 288 枚"战斧式"巡航导弹，都准确地命中了预定目标；GPS 制导系统能在恶劣气象条件下自主导航，毫米波制导系统受云雾烟尘影响很小，合成孔径雷达不受云雾昼夜条件的限制，能穿透地表发现地下数米深处的掩蔽部；"爱国者"地空导弹可同时跟踪 50～100 个目标和控制 9 枚导弹攻击不同方向不同高度的目标。

可以同时连续精确地打击整个战场纵深，减少前沿短兵相接，使前后方界线模糊，战场呈"流动"状态、非线性或无战线化。海湾战争中，交战双方兵力超过 120 万，坦克 8000 余辆，装甲车 8300 多辆。但地面战斗仅 100 小时就结束了，且未发生大规模步兵交战和坦克大战。主要原因是，伊军的装甲部队还未出动或未接敌，就被多国部队机载的上万枚反坦克导弹所摧毁。

实现"外科手术式"打击，使对点目标攻击的附带杀伤、破坏降至最低程度，同时提高了全天候、全天时的作战能力。

（三）是改变军事力量对比的重要杠杆

现代战争表明，精确制导武器正在改变坦克、飞机、大炮、军舰等传统武器装备的军事价值，成为改变战争双方军事力量对比的重要杠杆。精确制导武器与电子战的密切配合，将是决定未来战争胜负的重要因素。拥有先进的精确制导武器和电子战实力的一方，是可以战胜虽具有传统武器数量优势，但制导武器落后，并缺乏电子战配合的一方的。事实表明，精确制导武器改变军事力量平衡的作用越来越明显。精确制导武器还促进了常规威慑力量的形成。以对点目标的摧毁能力而言，部分精确制导武器的威力已经与小型核武器相差无几。

思考题：

1. 什么是精确制导武器？主要分为哪两大类？
2. 精确制导武器的主要特点是什么？

3. 精确制导武器主要有哪些制导方式?

4. 精确制导武器对作战有哪些影响?

第四节 隐身伪装技术

随着电子信息技术高速发展及其在军事领域中的广泛应用,军事侦察的技术手段正向高技术化方向发展。在现代战场上,陆、海、空、天都部署有各种侦察探测系统,它们利用光、电、声等各种探测技术构成了立体化、全天候、全时域、远距离的侦察监视网,使各种作战目标都处在它的严密监视之下。同时,由于精确制导武器的广泛应用,使作战毁伤手段向"发现即可命中"的方向发展,这就促使反侦察技术必须向高技术化迈进。现代战争中,隐身伪装技术已成为作战必不可少的手段和重要组成部分。

一、隐身技术

(一)概述

隐身技术是通过降低武器装备等目标的信号特征,使其难以被发现、识别、跟踪和攻击的技术,又称作隐形技术、低可探测技术、目标特征控制技术。

隐身技术是交叉应用了诸如流体动力学、材料科学、电子学、光学、声学等众多学科领域技术的综合性技术,起源于第二次世界大战。第二次世界大战后,虽然美国等国相继开展了隐身技术研究,但由于初期的研究只是把隐身技术放在从属于电子战的次要地位上,忽视了隐身机理的研究,因而发展缓慢。20 世纪 80 年代以来,隐身技术得到了突飞猛进的发展,已被应用于研制隐身飞机、隐身导弹、隐身坦克、隐身舰船等各种隐身武器装备，有的已研制成功并投入战场使用。

（二）隐身技术现状

由于现代战场上的侦察探测系统主要有雷达、红外、电子、可见光及声波等探测系统，因此，目前的隐身技术可以相应地分为反雷达探测隐身技术、反红外探测隐身技术、反电子探测隐身技术、反可见光探测隐身技术和反声波探测隐身技术。

1. 反雷达探测隐身技术

雷达是最重要的侦察探测装置之一，反雷达探测隐身技术自然成为一种最重要的隐身技术。雷达发射出的电磁波遇到金属目标时会发生反射。由于军事目标（如飞机、导弹等）的形状很复杂，雷达波照到目标上会在各种不同的方向上发生反射（散射）。要想提高目标的隐身能力，就必须减弱雷达所能接收到的反射波，即减小目标的雷达散射截面积（RCS）。反雷达探测隐身技术就是减小目标在探测雷达接收天线方向上的雷达散射截面积（雷达回波信号强度），以降低敌方雷达对目标探测概率的技术。目前，国外研究和使用的反雷达探测隐身技术主要有以下几类：

一是隐身外形技术。合理设计目标外形，是减小其雷达散射截面积的重要措施。以隐身飞机为例，飞机的机身、机翼、翼身接合部、雷达罩、座舱罩、垂尾、进气道、尾喷管等是雷达波的强反射体。减少这类强反射体，消除角反射器，消除联结体间的缝隙及突出部位，是隐身外形设计的基本要求。目前采用的主要技术措施是：合理控制机（弹）体的整个外形，避免表面采用大的平面和大的凸状弯曲面，以抑制镜面强反射。

二是隐身材料技术。隐身材料技术是正在兴起的一种行之有效的雷达隐身技术。目前研制的隐身材料主要有雷达吸波材料和雷达透波材料，按其使用方法可分为涂料型和结构型。在减小雷达散射截面积方面，通常透波材料所起的作用并不大，主要是使用雷达吸波材料。雷达吸波材料按工作原理可分为三大类：谐振型吸波材料、宽频带吸波材料、综合型吸波材料。

三是自适应阻抗加载技术。在金属体目标（如飞行器）表面人为地附加集中参数或分布参数的阻容元件，改变蒙皮表面的电流分布，使其产生与雷达回波的频率、极化、幅值相等但相位相反的附加辐射波，与雷达回波相抵消，从而达到减小目标雷达散射截面积的目的。

四是微波传播指示技术。利用计算机预测雷达波束在不同大气条件下传播发生畸变所产生的"空隙"和"波道"，使突防飞行器在雷达波覆盖区的"空隙"、"盲区"或"波道"外飞行，可避开敌方雷达的探测。这种技术已在防空和突防的应用中进行了试验。

五是等离子体隐身技术。用等离子气体层包围飞机、舰船、卫星等目标的表面，利用其对雷达波具有的特殊吸收特性和折射特性，使雷达回波的能量减小。

上述反雷达探测隐身技术都存在着一定的局限性。例如，隐身外形设计可降低飞行器的雷达散射截面积，但会影响其气动性能；飞行器表面涂敷吸波材料，会增加其重量，影响其载荷能力等等。因此，各项隐身技术要使用得当，不可过之。采用各种隐身技术只能降低目标的被探测概率，并不能达到完全隐身。

2. 反红外探测隐身技术

电磁学和热辐射的研究证明，温度高于绝对零度（即 -273℃）的任何物体都在不断向外发出红外辐射。一般而言，物体的温度越高，其红外辐射越强。而飞机、导弹等军事目标正是这类发出强红外辐射的目标，因而更利于用红外探测系统进行探测。

反红外探测隐身技术就是为了抑制目标在敌方红外探测系统方向上的红外辐射，以降低敌方红外探测系统对目标探测概率的技术，简称红外隐身技术。目前，反红外探测隐身技术的重要性仅次于反雷达探测隐身技术，各国研制的隐身武器基本上都综合采用了反红外探测隐身技术。

红外隐身技术隐蔽的信息是目标（如飞机、导弹等）的相对辐射能级与红外辐射特征，重点是目标的红外辐射强度和辐射波段。大致可以概括为以下三个方面的技术：

一是降低红外辐射强度。目前，国外已经采用或正在研究的措施有：飞机采用散热量小的高涵道比涡轮风扇发动机，坦克采用陶瓷绝热发动机等，以降低目标的红外辐射强度；采用金属—石棉—金属夹层材料制作飞机发动机舱的衬里，对发动机进行隔热，防止发动机热量传给机身，降低飞机的红外特征；飞行器表面采用吸热、隔热材料和涂料，主要有红外反射涂层、漫反射伪装涂料、隔热泡沫塑料和中远红外伪装涂层等，以抑制目标表面温度和抗红外辐射；研制和使用能够降低排气红外辐射的燃料，采用闭合环路冷却的环境控制系统，把载荷设备（如座舱和机载电子设备等）产生的热集中传给燃油，以减少目标的热辐射。

二是改变红外辐射波段。这种技术能够使飞机等目标的红外辐射波段处于红外探测器的响应波段范围之外，或者使目标的红外辐射避开大气窗口而在大气层中被吸收和散射掉，从而达到隐身的目的。具体技术措施包括，采用可变红外辐射波长的异型喷管，在燃料中加入特殊的添加剂，以改变排气的红外辐射波长等。

三是调节红外辐射的传输过程。先进的直升机动力排气系统的红外抑制器具有这种功能，因而能有效抑制红外探测器威胁方向的红外辐射特征。

由于各种军用目标的红外辐射特征不同，因而各自所采用的反红外探测隐身技术措施的侧重点也有所不同。例如，飞机的红外辐射源较多而又较强，因而反红外探测隐身技术需综合采用上述多种措施，其中直升机主要通过改变发动机排气方向来控制红外特征；巡航导弹的主要红外辐射源是发动机的喷口和尾焰，因而就把改进发动机结构形式、降低尾焰温度及改变尾焰的空间分布等作为反红外探测隐身技术的重点；弹道导弹弹头再入段的气动加热是其红外隐身的重点，因而就采用纳米波红外隐身涂层、长波红外烟雾遮蔽技术、双向异性多层薄膜涂层技术等，降低弹头的红外特征。

3. 反电子探测隐身技术

目标除了容易被敌方的雷达和红外探测系统发现之外，其本身所载的电子设备因不断向外辐射电磁波信号，也容易被敌方的电子侦察系统发现。为了使目标不被性能越来越高的电子侦察系统（如地对空雷达干扰系统、通信干扰系统等侦察接收机）所发现，反电子探测隐身技术也已成为一种重要的隐身技术。

反电子探测隐身技术是抑制目标自身电磁辐射，以降低敌方电子探测系统对目标的探测概率的技术，简称为电子隐身技术。飞机、直升机、导弹等目标自身的电磁辐射源主要是其所载的各种电子设备，如雷达、雷达高度表、通信系统、控制系统、电子对抗系统（雷达干扰机、通信干扰机等）、无线电信标等。目前经常采用的抑制目标自身电磁辐射的主要措施有以下几条：

一是减少无线电设备。如，用红外设备代替多普勒雷达，用激光高度表代替雷达高度表，用全球定位系统或天文惯导系统代替无线电导航系统等。

二是采用低截获概率技术改进电子设备。如，采用发射功率自动管理技术，雷达一旦捕获到目标，使其发射功率降至跟踪目标所需功率最小值，并随着接近目标继续自动降低发射功率；在时间、空间和频谱方面控制无线电设备的电磁波发射；采用频率捷变技术，以降低信号被识别的概率；采用基地/双基地雷达等电子探测系统；武器装备等目标采用被动雷达等电子探测系统，使其处于无源状态等。

三是减小电线的电磁辐射。如，尽量缩短各种电子设备的距离，用光缆取代电缆连接各种电子设备等。

四是避免电子设备天线的被动反射。如，将天线做成嵌入目标体内的结构，不使用时将天线收回体内等。

五是对电子设备进行屏蔽。如，改进武器装备的结构，采用特殊材料和涂料，以减少向外辐射电磁能等。

4. 反可见光探测隐身技术

控制目标的电磁散射、辐射和红外辐射特征，虽然可对雷达、电子和红外探测系统发生作用，达到隐身目的，但对可见光波段的光学探测、跟踪、瞄准系统（如可见光相机、电视摄像机等）则达不到隐身目的。为此，反可见光探测隐身技术也获得了迅速发展。

所谓反可见光探测隐身技术，是通过减少目标与背景之间的亮度、色度和运动的对比特征，达到对目标视觉信号的控制，以降低敌方可见光光学探测系统对目标的探测概率的技术。目前，国外正在研究的反可见光探测隐身技术的措施主要有以下几条：

一是改进目标外形的光反射特征。如飞机和直升机的座舱罩设计成多面体，用小水平面的多向散射取代大曲面的反射（效果与镜面反射相当），从而将太阳光向四周散射开去，减小光学探测系统发现目标的概率及其瞄准、跟踪的时间。

二是控制目标的亮度和色度。如在目标表面涂敷迷彩涂料或挂伪装网，使目标与背景的亮度匹配；涂敷能随环境亮度变化而改变自身亮度与色度的涂料，以保证目标与背景随时处于一致的状态；用有源光照亮目标低亮度部位，并用传感器调节整个目标的亮度，以消除目标不同部位的亮度对比，达到整个目标与背景亮度的匹配等。

三是控制目标发动机喷口的火焰和烟迹信号。如，采用不对称喷口降低喷焰温度，从而降低喷焰光强；采用转向喷口或喷口遮挡，使目标在探测方向上减小发光暴露区；改进燃烧室设计，使燃料充分燃烧，或在燃油中加入特殊添加剂以减少烟迹；飞机在战术运用上不进入拉烟层等。

四是控制目标照明和信标灯光。如，对夜间照明和信标灯光多的目标实行灯火管制，对必要的灯光在一定的角度范围内进行遮挡等。

五是控制目标运动构件的闪光信号。试验表明，飞机二叶旋桨的闪烁信号要高于四叶或多叶旋桨；高于16赫兹的旋桨频率可避免桨叶的明显闪光信号。

5. 反声波探测隐身技术

反声波探测隐身技术，也叫声频特征信号控制技术。就是控制目标的声波辐射特征，以降低敌方声波探测系统对目标的探测概率的技术，简称声波隐身技术。

许多目标（如飞机、坦克和舰艇等）都会向周围介质（如空气、大地和水下等）辐射高能级噪声声波，极易被敌方噪声传感器、声呐等声波探测系统探测到。目标的噪声源，主要是发动机等机械的工作噪声，目标及其部件（如旋桨）运动和排气对周围介质的扰动噪声，以及目标体与其构件的振动噪声等。为了降低目标向周围介质传播的噪声，目前研究的主要技术措施有以下几条：

一是改进发动机和辅助机的设计。如采用超低噪声发动机和辅助机等。

二是应用吸声和阻尼声材料。如使用橡皮、塑料等非结构型雷达吸波装置，既可降低雷达散射截面积，又可作为噪声阻尼器衰减机械振动等。

三是采用减振和隔声装置。如采用双弹性支承基座、橡胶和软塑料座舱和履带等，可以起到减振作用；采用隔声罩、消声器、消声瓦等，可以隔声。

四是减小旋桨运动对介质的扰动噪声。如增加旋桨叶数并降低旋速，舰艇采用主动气幕降噪法等。

五是合理进行目标整体设计，以避免发生共振现象。

实验表明，采用上述技术措施虽能降低噪声，但不能完全消除噪声。因此，消除目标噪声问题目前还是一个未能完全破解的难题。

（三）隐身技术的运用

隐身技术运用的直接形式，是发展隐身武器装备。隐身武器装备，是应用隐身技术研制的不易被敌方雷达、红外、电子、可见光和声波探测系统发现的武器。隐身技术为有效地解决武器装备的战场生存问题提供了新的途径，因此，隐身武器装备格外受世界各国军队的青睐。

1. 隐身飞机

隐身飞机是隐身武器研制和发展最快、取得成果最多的领域。隐身飞机之所以能有效地对付雷达、红外、电子、可见光和声波的探测，就是由于它综合运用了各种隐身技术，降低飞机的雷达截面积、红外辐射特征；控制飞机的可见光目视信息特征及降低飞机的噪声等。美国的 F-117A 是世界上第一种按低可探测性技术设计原理研制，并投入实战的隐身战斗机。B2是美国第二代隐身轰炸机，具有更好的隐身效果。F-22"猛禽"战斗机，是当今世界唯一实用型第四代先进战斗机，其设计兼顾了超音速巡航和隐身特性两方面的需要，具备超高机动性与隐身性能。F-22 采用的隐身技术包括进行外形优化、电磁及热信号屏蔽、关键部位覆盖隐身涂料、加装电子欺骗等。俄罗斯在研发新型作战装备时，也十分注意突出武器装备的隐身性能，如苏 -47"金雕"战斗机，尽管在隐身性能比 F-22 稍逊一筹，但采用了类似 F-22 的平滑流线型外形设计，前掠翼几乎全部采用复合材料制成，机体外涂敷雷达吸波材料，使其隐身性能当属世界一流。

2. 隐身导弹

隐身导弹是伴随隐身飞机发展起来的，目的是减小被拦截概率，增强突防和攻击能力。导弹隐身主要是通过采用雷达吸波材料及特殊的头部外形设计，以减小雷达散射面积；改进发动机及尾气排放装置，以降低导弹的红外特征来实现的。如AGM-86B 型、AGM-109C 型隐身战略巡航导弹，都是近年来美国成功研制的隐身导弹。法国生产的巡航导弹，采用翼身融合体，使用吸波材料来减少雷达截面积。隐身导弹已成为一种发展趋势，不仅发展隐身巡航导弹、地对空导弹、反舰导弹，有些国家还正在探索研制隐身洲际弹道导弹。

3. 隐身舰船

隐身飞机的迅速发展和出色表现，极大地促进了隐身战舰的发展。美国"海影"号隐身军舰脱颖而出，并进行了一系列海上试验，曾掀起了轩然大波。目前美海军装备的"洛杉矶"级、"海狼"级潜艇都可谓是隐身潜艇，如"海狼"（SSN—21）攻击型核潜艇是世界上最安静的潜艇。俄罗斯充分利用其在舰艇隐身技术处于世界领先水平的优势，精心打造超级隐身军舰。瑞典海军装备的"维斯比"级隐身护卫舰在隐身性能上属世界先进水平。

进入 21 世纪，世界各国特别是美、俄、英、法等军事强国，都加大了隐身技术的研究力度，拓展了研究范围，并在传统隐身技术研究的基础上，不断探索仿生学隐身技术、等离子隐身技术、微波传播技术、有源隐身技术等新的隐身机理，研制高分子隐身材料、纳米隐身材料、结构吸波材料、智能隐身材料等新型隐身材料。可以预见，隐身技术发展前景非常广阔。

二、伪装技术

（一）概述

伪装，是隐蔽自己和欺骗、迷惑敌人所采取的各种措施，即"隐真示假"。其基本原理就是通过利用电子的、电磁的、光学的、热学的、声学的技术手段，改变目标本身原特征信息，实现目标对周围背景的模拟复制，降低或消除目标的可探测特征，以实现目标的"隐真"；或者模拟目标的可探测特征，以仿制假目标欺骗敌方。

在现代战争中，伪装被用来对付各种雷达设备、各种光学相机、电视摄像机、红外扫描仪、热像仪等光电侦察设备的侦察，以及用于对付制导武器。

伪装的分类：按运用范围，可分为战略伪装、战役伪装和战术伪装；按所对付的侦察器材，可分为对付侦察卫星高空侦察机、低空战术侦察设备及地面区域性侦察设备的伪装。伪装的技术措施主要包括：天然伪装、迷彩伪装、植物伪装、人工遮障伪装、烟幕伪装、假目标伪装、灯火与音响伪装。

（二）伪装技术措施

1. 天然伪装技术

天然伪装技术，指充分利用地形、地物、夜暗和能见度不良的天候条件（雾、雨、风、雪等），隐蔽目标或降低目标的显著性。天然伪装技术主要用于对付光学侦察，在一定条件下也能对付红外侦察、雷达侦察、声测和遥感侦察。

2. 迷彩伪装技术

迷彩伪装技术，指利用涂料、染料和其他材料来改变目标、遮障和背景的颜色及斑点图案，以消除目标的光泽，降低目标的显著性和改变目标外形。分为保护色迷彩、变形迷彩、仿造色迷彩、光变色迷彩、多功能迷彩等。

3. 植物伪装技术

植物伪装技术，指利用种植植物、采集植物和改变植物颜色等方法对目标实施伪装的技术。植物伪装技术简单易行，所以在现代战争中仍是常用的伪装技术，而且十分有效。

4. 人工遮障伪装技术

人工遮障伪装技术，指利用各种制式伪装器材设置对目标进行遮蔽的屏障，伪装遮障由遮障面和支撑构件组成。遮障面采用制式的伪装网或就便材料编扎，制式遮障面有叶簇式薄膜伪装网、雪地伪装网、伪装伞、反雷达伪装网、反红外侦察伪装遮障和多频谱伪装遮障等。支撑遮障按其用途和外形，可分为水平遮障、垂直遮障、掩盖遮障、变形遮障和反雷达遮障等五种。

5. 烟雾伪装技术

烟雾伪装技术，指利用烟雾遮蔽目标，迷惑敌人。这种无源干扰技术通过散射、吸收的方式衰减光波能量，干扰敌方光学侦察。在红外波段，经过改进的烟幕同样具有遮蔽作用。同时，烟幕还可用于对付激光制导炸弹等。

6. 假目标伪装技术

假目标伪装技术，指运用仿造的兵器（如假飞机、假火炮、假坦克、假军舰等）、人员、工事、桥梁等形体假目标，迷惑敌人，吸引敌人的注意力和火力，从而有效地保护真目标。假目标伪装技术的关键在于，假目标的制作外形、尺寸应与真目标一致，在红外辐射及微波反射特性上，应尽量类似于真目标。此外，假目标还可以是各种角反射器或龙伯透镜反射器，它们能强烈反射雷达波而形成假目标。

7. 灯火与音响伪装技术

灯火与音响伪装技术，是通过消除、降低和模拟目标的灯火与音响暴露征候，以隐蔽目标或迷惑敌人所采取的伪装技术。灯火伪装分为室内灯火伪装和室外灯火伪装。音响伪装可通过消除音响，使目标音响在到达侦听点时比环境噪声小 15 分贝。如不能达到消除音响的要求，也应当尽量降低音响，声级每降低 6 分贝，可使侦听距离减少二分之一。

思考题：

1. 什么是伪装？
2. 伪装的主要技术措施有哪些？
3. 什么是隐身技术？

第五节　侦察监视技术

随着侦察监视技术的发展，侦察监视的手段、方式和设备的技术水平空前提升，能适时、准确、全时域、全方位、全天候地提供"知彼"信息，为实时采取相应对策提供了可靠的依据，为克敌制胜创造了条件。

一、概述

(一)侦察监视技术的概念

侦察监视技术，是指在全时空内用于发现、区分、识别、定位、监视和跟踪目标所采用的技术。

侦察监视是军队为获取敌情、地形及其他有关作战情报而进行的活动。整个探测过程可分为 6 个阶段：发现、区分、识别、定位、监视和跟踪。发现，即发现目标，确定目标位置；区分，即确定目标的种类，主要是根据目标的外形和运动特征加以区分；识别，是指在探测目标过程中，对目标进行详细的辨认；定位，即按照一定的精度，探测出目标的位置，通常包括目标的方位、高度和距离；监视，是指对目标进行严密的注视和观察；跟踪，是指对运动目标进行不间断的监视。

(二)侦察监视技术的分类

侦察监视技术的分类方法多种多样。根据运载侦察监视技术设备平台的活动区域不同，可分为地（水）面、水下，航空和航天侦察监视；按侦察任务、范围和作用的不同，可分为战略、战役和战术侦察监视；根据实施侦察监视技术原理的不同，可分为光学、电子和声学侦察监视等。

二、侦察监视技术现状

(一)地面侦察监视技术

地面侦察监视，是在陆地上进行的侦察监视行动。其手段除人们熟悉的光学侦察外，还有无线电技术侦察、雷达侦察和地面传感器侦察等。

1. 无线电技术侦察

无线电技术侦察，是指使用无线电技术器材搜集和截收敌方无线电信号的侦察。它可以截获和破译敌方无线电通信信号，查明敌方无线电通信设备的配置、使用情况及战术技术性能，以此判明敌人的编成、部署、指挥关系和行动企图。无线电技术侦察具有隐蔽性好、获取情报及时、侦察距离远、不受气象条件限制和不间断地对敌进行侦察等优点，但也受到敌无线电通信距离、器材性能和采取的各种隐蔽措施所制约。

2. 雷达侦察

雷达侦察，是使用雷达设备，利用物体对无线电波的反射特性测定目标距离、速度、方位和运动速度的侦察方法。具有探测距离远、测量精度高、能全天候使用等特点。它是目前应用非常广泛的一种侦察方法。雷达的种类很多，按任务或用途可分为警戒雷达、引导雷达和武器控制雷达等。比如对空情报雷达，主要包括对空警戒雷达、引导雷达和目标指示雷达，用于搜索、监视和识别空中目标；对海警戒雷达，安装在各种水面舰艇或海岸、岛屿上，用于对海面目标进行探测；机载预警雷达，是预警飞机的专用雷达，它可以探测、识别各种高度的空中目标和地面目标，引导己方飞机作战等；弹道导弹预警雷达，主要用来发现敌方战略弹道导弹的发射，并测定其瞬时位置、速度、发射点、弹着点等弹道参数，为预警、防御和反导提供必要的信息。

3. 地面传感器侦察

地面传感器，是指对地面目标运动所引起的电磁、声音、震动和红外辐射等变化量进行探测，并把它转换成人能识别与分析的图像及电信号的设备。地面传感器通常由探测器、信号处理电路、发射机和电源 4 个部分组成。其设置方法主要有人工埋设、火炮发射和飞机空投等方式，具有受地形限制小、结构简单、便于使用和易于伪装，以及容易受干扰等特点。目前，使用比较广泛的有震动传感器、声响传感器、磁性传感器、应变电缆传感器、红外传感器等。

（二）水下侦察监视技术

水下侦察监视，是利用水下侦察监视设备来探测水下的各种目标。它是现代侦察监视系统的重要组成部分。

1. 水下侦察监视装备的类型

水下侦察监视装备大体可分为两类，即水声探测装备和非水声探测装备。水声探测装备，主要有声呐、水下噪声测量仪、声线轨迹仪、声速仪等。非水声探测装备，主要有磁探仪、红外线探测仪、废气探测仪等。目前，水下侦察监视网络是以水声探测为主构成的，非水声探测设备作为补充得到了较快的发展。

2. 声呐

声呐，是利用声波对水中目标进行探测、定位和识别的水声探测装备。它是最主要的水下侦察监视装备，俗称水下"千里眼"、"顺风耳"。

声呐按其工作方式分为主动式和被动式两种。根据使用对象不同，声呐可分为水面舰艇声呐、潜艇声呐、航空声呐和海岸声呐等。

水面舰艇声呐。水面舰艇难以隐蔽，为了探测水中障碍，与己方潜艇进行水声通信，特别是为了避免遭受敌潜艇攻击和反潜作战的需要，水面舰艇往往装有几种不同类型的声呐，包括搜索、射击指挥、探雷、测深、侦察识别、通信等。

潜艇声呐。潜艇隐蔽于水下，对声呐的依赖程度高于水面舰艇。潜艇为了搜索、发现、区分、识别、监视和跟踪水面舰艇、潜艇等目标，探测水雷等水中障碍及进行水下通信和导航，通常装有多种类型的声呐。

航空声呐。主要用于直升机对潜艇实施搜索、发现、区分、识别、监视和跟踪。航空声呐包括吊放式声呐、拖曳式声呐和声呐浮标系统三种。

海岸声呐。在港口附近的海区、重要海峡和航道，设置的固定换能器基阵，由若干声呐换能器按一定几何关系组成阵列，以此来实施对潜警戒，并引导岸基或海上的反潜兵力实施对潜攻击。

（三）航空侦察监视技术

航空侦察监视，是指使用航空器对空中、地面、水面或水下情况进行的侦察。由于航空侦察具有灵活、机动、准确和针对性强等特点，它既是获取战术情报的基本手段，也是获取战略情报的重要手段，即使是有了侦察卫星，航空侦察也是不可缺少和不可代替的。

1. 航空侦察监视设备

航空侦察监视设备，主要有可见光照相机、红外照相机、多光谱照相机、激光扫描相机、红外扫描装置、电视摄像机、合成孔径雷达和机载预警雷达等。

2. 航空侦察监视平台

航空侦察监视平台，主要包括有人驾驶侦察机、侦察直升机、无人驾驶侦察机和预警机。

有人驾驶侦察机。从设计上分为两类：一是专门设计的侦察机，其特点是生存能力强，侦察容量大、精度高；二是由各型飞机改装的侦察机。比如，由运输机和轰炸机改装的侦察机，主要用于完成战略、战役侦察任务；由歼击机、歼击轰炸机改装的侦察机，主要用于完成战术侦察任务。

侦察直升机。它可依靠视觉和各种光学观察设备进行直接观察，还普遍装备了航空照相机、电视摄像机、红外扫描装置等侦察监视设备。其优点是有利于对地面进行更细致、更准确的观察，能够在空中悬停，可以在己方空域直接监视敌战术纵深内的活动目标。

无人驾驶侦察机。它能够携带可见光照相机、电视摄像、前视红外遥感器及侧视雷达等侦察设备，具有成本低、可靠性高、体积小和机动灵活特点。但在地面需要维护保养和测试，操作比较复杂，地面对飞机的控制信号及飞机向地面传送侦察的数据易受到电子干扰。无人与有人驾驶侦察机只能互为补充，而不能相互取代。

预警机。它是航空侦察监视系统的重要组成部分，起到了活动雷达站和空中指挥中心的作用，由载机和电子系统组成。电子系统包括监视雷达、数据处理、数据显示与控制、敌我识别、通信、导航和无源探测等。基本功能是引导各种飞机进行作战、为战区指挥员提供各种作战情报，具有监视范围大、生存能力强、指挥控制能力强等特点。

（四）航天侦察监视技术

航天侦察监视，是指使用有侦察设备的航天器在外层空间进行的侦察。随着航天技术的发展，航天侦察监视已经不仅能满足战略情报的需要，而且也能满足战役、战术情报的需要，具有轨道高、速度快、范围广和限制少等优点。还可根据需要长期、定期、反复、连续地监视全球或某一地区，能在较短的时间内实时地提供侦察情报。航天侦察监视按是否载人，可分为卫星侦察和载人航天侦察（卫星侦察是主要方式）；按任务和侦察设备，可分为照相侦察卫星、电子侦察卫星、导弹预警卫星和海洋监视卫星等。

1. 成相侦察卫星

成相侦察卫星，是利用光电遥感器摄取地面目标图像的侦察卫星。它发展最早，发射也最多，是完成空间侦察任务的主要承担者。其主要设备有可见光与红外照相机、多光谱照相机、合成孔径雷达、电视摄像机等。其中，可见光照相机可获得最佳地面分辨率，图像直观易于判读；多光谱和红外照相机可识别伪装，监视夜间的军事行动；合成孔径雷达可实现全天候全天时侦察；电视摄像机可进行近实时侦察，缩短获取情报的时间。美国使用的第6代照相侦察卫星KH—12，地面分辨率可达0.1米；"长曲棍球"雷达成像卫星可全天候全天时实时侦察，地面分辨率可达1米，而且还能鉴别伪装，发现隐蔽的武器装备和识别假目标，甚至能够穿透干燥地表，发现隐藏在地下数米深处的目标。

2. 电子侦察卫星

电子侦察卫星，是用以侦测敌方电子设备的电磁辐射信号以获取情报的侦察卫星。它装有电子接收机、磁带记录器、快速通信设备等。其主要任务：一是侦察敌方雷达的位置和性能参数，为空中攻击武器的突防和实施电子干扰提供数据；二是探测敌方电台和发信设施的位置，以便于窃听和破坏。目前，只有美国和俄罗斯发射和使用了电子侦察卫星。美国有"纹流岩"系列、"大酒瓶"、"牧人小屋"等电子侦察卫星；俄罗斯有"宇宙"号系列电子侦察卫星。除美俄之外，法国和英国也有发射电子侦察卫星的计划。

3. 导弹预警卫星

导弹预警卫星，是用以监视、发现和跟踪敌方战略弹道导弹的发射及其主动段的飞行，并提供早期预警信息的侦察卫星。它装有红外探测器和电视摄像机等设备，通常由多颗卫星组成预警网。目前，美国在地球同步轨道上部署有 5 颗导弹预警卫星，海湾战争中用其监视了伊拉克发射的"飞毛腿"导弹，为"爱国者"导弹实施拦截提供了预警信息。俄罗斯预警卫星由 9 颗"宇宙"号卫星组网，采用大椭圆轨道，可昼夜监视北半球。

4. 海洋监视卫星

海洋监视卫星，是用以探测、监视海面状况和舰船、潜艇活动，侦收敌方舰载雷达信号和窃听敌舰船无线电通信的侦察卫星。1982 年马岛战争中，苏联发射了几颗海洋监视卫星监视英阿双方海军舰只的活动，阿军击沉英军"谢菲尔德"号驱逐舰就是由其海洋监视卫星提供舰位的。美国的海洋监视卫星主要是"白云"号，海湾战争和科索沃战争期间曾用其进行海上监视。

三、侦察监视技术的发展趋势

随着微电子、光电子、通信、雷达和航天等技术的发展及广泛应用，现代侦察监视技术已经进入了一个崭新的发展阶段。不仅从侦察方式、手段和设备上，而且从战术技术运用上，也都将提高到一个新的水平。实时、可靠的侦察监视效果，对现代战争进程和结局将产生直接影响。

（一）空间上的立体化

为了适应高技术立体战争的需要，侦察卫星、侦察飞机、陆地上的雷达、地面传感器、无线电设备和水下的声呐等侦察监视设备，必将有机地形成一个整体，组成一个涵盖陆、海、空、天、电磁的综合的侦察监视网络。在侦察监视的区域、时间、周期，以及对情报的处理和利用上，使不同的侦察监视设备之间互相取长补短和相互印证，充分发挥侦察监视设备的效能。

（二）速度上的实时化

现代战争作战节奏快，战场态势瞬息万变，要求侦察监视提供信息也要快，否则就满足不了作战的需要。为此，必须提高信息处理和传输能力。随着遥感技术和计算机技术的迅速发展，借助大容量和运算速度快的计算机对遥感图像进行自动分类和识别，可大大地提高信息处理速度，将使侦察监视获得的信息实时地传递给指挥决策机构。

（三）手段上的综合化

侦察技术的发展，反过来又促进了反侦察技术和伪装干扰技术的发展。为了有效地发现、区分、识别、定位、监视和跟踪目标，特别是有效剥除伪装，不仅要加强目标特征研究，还要加速研制新的遥感器，使用多种遥感器，同时观测同一地区，既能获得较多的信息，也能使各种信息之间相互对照、比较和印证，从而提高所获信息的可信度。

（四）侦察、监视系统与攻击系统一体化

现代战争，目标被发现即意味被摧毁。只有侦察监视系统与武器系统有机地结合起来，才能充分发挥侦察监视的效果。以往作战效果不理想，往往不是武器系统"够不着"，而是侦察监视系统"看不到"。现代战争，侦察监视系统不仅能以自身携带的武器对敌实施攻击，更重要的是能引导空中、地（水）面的武器攻击所发现的敌目标。2001年美军在阿富汗战争中，使用"捕食者"无人机首次携带"地狱火"导弹对地面目标实施攻击，取得很好的效果，实现了侦察、监视系统与攻击系统一体化的实战运用。

（五）提高侦察监视系统的生存能力

由于精确制导武器的迅速发展，对侦察监视系统的生存构成了严重的威胁，能否确保侦察监视系统的生存，将直接关系到作战结局。为此，航空侦察监视系统，要向高空、高速和隐形等方向发展，为的是让对方的防空火力"够不着""追不

上""看不见"。反卫星武器的出现，航天侦察监视系统也不再
"高枕无忧"，而必须在如何躲避攻击、抗电子干扰、耐核辐射
等方面采取措施，地（水）面和水下实施侦察监视更要随时做
好反侦察监视的准备。如何提高侦察监视系统的生存能力，已
成为侦察监视技术发展的重要课题。

思考题：

1. 侦察监视技术按活动区域分为哪几种？

2. 地面侦察监视主要有哪些方式？

3. 声呐是怎样区分的？

4. 航空、航天侦察监视有哪些主要设备和平台？

5. 侦察监视技术有怎样的发展趋势？

第六节 电子对抗技术

随着科学技术的不断发展，电子技术几乎渗透到军事技术
的各个领域。电子技术水平的高低和装备数量的多少，已成为
军事系统现代化水平高低的重要标志之一。包括 C^4ISR 系统在
内的一切军事电子系统的效能能否充分发挥，将直接影响现代
化武器系统乃至整个军事系统的综合作战能力。敌对双方围绕
电子系统使用效能的削弱与反削弱、破坏与反破坏的斗争——
电子对抗，已成为现代战争的一个重要组成部分和显著特征。

一、电子对抗概述

（一）电子对抗的定义

电子对抗也称电子战，是指利用电磁能和定向能以控制电
磁频谱，或用电磁频谱攻击敌方的电子设备、器材，削弱、破

坏敌方电子设备（系统）的使用效能，保护己方电子设备（系统）正常发挥效能的电磁斗争。

电子对抗（电子侦察、干扰）一般不能直接对敌方人员和武器装备构成杀伤，但它能使敌方无线电通信指挥系统失灵、雷达迷盲、火炮和导弹等武器失控，为保卫自己和大量杀伤敌有生力量创造条件。因此，它在现代战争中的地位越来越重要，成为军事电子技术中发展最快的领域之一。

（二）电子对抗的产生与发展

1906 年，德国福雷斯特研制成功世界上第一只可以对无线电信号起放大作用的真空三极管。这是电子技术发展史上的一次重大突破，不仅促进了军用电报、电话和广播事业的迅速发展，也为电子对抗准备了条件。

第一次世界大战中，电子对抗作为一种新作战手段引起了军事家的兴趣。第二次世界大战前夕，各军事强国都努力发展自己的军用电子技术，旨在争夺电磁优势。1937 年 2 月，英国政府决定在英国东部和南部沿海地区设置雷达网，该项工程于1939 年夏全面完成。第二次世界大战期间，英国东南沿海的雷达网在保卫英伦三岛的作战中，发挥了重要作用。

第二次世界大战后，电子对抗进入了一个缓慢发展时期。直至 1947 年末，美国贝尔电话试验室的三名物理学家肖克莱、巴丁和布拉坦研制成功第一只点接触型锗晶体三极管后，电子技术才有了新的突破性进展，为电子对抗设备向着功耗低、体积小、重量轻的方向发展提供了有利条件。朝鲜战争中，美军将第二次世界大战中使用过的老式干扰机安装在 B-29 飞机上实施无线电干扰。战争结束后，美官方出版的《美国空军在朝鲜》一书中指出，如果当时没有电子对抗的支援，B-29 飞机的损失很可能是原来的三倍。

20 世纪 50 年代后期，人们对电子对抗又有了新的认识。先是在携带核武器的战略轰炸机上安装了多种类型的电子对抗设备，以干扰敌方的地面预警雷达、引导雷达和导弹制导雷达，对抗敌人歼击机的无线电指挥通信系统和截击雷达系统。飞机上还装有消极干扰弹，投放锡箔条引诱敌人的红外寻的导弹上当。20 世纪 60 年代初出现了一种专用的电子对抗武器系统，美空军研制了形似飞机、头部装有一个雷达反射体，代号为"鹌鹑"的灵巧装置，上面装有一部和 B-52 重型轰炸机上使用的无线电频率完全相同的干扰发射机，可用同样频率施放无线电干扰。在越南战场及其以后的多次局部战争中，电子对抗成为一种不可缺少的作战方式，争夺战场的电磁优势，已成为争夺战争整体优势的一个重要组成部分。

20 世纪 80 年代以来，军事指挥、控制、通信和高技术武器装备的运用，更加依赖于电子技术。随着微电子技术、计算机技术和数字技术的广泛应用，电子对抗逐步发展为信息对抗。电子对抗技术在适应密集复杂多变的电磁信号环境、拓宽频谱、增强信号分选识别能力、增多干扰样式、提高干扰功率、缩短系统反应时间，以及综合一体化、人工智能、自适应、对多目标和新体制电子设备的干扰能力等方面，都发展到一个崭新的阶段。

二、电子对抗的主要作用

（一）获取重要军事情报

未来战争是信息时代的战争。利用电子对抗的装备和手段，查明敌电子设备的工作性能、技术参数、类别、数量和配置位置等，判断其兵力部署和行动企图，是赢得战争胜利的重要前提条件。1943 年 4 月，日本海军大臣山本五十六到前线

（中所罗门岛）视察，日本第 8 舰队司令给另一个指挥所发出的视察路线、时间的电文被美军截获并破译，当山本五十六出发后，美军出动 18 架战斗机将山本座机击落。

海湾战争中，为了对伊拉克实施空袭，获取伊军雷达及防空系统情报，美国至少使用了 12 种共 18 颗侦察卫星，300 余架预警侦察飞机及地面电子情报站对伊军进行侦察。伊军大多军事行动难逃以美国为首的多国部队"电子耳目"的监视。海湾战争爆发前，沙特在美国授意下数次派战斗机闯入伊领空，以激起伊军的雷达反应，从而测定其雷达位置，分析其性能。美军对伊拉克进行空袭时首先对这些雷达顺利实施了电子干扰和压制。美国三防技术安全局为美军提供了伊拉克的核生化武器和导弹的研制，以及常规武器生产设施的情况及位置，为轰炸提供了目标信息。美国防测绘局提供了 1.16 亿张地图拷贝和上万张照相地图，为"战斧"巡航导弹袭击陆上目标提供了有价值的情报。

（二）破坏敌方作战指挥

破坏敌指挥系统，使敌军瘫痪陷入被动挨打地位，是电子对抗的重要任务。1944 年，苏军在加里宁格勒附近包围了德军一个重兵集团，德军试图用无线电与大本营联络，求得增援和突围。苏军派出无线电干扰分队压制了德军的无线电通信，使德军 250 次联络未能成功，结果是遭致全军覆灭。德集团军司令被俘后供述，投降的主要原因之一是无法与大本营取得通信联络。2003 年伊拉克战争中，美军使用了大量的微波炸弹，袭击了伊拉克广播电视系统和各类军用电磁辐射源，致使伊军指挥系统全面瘫痪。

（三）掩护突防和攻击

雷达作为预警和兵器制导装备，已成为防御体系的"哨兵"和"千里眼",能对空、对海实施警戒,及早发现来袭敌机、导弹、舰艇,可对火器实施射击控制和导弹制导等。进攻作战时,能应对敌雷达系统实施干扰、欺骗或摧毁,使其失去效能。在海湾战争中,多国部队空袭编队得到了各种电子战飞机4000多架次的电子支援,掌握了制电磁权,有效掩护突防,致使伊军作战飞机和防空导弹部队未能做出有效反应。

(四)保卫重要军事目标

在重要城镇、桥梁、机场、工厂和军事要地等目标附近,设置雷达干扰设备或采用电子欺骗手段,能有效干扰敌轰炸机瞄准雷达和导弹的制导系统,使飞机投弹不准,导弹失控,减少被击中的几率,达到保卫重要目标的目的。如海湾战争中,伊拉克"飞毛腿"导弹发射系统对多国部队构成了一定的威胁,成为多国部队重点轰炸目标。伊军为了欺骗多国部队,用铝板和塑料制成许多假导弹发射架,这些假导弹发射架在雷达荧光屏上显示的雷达回波与真发射架极为相似,引诱多国部队对其进行无效轰炸,有效地保护了真实的导弹系统。

(五)夺取战场主动权

未来信息化战争中,电子对抗将发挥重大作用。没有制电磁权,就很难有制天权、制空权、制海权、制陆权,就很难掌握战场主动权。国外有人把电子对抗比为高技术武器的保护神和效能倍增器,视为与精确制导武器、C^4ISR 系统并列的信息化战争三大支柱之一。

三、电子对抗的主要方式

电子对抗的主要内容有:无线电通信对抗、雷达对抗、光电(红外、激光)对抗和网络对抗等。电子对抗宏观上包括电子对抗与电子反对抗两个方面。电子对抗手段不断创新,派生有电子隐身与反隐身、电子制导与反制导等，归结起来主要包括：电子侦察与反侦察、电子干扰与反干扰、摧毁与反摧毁，以及网络进攻与防御等。

（一）电子侦察与反侦察

1. 电子侦察

电子侦察，是一种搜索、截获敌方电子设备的电磁辐射信号，从中获取其战术、技术特征参数及位置数据等情报的活动。它是电子对抗的组成部分，目的是为组织实施电子进攻和电子防御，为部队作战行动提供准确的情报。

电子侦察实施的大体程序是，通过截获、探测、分析、识别威胁辐射源信号特征及有关参数，输出各类辐射源的特征报告，然后对多类报告的信息进行相关跟踪／滤波、融合／归并、识别／更新、态势评价和威胁估计等数据处理，以获得准确可靠和完整的电子情报，为电子对抗及作战提供情报。

电子侦察按对象可分为：雷达侦察、通信侦察和光电侦察。雷达侦察是指侦测、记录敌方雷达及雷达干扰设备的信号特征参数，并对其定位、识别；通信侦察是指对敌方无线电通信电台和通信干扰设备，进行侦察测向、定位，并根据通信电台的技术性能、通信诸元、通联规律，判别其通信网的组织、级别和属性；光电侦察是指截获和识别敌方激光雷达、激光制导武器的激光辐射信号和飞机、坦克、导弹等本身的红外辐射信号。

电子侦察是夺取电磁优势的前提条件，没有时空限制，每时每刻都要进行，既是战时电子对抗的主要形式，也是和平时期电子对抗的主要形式。信息化战争需要电子侦察向扩大侦察范围，对重点地区保持不间断监视，改进电子侦察技术，提高侦察效能，研制智能化接收系统，扩大侦察频段，提高信号截获概率和测量精度，以及提高分析处理能力的方向发展。

2. 反电子侦察

反电子侦察，是为了防止敌方截获、利用己方电子设备发射的电磁信号而采取的措施。目的是使敌方难以截获己方的电磁信号，或无法从截获的信号中获得有价值的情报。

反电子侦察的主要措施有：电子设备设置隐蔽频率和战时保留方式，平时采用常用频率工作；减少发射次数，缩短发射时间，尽可能采用有线电通信、摩托通信、可视信号通信等通信手段；使用定向天线，充分利用地形的屏蔽作用，减少朝敌方向的电磁辐射强度；将发射功率降低至完成任务的最低限度；变换发射阵地，不使敌人掌握发射规律；减少发射活动，实施静默。其他具体做法还有：设置简易辐射源，实施辐射欺骗或无线电佯动；采取信号保密措施，使用不易被敌截获、识别的跳频电台等新体制电子设备。

电子侦察无论平时、战时都在不间断地进行着，反电子侦察已成为经常性的电子防御措施。反电子侦察涉及所有作战部队，必须严密组织、统一实施，与其他反侦察手段结合使用。

(二)电子干扰与反干扰

电子干扰与反干扰，是信息化战争中夺取战场电磁优势极为重要的作战手段，需要灵活掌握，正确决策，实施计划管理。

1. 电子干扰

电子干扰，是采用专用的发射信号干扰，破坏敌方电子系统正常工作的专用技术。目的是，削弱或破坏敌方电子系统遂行战场侦察、作战指挥、通信联络和兵器控制能力；为隐蔽己方企图，达成战役、战斗的突然性和提高己方飞机、舰艇、装甲车辆等武器装备的生存能力创造有利条件。

电子干扰宏观可分类为有源干扰、无源干扰两大类。按干扰专业、干扰专用平台、干扰技术、干扰方式和干扰机组成类型等，也有多种分类法。电子干扰要根据不同的专业领域、技术特点、电子设备类型、信号波形，设计相应的干扰波形，如预警、探测、目标监视雷达与跟踪、制导雷达、火控雷达的干扰技术就不同。不同的干扰平台、作战环境，干扰机设计原则、干扰方案、战术战法也不同。此外，自卫干扰、随队干扰、远距离支援干扰的设计重点也各不相同。不同的电子干扰设备，构成了陆、海、空军的电子干扰装备系统。对指挥员而言，重要的不是自己能否使用这些技术，而是要了解电子干扰技术概貌，决策干扰手段，选用干扰装备，组织电子战斗。

2. 电子反干扰

电子反干扰，是识别、阻止敌方干扰，以保护己方电子系统处于正常运行状态的技术。其目的是削弱或消除敌方电子干扰对己方电子设备使用效能的影响。

电子反干扰随着电子系统不同而异，天线、发射、接收、显示、波形设计等，均可采用反干扰技术，而且从系统体制、组网运行上实施反干扰效果较佳。电子反干扰按电子设备种类可分为：雷达反干扰、通信反干扰、引信反干扰、导航设备反干扰、光电设备反干扰等；按作战使用可分为：技术反干扰和战术反干扰两大类。技术反干扰主要是提高电子设备本身在干扰条件下的工作能力，在发射机、天线、接收机、信号处理系统中采取反干扰措施。技术反干扰针对性强，通常一种反干扰措施只能有效对抗一种干扰。战术反干扰主要是调整电子设备的配置、组网工作和综合运用等，将不同体制、各种频段的雷达配置组网。其手段方法有：发挥整体抗干扰能力；综合运用多种探测和通信手段，有源、无源探测相结合；红外寻的、激光制导和雷达制导相结合；有线通信、运动通信和无线电通信相结合；设置隐蔽台、站（网），适时启用；利用干扰信号对干扰源进行跟踪寻的、定位，必要和可能时实施火力摧毁。

（三）摧毁与反摧毁

专用电子对抗设备和作战手段在战场上的广泛应用，不仅使雷达、通信和光电设备难以充分发挥效能，并且对作战飞机、舰船、装甲车辆和精确制导武器等构成了严重威胁。电子对抗手段不断升级，已由消极防御发展到"软"杀伤，进而发展到"软""硬"结合，直到对敌方电子设备直接摧毁。

1. 摧毁

摧毁，是指在查明敌方电子对抗装备及其工作情况的基础上，用直接毁伤的方法使其瘫痪，并在短期内难以恢复正常工作的一种电子对抗手段，主要有火力摧毁、派遣人员摧毁和反辐射摧毁等。

电子摧毁是对敌方的电子设备实施实体摧毁。反辐射导弹、反辐射无人机等，就是这种"硬摧毁"的反辐射武器系统。反辐射导弹和对辐射源实施摧毁性攻击有两种方式：一种是接收到目标信号后发射。由于导弹具有"记忆"（锁定）装置，发射后，即使被攻击的雷达关机，它可"记住"其位置，不偏离航线击中目标。另一种是"先升空后锁定"方式，即先盲目发射，让其无定向在空中飞行、盘旋，一旦接收到目标信号，便立即咬紧目标，将目标摧毁。反辐射导弹的自导引系统是采用无源被动跟踪方式，本身不辐射电磁信号，具有稳定性好，不易受干扰和突防能力强等特点，引导头频带宽（"哈姆"带宽达 0.8—20 吉赫），具有较高的制导精度，是当今战场上威慑力较高的一种有效电子战武器。

2. 反摧毁

反摧毁，是雷达利用战术或技术手段，保护自己及友邻雷达免遭反辐射导弹攻击的技术。反摧毁技术目前常用的有以下几种：采用诱饵引偏技术，部署假雷达阵地；采用雷达发射控制、关机、间歇交替工作；采用反辐射导弹告警系统；采用新体制雷达，如低截获概率雷达、双/多基地雷达、高频雷达、毫米波雷达等；雷达与无源传感器联合组网实施综合对抗技术。

（四）网络进攻与防御

1. 网络进攻

网络进攻包括软攻击和硬摧毁。对计算机网络系统的软攻击，主要是指利用计算机病毒、"黑客"等手段，对计算机系统进行攻击，造成系统瘫痪或获取有用的信息。对计算机网络系统的硬摧毁，主要是指对计算机网络硬件电路的进攻技术。包括使用特殊设计的芯片、研制纳米机器人和芯片细菌、定向能摧毁、电磁脉冲弹摧毁等。

2. 网络防御

网络防御主要方式，一是采用安全防护技术。军用信息系统通常采用无病毒的计算机硬件及软件产品，选用专门的病毒检测软件，对购进的计算机硬件和软件产品进行彻底检查，并清除可能携带的病毒。对计算机硬件设备都应装有适当的安全防护装置，建立可靠的工作环境，并具有一定的抗干扰能力和抗摧毁能力。计算机和计算机网络应加入屏蔽设施，限制电磁辐射量，确保计算机和网络物理安全；二是采用"防火墙"技术。为防止外部非授权者通过外部计算机网络向用户内部网络的非法入侵，在外部网络或计算机之间设置具有封锁、过滤、检测等功能的装置，即"防火墙"。它可以有效防止外部非授权用户进入内部网络，同时保证授权用户互通；三是实施信息安全机制。信息安全机制主要包括，机制鉴别、保密、完整性、不可抵赖和访问控制等。

四、电子对抗发展趋势

现代电子战装备发展的技术基础是：超高速集成电路、微波集成电路、人工智能、人工神经网络、并行处理技术、光纤数据总线、高级程序语言和隐身技术等高新技术成果。电子对抗将面临宽频带、高精度、低截获概率、多模式复合、多信号格式、多技术体制的电子威胁，并要面对全高度、全纵深、全方位的作战空域，因而必须具有快速应变的作战能力。其发展趋势主要表现在以下几个方面：

（一）利用电磁频谱从射频段向全频段发展

雷达侦察技术向扩展频段、提高测向/测频精度、增强信号处理能力等方面发展。根据国外现役及在研的电子侦察设备预测，21世纪电子电磁斗争频谱将从射频段向全频段发展。

（二）对抗手段从单一向综合一体化发展

高技术综合战场是以高技术电子兵器的综合应用为特征的，这必将导致未来的军事对抗和电子对抗的内容、模式和概念发生深刻变化。未来电子对抗中，空地、空海一体和陆、海、空、天、电一体的多维立体战，要求多功能的电子战系统来支撑。据有关对美军未来电子战装备发展趋势分析，认为实现电子对抗手段的一体化，可有以下三种方式：一是单平台电子战手段——侦察/干扰/摧毁一体化；二是单平台上的电子战装备与雷达、导航、通信等电子战设备和系统的综合一体化；三是多平台电子战设备的综合。法国 THOMSON—CSF 公司研制了 EWC^3I 雷达对抗与通信对抗的综合电子战系统；英国 MARCONI 公司研制了多平台由软件驱动的 EWCS 综合电子战系统，电子战指挥控制系统由单平台的综合管理向多平台的综合管理发展。

（三）C⁴ISR 对抗是电子对抗发展的重点

电子对抗的对象是比较广泛的，其中主要目标是敌指挥系统即 C⁴ISR（指挥、控制、通信、计算机和情报、监视、侦察）系统。C⁴ISR 系统是现代化军队的神经中枢，C⁴ISR 系统一旦遭到破坏，后果不堪设想。

思考题：

1. 什么是电子对抗？
2. 电子对抗有哪些主要作用？
3. 电子对抗有哪些主要方式？
4. 电子对抗的发展趋势。

第七节　指挥控制技术

战争形态由机械化战争逐步向信息化战争的转变，使军队作战指挥变得更加复杂、更加困难，更加依赖于指挥信息系统，即 C⁴ISR。指挥信息系统功能的发挥离不开指挥控制技术，指挥控制技术是军事信息技术中发展最为活跃、应用十分广泛的一个分支系统。建设信息化军队、打赢信息化战争，需要持续不断地大力推动指挥控制技术的发展。

一、指挥控制技术概述

指挥控制技术，是在军队指挥系统应用的，便于指挥员和指挥机关对所属部队的作战和其他行动的指挥，实现快速和优化处理的一系列信息技术的统称。它以电子计算机技术为核心，是集侦察、监视、情报、指挥、控制、通信等于一体的综合技术体系。

（一）指挥控制技术的产生与发展

指挥手段有一个漫长的发展过程。在遥远的古代，由于社会生产力水平低下，科学技术不发达，军队数量有限，兵种简单，作战使用的兵器大多为刀、枪、剑、戟等短兵相接的冷兵器，军队运动缓慢，战场范围狭小，因此，相应的指挥手段也比较简单。战场上击鼓鸣金和舞旌挥旗是实施指挥的重要方式方法。

19 世纪末期，电报、电话的发明为指挥手段发生革命性变化提供了重要的物质基础。20 世纪初期，无线电通信、有线电通信已成为军队指挥的重要手段，并广泛运用于第一次世界大战的各个战场。第二次世界大战中，又相继出现了电机高炮指挥仪和不用人操纵的电子高炮自动射击指挥仪。但这些装置只涉及部分战术单位，如果要控制大型综合体和指挥军队战斗行动，仍只能沿用传统的方法进行。20 世纪中叶之后，电子计算机的发明，为军队指挥控制的改革和提高提供了关键性技术。世界上一些发达国家相继开展了军队指挥手段自动化研究工作，并随着计算机技术的发展和不断完善，指挥控制技术也得到了迅猛发展。20 世纪 80 年代，出现了 C^3I（指挥、控制、通信、情报）系统，这 3 个 C 分别代表指挥（Command）、控制（Control）、通信（Communication）、I 代表情报（Intelligence）。C^3I 在较长时期内成为指挥系统自动化的代名词。由于计算机产业革命的飞速发展，其在指挥自动化中充当了日益重要的角色，推动着 C^3I 不断发生着新的变化，尤其是进入 90 年代后期，在美国的一些官方文件中逐渐出现了 C^4ISR 的字眼。C^4ISR 是在 C^3I 的基础上增加了计算机（computer）、监视（Surveillance）和侦察（Reconnaissance）这些概念，也就是说 C⁴ISR 更加突出了计算机的作用与地位。进入新的世纪，随着军队信息化水平的不断提高，C⁴ISR 与武器平台、弹药等作战系统的"融合"不断加深，同时，信息系统的对抗手段也不断增多，使得 C⁴ISR 系统不再仅仅是保障性的指挥控制手段，而且逐渐变得具有杀伤进攻的作战能力，因此，系统又新增添了"杀伤"（kill）手段，从而发展成了 C⁴KISR 系统。

正如恩格斯所说："一旦技术上的进步可以用于军事目的，并且已经用于军事目的，它们便立刻几乎强制地，而且往往是违反指挥官意志地引起作战方式的改变甚至变革。"所以，指挥控制技术的发展，是技术发展和传统指挥方式的历史演变的必然结果，也是指挥方式和手段的一次变革，是实现划时代军队作战指挥最有效的方法。指挥手段的变革，在一定程度上改变了指挥系统，改变了军队，改变了战争。

（二）指挥控制技术的组成和分类

在功能上，指挥信息系统大体由信息获取、信息处理、信息传输和综合控制四个分系统构成。对应这些功能，指挥控制技术可分为：信息获取技术、信息处理技术、信息传输技术和综合控制技术。

信息获取技术，是遍布陆、海、空、天的各种侦察与监视平台及其搭载的雷达、夜视、光电和声呐等各种类型传感器的应用技术。

信息处理技术，是借助输入输出设备和计算机系统，对获取的各种情报信息进行整理综合、有效管理和及时更新的方法和手段。

信息传输技术，是保证信息通过各种信道、交换设备和通信终端，实现迅速、准确、保密和不间断传输的技术措施。

综合控制技术，是确保对各作战单元进行精确控制，确保指挥员意图实现的技术措施，包括精确计算、作战模拟、决策支持和实时控制，是指挥信息系统的核心技术。

在指挥、控制、计算机和通信（C^4）系统中，其主体是计算机技术和通信技术。此外，由于指挥信息系统向一体化方向发展的趋势越来越明显，使得综合集成技术和体系结构技术成为新的技术生长点。因此，对指挥控制技术的研究，主要围绕计算机技术、现代通信技术、系统综合集成技术和网络系统技术展开。

二、指挥控制技术对作战行动的影响

指挥控制技术在军事领域最直接和最重要的应用结果，就是物化为军队指挥信息系统。所谓军队指挥信息系统，是指以计算机技术为核心，具有指挥控制、情报侦察、预警探测、通信、电子对抗和其他作战信息保障功能的军事信息系统。指挥控制技术的作战运用，是通过军队指挥信息系统的功能得以实现。美国把 C^3I 系统誉为"军事力量的倍增器"，甚至把"指挥控制能力"与"武装部队"等同起来。认为："为了保持可靠威慑，有没有一种高超的指挥控制通信系统，同有没有武装部队同等重要"，"没有有效的 C^3I 系统，武装部队只不过是一群武装的乌合之众"。苏联则把实现指挥自动化称为继核武器、洲际导弹后的军事革命的第三阶段。总之，指挥控制技术可大大提高指挥效率。

（一）提高反应速度

突然性是现代战争的一个显著特点，如 1982 年 6 月 9 日、10 日，在以色列和黎巴嫩战争中，以军不到 6 分钟就摧毁了叙利亚贝卡谷地 19 个导弹阵地，同时还击落叙利亚 29 架作战飞机，完成了主要空袭任务。现代的作战武器，弹体或弹头的飞行时间都很短。目前，较先进的预警设备对飞行上万千米的洲际弹道导弹的预警时间最多只有 20 多分钟；先进的主战飞机经过七八次空中加油，10 多个小时即可飞赴上万千米之外的作战地区参加战斗；美国向欧洲空运一个加强旅及装备，只需一天时间。从上述数据可以看出，现代战争对指挥反应速度提出了更高的要求。因此，交战双方在一定时间和空间内激烈角逐，进攻者力求"出其不意，攻其不备"，而防御者则力求预有准备，抗击来袭之敌。那么谁能在最短时间内搜集到准确的情报、定下决心，并组织部队投入战斗，谁就能赢得主动权，胜利的可能性就大。从这个意义上说，指挥控制技术可以大大缩短作战准备时间，加速决策过程，提高作战指挥的时效性，使指挥员做出快速反应，大大缩短反应时间。因此，指挥控制技术是确保快速反应的重要基础条件。

（二）实现对高技术武器装备的全程控制

现代武器装备不仅种类繁多，而且大多自成体系，功能较全，并能互相配合使用，可实现从侦察、监视、探测、捕捉、敌我识别、跟踪制导、电子对抗，直到命中等全过程的自动控制。特别是大型战略武器，整个过程都需要由指挥所直接控制和掌握，实时了解情况和进行干预，判定打击效果。海湾战争中，多国部队使用的指挥自动化系统，以美国的全球军事指挥控制系统为主，包括侦察预警机、保密数字通信网络、高性能监视和目标探测系统等，具有作用距离远、通信保密性能好、指挥控制能力强等优点。如 E-3A 预警飞机装有功能齐全的指挥、控制和预警设备，在 9000 米高空飞行时，机载三座标雷达能探测到 500～650 千米范围内的高空飞机，300～400 千米范围内的低空飞机和 270 千米范围内的巡航导弹，可同时发现掌握 600 批目标，对 200 个重点目标进行识别定位，指挥引导数十架飞机作战。由此可见，随着高新技术的发展，面对日益精良的武器装备，传统的指挥手段只能望洋兴叹，而只有自动化的指挥手段才能使其真正发挥巨大的作用。

（三）提高指挥员指挥效率

科学的进步，使武器系统及其支援、保障系统越来越复杂，专业分工越来越细，各武器系统，诸军兵种部队、作战战场等作战要素之间的协调配合更加紧密，汇集于作战指挥系统中的信息量急剧增加。从理论上讲，获得的情报信息量越大，情报的及时性、准确性相对就高，但传递和处理时间更长，分析和辨别真伪的过程就会更加复杂。这无疑给指挥员带来体力和智力上难以承受的重荷。使用传统的指挥手段，往往使指挥为手工劳动所困扰，为大量事务性的重复劳动所拖累，这自然要影响指挥员的科学决策和高效指挥。实现指挥自动化以后，可以把指挥员从繁忙的手工作业中解放出来，集中精力从事创造性的指挥活动，从而确保实施高效率、高质量的指挥决策。

（四）确保联合作战诸军兵种协调一致的行动

指挥控制技术系统集信息收集、传递、处理、显示、控制、检查功能于一体，将情报、通信、指挥、控制联结成有机整体，较好地解决了作战任务与作战协调之间的矛盾，极大地提高了军队联合作战的能力。海湾战争中，以美国为首的多国部队有陆军、海军、空军、海军陆战队等诸军兵种，总兵力达78 万人。在战略空袭中，多国部队的战斗机、轰炸机、攻击机、电子战飞机、预警机、电子侦察机和空中加油机等 20 余种、44 个机型的飞机，分别从数十个机场和 6 艘航空母舰上起飞，对伊拉克上千个目标进行了自第二次世界大战以来规模最大的昼夜空袭。在地面进攻中，13 个国家的部队密切协同，基本做到按作战计划统一行动，充分发挥了整体作战威力。经过100个小时的地面作战，就以极小的代价达到了战略目的。战争期间，美军中央总部每天都要指挥协调20多个国家军队的作战行动，指挥人员把成千上万条行动准则、无线电频率、飞行数据、加油地点、军队集结地、编队护航、协同动作等内容编成作战软件，由计算机网络下达和执行。多国部队之所以能够及时做出有效反应，协调一致地行动，主要得益于其高效、灵便、可靠的指挥自动化系统，实现了对伊军行动和战场态势的全方位、全天候侦察与监视，使武器系统的效能得到充分发挥，从而有效地掌握了战争主动权。而伊军虽然在主战武器和兵力方面与多国部队相比并无大的劣势，但由于其指挥手段的落后，在作战中，整个指挥系统经受不住多国部队战略空袭，致使通信中断，情报失灵，雷达迷盲，制导失控，使全军指挥基本上处于瘫痪状态，处处被动挨打，最终导致失败。

（五）打赢信息化条件下局部战争的基本保障

指挥信息系统是进行信息化条件下局部战争的基础，也是打赢信息化条件下局部战争的基本保障。在信息化条件下的局部战争中，作战力量的指挥控制将更加受制于复杂的战场环境。在包含大量信息化武器装备的数字化网络化战场上，指挥控制系统能使信息与能量实现最佳结合，既能为战场上所有作战单位提供"无缝"的信息传输能力和互操作能力，又能在任何时间、任何地点，接收实时、融合、逼真的战场图像，准确提供敌人或潜在敌人指挥控制部队的各种信息，可全向发布、响应命令，指挥控制己方部队。另外，指挥控制系统是取得信息优势的必备条件。实施信息战的主要任务是压制、削弱、破坏和摧毁敌方指挥控制系统，同时确保己方指挥控制系统免遭这种攻击，使己方的信息收集、处理、传输和利用等不受影响，建立起信息优势。为此，敌对双方可能采取的战法主要有网络战、病毒战、干扰欺骗、实体摧毁等。这些对抗行动都将主要集中在指挥控制系统上，显然，指挥控制系统性能的优劣，将决定着信息战的成败。

思考题：

1. 什么是指挥控制技术？

2. 指挥控制技术根据功能划分为哪些类别？

3. 指挥控制技术对作战行动的影响有哪些？

第八节　航天技术

航天技术是世界各国非常重视并加速发展的重要技术，对未来开发和利用太空资源具有重要意义。今天，航天技术不仅在民用领域得到了广泛运用，在军事领域也占有非常重要的地位。在军事领域，航天技术主要用来完成军事侦察、通信、预警、监测、导航、定位、测绘和气象测报等各种军事航天任务。

一、航天技术概述

（一）航天技术的定义和分类

航天技术是通过将无人或载人航天器送入太空，达到开发和利用太空目的的综合性工程技术，亦称空间技术。通常可划分为航天运载器技术、航天器技术和航天测控技术三大组成部分。

1. 航天运载器技术

航天运载器技术是航天技术的基础。要想把各种航天器送到太空，必须利用运载器的推力克服地球引力和空气阻力。常用的运载器是运载火箭，火箭主要由动力系统、控制系统、箭体和无线电测量系统组成。为了使航天器获得飞出地球所必须的速度，靠单级运载火箭的推力往往难以达到。为此，诞生了多级运载火箭。多级运载火箭由几个能独立工作的火箭沿轴向串联、横向并联（即捆绑式）或串并联组成。

2. 航天器技术

航天器是在太空沿一定轨道运行并执行探索、开发和利用太空等任务的飞行器，亦称空间飞行器。航天器分无人航天器和载人航天器两大类。无人航天器按是否环绕地球运行，又分为人造地球卫星和空间探测器等。载人航天器按飞行和工作方式，分为载人飞船、空间站和航天飞机等。其中，载人飞船可分为卫星式载人飞船、登月式载人飞船和行星式载人飞船等；空间站可分为单一式空间站和组合式空间站。

3. 航天测控技术

航天测控技术是对飞行中的运载火箭及航天器进行跟踪测量、监视和控制的技术。为了保证火箭正常飞行和航天器在轨道上正常工作，除了火箭和航天器上载有测控设备外，还必须在地面建立测控（包括通信）系统。地面测控系统由分布在全球各地的测控台、站及测量船组成。航天测控系统主要包括：光学跟踪测量系统，无线电跟踪测量系统、遥测系统、实时数据处理系统、遥控系统、通信系统等。

（二）实现航天飞行的条件

1. 航天器的速度

航天器若想飞离地球、奔向宇宙，必须借助运载火箭的推力使其具备一定的速度，以克服地球的强大引力。根据万有引力定律推算，能环绕地球在最低的圆形轨道上运行的速度称为第一宇宙速度，约为 7.9 千米 / 秒；能挣脱地球引力飞向太阳系的最小速度称为第二宇宙速度，约为 11.2 千米 / 秒；飞出太阳系的最小速度称为第三宇宙速度，约为 16.7 千米 / 秒。

2. 航天器的高度

地球周围布有两三千千米厚度的大气层，距地面高度越低，大气密度越大。距地面几百千米以上的高空，大气十分稀薄。航天器在稠密大气层中高速飞行，会因与大气摩擦生热被烧毁，或因大气阻力而减速，甚至陨落。所以，航天器一般都在距地面 100～120 千米以上的高空飞行。

二、航天技术的军事应用

近半个世纪里，航天技术飞速发展，迄今人类已将近 5000 个各种类型航天器送上太空。它们不仅为经济建设、科学文化和社会生活等领域的现代化提供了有力的工具，带来了传统技术无法达到的经济和社会效益，而且成为军事高技术不可缺少的重要组成部分。把航天技术应用于军事领域，为军事目的进入太空和开发、利用太空的综合性工程技术，称为军事航天技术。它主要是研制、使用各种军用航天系统，来完成特定的军事航天任务。据不完全统计，各国发射的航天器，70% 以上是军用或军民两用的。目前已有的和在研的军事航天系统大致可分为 4 类：

（一）军事航天运输系统

军事航天运输系统是能把军用航天器、宇航员或物资等有效载荷，从地面运送到太空预定轨道，或能将有效载荷带回地面的运输系统。目前可利用的军事航天运输系统主要是一次性运载火箭，还有可重复使用的航天飞机。自 1957 年以来，苏联（俄罗斯）、美国、法国、日本、中国、英国、印度等国以及欧洲空间局，先后研制出 80 多种运载火箭，修建了 18 个航天发射场，进行了 5000 多次轨道发射，美、苏（俄罗斯）两国发射次数占世界发射总数的 95%。世界各国研制成功的运载火箭主要有：苏联（俄罗斯）的"东方"号、"上升"号、"联盟"号、"质子"号、"天顶"号、"能源"号；美国的"雷神"系列、"宇宙神"系列、"大力神"系列、"土星"系列；欧洲空间局的"阿里安"系列；日本的 H 系列；中国的"长征"系列等。其中推力最大的是美国的"土星"和苏联（俄罗斯）的"能源"号，它们可将 100 多吨的载荷送入近地轨道，把十几吨的载荷送入地球静止轨道、月球或火星、金星等逃逸轨道。

（二）军事卫星系统

军事卫星是专门用于各种军事目的的人造地球卫星的统称。按用途可分为军事侦察卫星、军事通信卫星、军事导航卫星、军事测地卫星、军事气象卫星等。

1. 军事侦察卫星

侦察卫星是装有光电遥感器、雷达或无线电接收机等侦察设备，用以获取军事信息的人造地球卫星。根据任务和侦察设备的不同，侦察卫星通常分为照相侦察卫星、电子侦察卫星、导弹预警卫星、海洋监视卫星等。

2. 军事通信卫星

通信卫星是用做无线电通信中继站的人造地球卫星。它接收到地面发出的无线电波后进行放大，再转发回地面。卫星通信具有覆盖范围大、通信距离远、传输容量大、通信质量高、机动性和生存能力强等优点，因此在军事通信中具有举足轻重的作用。

军事通信卫星通常分为战略通信卫星和战术通信卫星两大类，用来担负保密的、大容量的、高速率的战略和战术通信勤务。战略通信卫星通常在地球同步轨道上运行，为远程直至全球范围的战略通信服务；战术通信卫星一般在12小时周期的椭圆轨道上运行，主要用于近程战术通信。在地球同步轨道上，等距离部署3颗通信卫星，就可实现除地球两极外的全球通信。目前，美国使用的军事通信卫星系列有"国防通信卫星"、"舰队通信卫星"、"空军通信卫星"等，其军事长途通信80％以上的信息是由卫星转送的。俄罗斯和北约其他国家也拥有通信卫星系列。

3. 军事导航卫星

导航卫星是从太空发射无线电导航信号，能为地面、海洋、空中和太空用户导航定位的人造地球卫星。卫星导航或定位，由多颗导航卫星组成的卫星网来进行，具有高精度、全天候、能覆盖全球和用户设备简便等优点。

目前，世界上只有少数几个国家能够自主研制生产卫星导航系统。美国"全球定位系统"（GPS）是第二代导航卫星系统，由24颗卫星（包括3颗备用星）组成，采用双频时间测距导航体制，能向全球任何地点和近地空间的用户提供24小时不间断的三维导航定位服务，包括提供三维位置、三维速度和精确时间息，定位精度可达10米，测速精度小于0.1秒，计时精度可达100纳秒。它可为地面车辆和人员、飞机、舰船、卫星、航天飞机等导航和定位；可作为导弹制导系统的补充以提高导弹的精度；还可用于照相制图和大地测量、航空交通控制和指挥、攻击武器定位和发射、搜索和营救工作等。

俄罗斯2008年底发射了3颗"格洛纳斯—M"导航系统卫星，至此，俄罗斯"格洛纳斯"全球卫星导航系统在轨正常工作卫星总数已达19颗，向俄罗斯全境提供导航定位服务。2002年3月26日欧盟决定正式启动"伽俐略''（Galileo）卫星导航定位系统计划。"伽俐略"系统由分布在三个轨道上的 30 颗中等高度轨道卫星（MEO）构成，每个轨道面上有 10 颗卫星，9 颗正常工作，1 颗运行备用，不仅卫星数量比 GPS 多，而且可以分发实时的米级定位精度信息，误差范围要远远小于 GPS，其性能更安全、更准确、更可靠。我国至 2007 年 2 月 3 日已成功发射 4 颗北斗导航试验卫星，正加快建设北斗卫星导航系统。北斗卫星导航系统不仅具备在任何时间、任何地点为用户确定其所在的地理经纬度和海拔高度的能力，而且在定位性能上有所创新。

4. 军事测地卫星

测地卫星是用于大地测量的人造地球卫星，可测定地球形体、地球引力场分布、地面的城市、村庄和军事目标的地理位置等参数。卫星测地具有重要的军事价值。目前，各国正在利用测地卫星进行全球大地测量，以获取重要的具有战略意义的资料。测地卫星还可配备其他专用设备进行地球资源勘察，成为地球资源卫星，用于了解和掌握各国战略资源的储备情况等。

5. 军事气象卫星

气象卫星是能够从太空对地球及其大气层进行气象观测的人造地球卫星。卫星上装有可见光和红外电视摄像机、温度和湿度探测器、扫描辐射仪及自动图像传输设备，通常采用地球静止轨道和太阳同步轨道。气象卫星有军民兼用的，也有专门军用的，其观测地域宽广，观测时间长，观测数据汇集迅速，能提高气象预报的质量。美国是世界上第一个将气象卫星用于战场气象保障的国家，也是第一个研制并发射军用气象卫星的国家。20 世纪 50 年代末期，美国开始研制第一代军民合用气象卫星"泰罗斯"号，并在 60 年代将其用于侵越战争的气象保障。我国先后成功发射了"风云1号"、"风云2号"气象卫星，正在为我国的气象预报发挥着重大作用。

（三）军事载人航天系统

载人航天器主要包括载人飞船、空间站、航天飞机和正在研制中的单级火箭式的空天飞机等，它们既可民用，也可执行军事任务。

1. 载人飞船

载人飞船是能保障宇航员在太空执行航天任务、宇航员座舱能返回地面垂直着陆的航天器。典型的载人飞船由轨道舱、仪器设备舱、返回舱、对接装置和太阳能帆板等组成。可独立进行航天活动，也可作为往返于地面和空间站之间的"渡船"，还能与空间站或其他航天器在轨道上对接后进行联合飞行。可能担负的军事任务有：作为地面与空间站的军事运输工具，可向空间站运送军事补给物资和接送人员，进行空间救护，试验新的军用航天设备，用于特定目标的侦察等。1961年4月12日，苏联宇航员乘坐"东方"号载人飞船进入太空，第一次将人类遨游太空的梦想变为现实。1969年7月20日，美国宇航员乘坐"阿波罗"Ⅱ号飞船首次登月成功，开辟了人类登月活动的新篇章。

2. 空间站

空间站亦称航天站、太空站或轨道站，是在太空具备一定工作条件、可供多名宇航员工作和生活的长期运行的航天器。空间站被认为是发展航天技术、开发和利用宇宙空间的基础设施。与载人飞船相比，它具有容积大、载人多、寿命长和可综合利用的特点。由于它可载许多复杂的仪器设备，并可由人来操作，因而可完成多种复杂的任务。从理论上分析，空间站有广阔的军事应用前景。例如，空间站可作为俯瞰全球的理想侦察基地，直接参与监视、跟踪、捕获和拦截敌方航天器和弹道导弹的作战行动；可作为军用航天飞机或空天飞机的基地，攻击敌方各种卫星或作战平台，并随时对全球任何地方构成威胁；可部署、组装、维修和回收各种军用航天器，并可试验、部署和使用空间武器；还可在军用卫星、空中和地面监视系统的配合下，成为空间预警、指挥、控制、通信和情报中心等。因此，建立空间站对未来信息化战争具有战略意义。

1971 年，苏联"礼炮"号空间站发射成功后，先后发射了 7 个"礼炮"号和 1 个"和平"号空间站。其中"和平"号空间站有 6 个对接口，可与 6 艘飞船对接成 7 个舱体的大型轨道复合体，总重量达 106 吨，工作舱总容积达 510 立方米，可容纳 5~6 人同时工作。"和平"号空间站已于 2001 年 3 月 23 日坠毁。

美国于 1975 年开始实施"天空实验室"计划，接待 3 批宇航员后停止使用，于 1979 年 7 月 12 日陨落在印度洋。

美国、西欧、日本和加拿大正与俄罗斯联合研制一个大型国际空间站，总质量约 423 吨、长 108 米、宽（含翼展）88 米，运行轨道高度为 397 千米，载人舱内大气压与地表面相同，可载 6 人长期工作生活，其设计寿命为 10~15 年。该空间站的建成将使航天技术发展和太空资源的开发、利用面貌一新。

3. 航天飞机

航天飞机亦称轨道器，是带有机翼，靠运载火箭发射进入太空轨道，返回地面时能在机场跑道水平着陆，并可重复使用的兼有载人、运货功能的航天器。例如，航天飞机可用于部署、维修、回收各种卫星；可实施空间机动以拦截摧毁或俘获敌方卫星；可对陆、海、空、天等军事目标进行侦察、监视、跟踪和预警；可作为从地面到空间站的军事交通工具，接送人员和物资，为建立永久性军事空间基地服务等。美国从 1972 年开始研制可重复使用的航天飞机，研制了"企业"号（试验型）、"挑战者"号（失事炸毁）、"亚特兰蒂斯"号、"发现"号、"哥伦比亚"号和"奋进"号。1981 年 4 月 12 日，"哥伦比亚"号航天飞机成功进行了首次轨道飞行。1988 年 11 月 15 日，苏联也研制成功"暴风雪"号航天飞机。

（四）空间武器系统

空间武器亦称太空武器，是部署在太空或陆地、海洋与空中，用以打击、破坏与干扰太空目标的武器，以及从太空攻击陆地、海洋与空中目标的武器的统称。空间武器是航天技术军事应用的必然结果。目前在研的空间武器主要有反卫星武器和反弹道导弹武器。反卫星武器是用以攻击、破坏、干扰敌方卫星等航天器的武器；反弹道导弹武器是用来拦截摧毁敌方来袭弹道导弹的武器。它们可陆基、海基、空基和天基部署，主要用核能或动能、定向能等杀伤手段毁伤目标。

思考题：

1. 什么是航天技术？

2. 军事卫星有哪些？

3. 军事载人航天器主要包括哪几种？

第九节　新概念武器

军事高技术迅速发展，技术含量越来越高的新概念武器的问世，将对未来战争产生意料不到的效果，甚至引起未来作战方法或作战样式的重大变革。

一、激光技术与装备

激光技术是研究激光的产生、变换、传输、探测及其应用的技术，是 20 世纪 60 年代出现的重大科学技术成就之一。激光技术的应用已经深入到社会的方方面面，尤其军事领域有着广泛的用途，在研究和应用上，已经取得许多重大的突破和成果，以至成为世界许多国家，特别是科技发达国家激烈争夺的一个重要制高点。

激光技术的军事应用是多方面的，其中主要的是对武器装备产生影响并相应引起作战方式的变化。激光技术几乎可以融合到所有的现代武器当中，配合现有武器装备使用，在军事行动的目标测定、己方定位、射击精度、远程攻击和毁伤威力等方面，发挥了很大作用，提高了武器的作战效能，并在实战中取得显著效果。

（一）激光测距机

激光测距机是用激光器作为光源测量目标距离的装备，是激光应用于军事最早的装备。1961 年，即世界上第一台激光器出现的第二年，就制成第一台激光测距机样机。1964 年第一批激光测距机交付试用，1968 年大批投产。目前，世界各国已普遍装备部队，类型不下 100 种。

激光测距机具有作用距离远、测量精度高、体积小、重量轻及抗干扰性能好等优点。激光测距机在军事上使用的范围几乎渗透到各军兵种，成了一种极为普遍的军事装备。如步炮测距机、坦克测距机、机载测高仪和机载测距机、舰炮测距机；航天技术中的卫星跟踪测距机、超远程的地—月激光测距机，以及遥感技术中用于军事侦察的测距机等等。

测距机的发展趋势是，把测距——观察（瞄准）——跟踪综合成一体，使激光测距机成为一种多功能、高度自动化的军事装备。

（二）激光雷达

激光雷达，其原理和微波雷达原理相类似。主要用于确定目标的距离、速度、加速度和角坐标（即确定目标的位置）。激光雷达的优点：测距精度达几厘米（微波雷达为几米）；测角精度高达 0.1 毫弧度；抗干扰性能好，可弥补微波雷达的盲区；设备体积小、重量轻。

激光雷达的主要类型有：导弹发射初始段跟踪测量雷达；低飞行目标跟踪测量雷达；目标飞行姿态测量雷达；反导和再入大气层测量与目标识别雷达，以及宇宙导航雷达等。目前除宇宙导航雷达外，其他雷达都已正式列入靶场的测试设备。

（三）激光制导

激光制导，就是利用激光技术进行导引和控制，可以导引和控制飞机、军舰和导弹等武器。对一枚导弹来说，激光制导的功能是测量、计算导弹实际飞行路线与理论飞行路线的差别，形成制导指令，调整导弹发动机的推动方向，控制导弹的飞行路线，以允许的误差命中目标。

用于武器系统的激光制导方式有两种：一种是半主动式回波制导，一种是半主动式波束制导。半主动式回波制导是弹头本身不装激光发射器，只装激光接收器和导引头，发射源可安装在地面（水面），也可以安装在飞机上。弹头发射后，激光接收器自动接收来自目标反射或散射的激光能量，并将弹头导向目标。半主动式激光波束制导，也是在弹头上装有激光接收器导引头，但弹头必须始终沿着地面、水面或空中发射的激光波束飞行并攻击目标。目前已装备部队和投入作战使用的，有激光制导炸弹、激光制导导弹、激光制导炮弹等。

激光制导武器的抗干扰能力较强，是目前战场上受其他因素制约较少，最具进攻性的武器之一。

（四）激光通信

激光通信和电子通信一样，分为有线通信和无线通信两种：有线激光通信称作光纤通信，或称光缆通信；无线激光通信分为大气激光通信和空间激光通信。二者的区别在于，大气激光通信是利用大气作为传输媒介，空间激光通信是以空间物质作为传输媒介。

激光通信的优点是信息容量大，通信距离远，保密性能好，设备体积小、重量轻。信息容量是衡量通信设备优劣最重要的指标。信息容量与信道频带宽度成正比，频带愈宽，信息容量就越大。微波通信由于通信频率的限制，致使基准频带不可能很宽。而激光是用光频作为信道频率，激光的频率高达 $10^{11} \sim 10^{15}$ 赫兹。因此，激光通信的基频比微波通信基频高 10^7 倍。从理论上讲，激光通信可以同时传输一千万套电视节目或一亿路电话。保密性强是说激光波束窄，使信息在空间的散布很小，不易被察觉或截获。另外，激光通信还有良好的抗电磁干扰和抗辐射能力。激光通信的弱点是：在大气激光通信中，由于光是直线传播的，天气、地形、地物对它的影响很大，难以在全天候使用，易受起伏地形和高大地物的阻隔；激光束很窄，因此通信瞄准比较困难，无线必须有精确的方向性。

（五）激光武器

激光武器是激光技术在军事领域里直接应用的结果，它打破了人们对传统武器认识的概念，以一种全新概念和作用机理，区别于以往的武器。

激光武器是以激光能量直接杀伤和破坏目标的一种定向能武器，是利用高速、高能激光束直接杀伤或击毁目标，使其丧失作战效能。这种新式武器的能量沿一定方向传播，在传播方向的一定距离内具有杀伤破坏作用，在其他方向、任何距离，则无杀伤破坏作用。激光武器主要由激光器、瞄准跟踪系统和光束控制与发射系统组成。

与常规武器相比，激光武器具有速度快、精度高、机动灵活、不受电磁干扰和效费比高等特点，在作战中表现非同反响。目前，高空机载的气动激光器、陆地车载的放电激光器和海上的化学激光器，都有重大突破。

据报道，美空军曾使用安装在改进的波音飞机上的发射能量为400千瓦的二氧化碳激光炮，击毁了5枚从"海盗式"战斗机上发射的"响尾蛇"导弹；俄国已经建造了作用距离10千米的防空激光武器系统，试验中击毁过模拟美国的无人驾驶亚音速飞机；以色列也研制成功自己的激光防空武器系统，并进行过击毁飞行中火箭炮弹的试验。

激光武器被誉为"超级武器"，是一种非常先进的攻防兼备型的武器，按其用途可分为战术激光武器和战略激光武器两大类。

战术激光武器，主要包括激光致盲武器和用于防空、反坦克、反战术导弹的近程激光武器。激光致盲武器就是所谓的"激光枪"，也称"激光视觉干扰系统"。其原理主要是利用人眼对0.4~1.0微米之间的可见光与部分红外波段的光敏感、聚焦作用强的特点，将激光的波段设在这一范围内，以达到对人眼的永久性严重损伤。1995年月10月，联合国将激光致盲武器列入具有过分致伤或滥杀滥伤作用的非人道武器，在全球范围加以禁止研制和发展。近程激光武器，主要是指机载、舰载或坦克、装甲车等携带的非高能激光武器，其用途主要是对付敌人成群来袭的飞机、地面大规模进攻的坦克、发射的战术导弹，尤其是子母弹等战场目标。专家认为，近程激光武器因其本身的特点，用于防空或对付对方大规模目标有相当的发展潜力。

战略激光武器，是高能、远距作战的激光武器，该种武器为实施太空战尤其是太空中的反卫星和反导弹作战提供了重要的物质手段。

在 20 世纪 80 年代，美国政府曾针对前苏联导弹的威胁，开始了以激光武器为主要拦截手段的战略防御系统的研究。其设想是：以陆基部署为主，通过加大太空战斗反射镜来完成反导作战使命。其明显的优势是，以光速将能量投射到目标上，并能多次重复发射，从而大大增加了反导防御系统的灵活性和有效性。

根据激光武器日趋成熟的事实，许多军事家对未来战场作了如下全新的描述：在陆上，以每秒 30 万千米光速飞行的光弹——激光束为主要作战武器的各型战车驰骋在战场的各个角落；在海上，五花八门的舰载激光武器灵活快捷地击毁各种飞机和海上飞行的导弹；在天上，激光发射平台神出鬼没地围歼"猎物"，激光武器将战争带入一个崭新阶段。

二、微波武器

（一）微波武器概述

微波是一种高频电磁波，波长范围在 0.01 毫米～1 米之间。微波可以用特殊的天线汇聚成方向性极强，能量极高的波束，在空中以光速沿直线传播。所谓微波武器，指的是利用微波束的能量直接杀伤破坏目标，或使目标丧失作战效能的武器，又称射频武器。

（二）微波武器在未来战场上可能的应用

杀伤人员。微波武器对人员的杀伤作用分为"非热效应"

和"热效应"两种。非热效应指的是，当微波强度较低时，可使人产生烦躁、头痛、神经错乱、记忆力减退等现象。如果把这种效应作用于炮手、坦克和飞机驾驶员，以及其他重要武器系统的操纵人员，会使之生理功能紊乱而丧失战斗力。热效应指的是，在强微波的照射下，使人皮肤灼热、眼白内瘴、皮肤及内部组织严重烧伤和致死等现象。

破坏各种武器装备的电子设备。试验表明，当微波强度比较低，为 0.01 微瓦—1 微瓦 / cm^2 时，可以干扰工作在相应频段的雷达和通信设备，使之无法正常工作。增加到 0.01 瓦～1 瓦 / cm^2 时，可使通信、雷达、导航等系统的微波电子元器件失效或烧毁。增加到 10 瓦～100 瓦 / cm^2 时，其瞬变电磁场可使各种金属目标表面产生感生电流，通过天线、导线、电缆等各种入口进入目标内部电路。轻者使电路功能混乱，出现误码，抹掉记忆信息等现象，重者则烧毁各类电子元器件。这种效应又称为非核电磁脉冲效应。微波强度再增加，达到 1000 瓦～10000 瓦 / cm^2 时，则会在极短的时间内加热破坏目标。因此说，微波武器可攻击的目标非常多，从军事卫星、洲际导弹、巡航导弹、飞机、坦克、军舰，到雷达、计算机、通信器材，只要处于强微波的覆盖区内，都将可能遭受到攻击而丧失作战效能。

有可能成为攻击隐身武器的有力手段。20 世纪 90 年代崛起的隐身武器能攻善守，适用于陆海空战场，具有重要的战略意义。如海湾战争、科索沃战争和伊拉克战争中，美国的 F-117、B-2 隐形战机就发挥了重要的作用，出尽了风头。而隐身武器装备之所以能够隐形，除了有独特的气动外形设计，减少雷达的反射波之外，主要是在材料上下功夫。美国的 B-2 轰炸机不仅在机体中采用了能够吸收雷达微波的材料，而且还在机体表面涂有能够吸收雷达微波的涂料，以吸收雷达的探测信号，使之达到隐形目的。由于雷达发射的微波强度很低，隐形飞机可以安然无恙，但遇到强度比雷达微波高出几个数量级的微波武器，情况就大不一样了，轻者失去隐形效能，重者瞬间被加热，导致机毁人亡。因此，强微波武器一旦投入到战场使用，完全有可能成为各种隐身武器装备的"克星"。

近 20 年来，美国和俄罗斯等国家积极发展微波武器，重点研究微波的杀伤和破坏机理以及超高功率微波发射源。美国在发展高功率微波技术中，应用已成熟的技术，首先选定小功率和中功率微波武器，功率比现有的战术干扰机分别高 3 个数量级和 6 个数量级。据美军人员透露，海湾战争刚刚开始的数小时内，美海军首次使用了微波武器，由"战斧"式巡航导弹携带微波弹头，用来破坏和摧毁伊拉克的电子系统，包括防空武器和指挥与控制系统，取得了出奇的效果。

三、粒子束武器

（一）粒子束武器概述

粒子束武器，指的是通过特定的方法，将电子、质子或离子加速到接近光速，聚集成密集的束流，然后直接（或去掉电荷后）射向目标，以束流的动能或其他效能杀伤破坏目标的武器。粒子武器分带电粒子束和中性粒子束两大类。上世纪 80 年代美国提出"战略防御倡议"计划时，粒子束武器被作为反导防御武器的一种候选方案开展了大量研究工作。进入 21 世纪以来，其研究工作正在加速进行。粒子束武器在未来有可能成为一种重要的高技术武器。

（二）粒子束武器的基本原理

粒子束武器的基本原理是：用高能强流粒子加速器，将注入其中的电子、质子、各种重离子一类的带电粒子加速到相对论速度（接近光速），使其具有极高的动能，然后用磁场将它们聚集成密集的高能束流直接（或去掉电荷后）射向目标，利用这些高能粒子束把大量的能量在极短时间内传递给目标，通过它们与目标物质发生超强相互作用，达到杀伤、摧毁或识别目标的目的。

（三）粒子束武器的破坏机理

粒子束武器的破坏机理有三种：一是烧融效应；二是提前引爆目标中引爆炸药或破坏目标中的热核材料；三是破坏目标的电子设备和器件。根据美国 20 世纪 80 年代以来的研究结果，粒子束武器在信息化战争中的应用主要在于，利用中性粒子束武器进行洲际弹道导弹的拦截和弹头飞行中段的识别。

粒子束武器的原理尽管不复杂，但要实现还有一系列技术难题，有些还是很难突破的。首先是能源问题。要使粒子束真正具有实战意义，必须有强大的脉冲电源。有人计算过，要使粒子束在导弹壳体上烧个小孔，粒子束到达目标的脉冲功率必须达到 10^{13} 瓦特，能量为 10^7 焦耳。按照这种需要计算，假设加速器的效率为 30%，即使不考虑粒子束传输的能量损失，要求加速器脉冲电源的功率至少要达到 3×10^{13} 瓦。而目前研制的最先进的脉冲电源的功率只有 10^7 瓦，比实际需要相差 6 个数量级，即 100 万倍。其次是加速器。粒子加速器是粒子束武器的核心，用它产生高能粒子，并聚集成密集的束流，使其具有足够的能量和强度。有人做过计算，要达到破坏目标，加速器必须能够把粒子加速到 1～1000 兆电子伏，每个束流脉冲携带的能量为 10^6—10^{12} 焦耳，每秒钟要能产生 5～50 个束流脉冲。现有的各种类型加速器都不能满足这种需求，而且相差甚远。第三是粒子传输。带电粒子束在大气层内传输有三个问题：一是能量衰减；二是束流扩散；三是受地磁场的影响，使粒子束弯曲而偏离原来的方向。即使是中性粒子束，在传输时也存在扩散问题。

正是因为存在上述一系列技术难题，尽管美国和俄罗斯等国都积极研究粒子束武器，但目前仍处于探索阶段，离实战要求相距甚远。

四、动能武器

动能武器，指的是一类能够发射超高速弹头，利用弹头的功能直接撞毁目标的武器。所谓超高速，通常指 5 倍音速以上的速度。动能武器因获得动能来源的不同而形成多种武器种类，主要有动能拦截弹、电磁炮和群射火箭等。

（一）动能拦截弹

动能拦截弹分为反卫星和反导弹两种。前者指的是用于击毁敌方卫星的机载空对天导弹，后者指的是用于摧毁敌方来袭导弹的反导弹导弹。动能拦截弹很大部分是利用现有的导弹技术。

反导弹的动能拦截弹，是美国星战武器家族的重要成员。它于 1983 年投入试验，次年 4 月在 160 千米的高空曾成功地拦截一枚洲际弹道导弹。近些年来，美国在研制国家导弹防御系统（NMD）和战区导弹防御系统（TMD）的过程中，将使用反导弹的动能拦截弹拦截对方导弹作为作战的主要手段，并多次进行实弹拦截试验。2008 年 2 月，美国使用舰载"标准—3"（SM-3）导弹，成功地击毁了一颗废旧卫星。动能拦截弹将成为未来空间战的主战武器之一。

（二）电磁炮

电磁炮是利用电磁力加速弹丸的现代电磁发射系统。电磁炮按结构不同，分为线圈炮、轨道炮和电热炮等。线圈炮是电磁炮的最早形式。它由若干固定线圈和一弹丸线圈组成。固定线圈相当于炮管，依次通电后，形成运动磁场，在弹丸线圈中产生感生电流，利用磁场和感生电流相互作用的电磁力加速弹丸线圈或其他磁性材料而射出。轨道炮是电磁炮的主要发展形式。它是在两条平行放置的轨道中间夹一弹丸，弹丸后部有一等离子体或固体电枢，利用流经轨道的电流产生的磁场与流经电枢的电流之间的电磁力加速弹丸的射出。

电磁炮作为发展中的高技术兵器，其军事用途十分广泛。一是反卫星和反导弹。采用电磁炮把 10 克～1 千克的弹丸加速到 3～20 千米 / 秒，可用于摧毁空间的卫星和导弹，还可以拦截由舰船和装甲车发射的导弹。二是防空。美军认为，用电磁炮替代高射武器和防空导弹遂行防空任务，有许多无可比拟的优点。美国正在研制长 75 米、发射速度可达 500 发 / 分、射程几十千米的电磁炮，准备替代舰上的"火神密集阵"防空系统。据称，用它不仅能打击临空的各种飞机，还能远距离拦截空对舰导弹。三是反装甲。美国的打靶试验证明，电磁炮是对付坦克装甲的有效手段，发射 50 克、速度为 3 千米 / 秒的炮弹，可穿透 25.4 毫米厚的装甲。还有报道说，用某一种电磁炮做试验，完全可以穿透模拟的 T-72、T-80 坦克的装甲厚度。此外，随着电磁发射技术的发展，电磁炮还可以用于常规火炮的增程，飞机、导弹、卫星的发射等。

电磁发射技术的研究已有 80 余年的历史了，最近 20 多年来随着新技术、新材料的不断发展，电磁炮的研究取得了不少实质性的进展，引起各国政府和军方的关注。美国的 NMD 计划也把电磁炮作为天基反导系统的重要备选方案。战术应用的电磁炮也将进入全面的工程发展阶段，对于战略防御的电磁炮也将进行全面的评估。除美国外，俄国、英国、澳大利亚、日本等国家，也都积极开展电磁炮的研究工作。总的说来，虽然目前各国的电磁炮技术都还处于预研阶段，有的研制出演示样机，有的方案还在进行理论研究，但国外专家普遍认为，电磁炮在军事领域有广泛的应用前景。

五、军用机器人

科学意义的机器人，指的是具有某种仿人功能的自动机的总称。随着超大规模集成电路、超级计算机（特别是超级微型机和神经网络计算机）和传感器技术的发展，军用机器人与人工智能车辆的研制，已成为当代高技术武器装备发展的一个重要领域。世界上第一个实用型机器人1961年诞生于美国，此后机器人技术发展非常迅速，目前各种类型、各种用途的机器人队伍估计已达百万之众。

目前，机器人从事的行业已由原来单一的工业，迅速扩展到农业、交通运输业、商业、科研等领域，作为一支新军，也广泛应用于军事领域。如1966年，美海军就曾使用机器人潜入750米深的海底，成功地打捞起一枚失落的氢弹；1969年在越南战场上，美军也曾使用机器人驾驶的列车，为运输车队排险除障而获巨大成功，还使用夜视机器人站岗以防越军在夜晚的偷袭；英国陆军使用的机器人在反恐怖斗争中更是身手不凡，多次排除了恐怖分子在汽车中设置的炸弹。

由于受目前技术水平的限制，机器人的智能水平、反应能力和动作的灵活性还远远赶不上自然人，在军事领域的大规模应用尚需一个过程，但其巨大的军事潜力，超常的作战效能，预示着其在未来的战争舞台上是一支不可忽视的特殊军事力量。据外刊透露，美国、俄国、日本、英国、德国等国家，都制定了发展军用机器人的计划，仅美国列入研制计划的军用机器人就达 100 多种，俄国也有 30 多种，有的已获重要成果。美军正在研制的无人侦察坦克能行驶 129 千米，在时速 64 千米的情况下可识别道路，区分天然和人造地物，能绕过障碍物，能识别目标、绘制地形图，能理解所获情报并及时发回大本营；美国不久前装备部队的专门用于防化侦察和训练的智能机器人，高 1.8 米，会行走、蹲伏、呼吸和排汗，其内部安装的传感器能感知万分之一盎司的化学毒剂，并自动分析毒剂的性质，向部队提供防护建议和洗消的措施等。此外，未来将要研制可发射导弹的自主式装甲自行机器人，可用于完成核火力安排的自主式核火力计划机器人，可用于反坦克的自主式轮式装甲车，可自行装弹、瞄准、射击的可控式无人驾驶自行榴弹炮和遥控式扫雷车等。有人预计，未来战场上，各种用途的军用智能机器人将有效发挥作用。

六、非致命武器

非致命武器是指为达到使人员或装备失能，并使附带破坏最小化而专门设计的武器系统，又称作失能武器或非杀伤武器。从广义上讲，它是涵盖信息战装备、反机动、反人员等各种非杀伤性武器的一种新概念武器群体。目前，国外发展的非致命武器，按照用途基本上可分为反装备非致命武器和反人员非致命武器两大类。

（一）反装备武器

反装备武器是对人员不造成杀伤，专门用于对付敌方的武器装备的武器。如美国在科索沃战争中曾使用"石墨炸弹"，致南联盟全境 70% 的电力系统遭到破坏。这种"石墨炸弹"就是一种反装备武器。一般而言，绝大多数武器均有反装备的能力,如反辐射导弹、动能武器、战术激光武器、高功率微波武器等,都可称为反装备武器。但目前正在研制的专门用于反装备的武器,主要是化学物质类反装备武器。

这是利用特制的化学制剂的某种特殊的物理、化学性能,使武器装备或有关设施不能使用或被损坏的反装备武器。据报道,美国的洛斯·阿拉莫斯国家实验室和劳伦斯·利弗莫尔国家实验室等世界著名科研机构,近几年一直在秘密研究多种化学剂类反装备武器。主要有:

化学致瘫剂。能使飞机、舰船、坦克及军用车辆的推进系统或行走机构不能启动、行驶,如橡胶溶化剂可使轮式车辆的轮胎溶化而无法行走。

化学致滞剂(或粘结剂)。这是一些具有极强的粘合力的聚合橡胶,可从飞机上喷射,或用炮弹投放。它们能像胶水一样使飞机粘在机场跑道上无法起飞,使枪炮、车辆等被粘住,或者无法操作使用,或者被粘在公路上无法行驶。

特种润滑剂。能像蜂蜜一样洒在公路、机场跑道上,使轮胎"打滑",车辆、飞机无法启动。

油料凝结剂。能使燃油在常温下迅速凝结成胶冻状,从而使坦克及各种军用车辆的发动机无法启动。

超级腐蚀剂。是一种比氢氟酸的腐蚀性大几百倍的腐蚀剂,能毁坏桥梁的金属结构,减弱其承重能力,毁坏坦克的光学仪器或弹药的点火装置。

(二)反人员武器

反人员非致命武器可使敌方战斗减员。有资料显示,目前国外正在研究开发的反人员非致命武器,有用于控制骚乱的非致命能力;使人员失能的能力;阻止人员进入某一(地面、海上和空中)区域的能力。主要有激光武器、声学武器、情绪控制武器和光弹等类型。

1. 声学武器

利用各种技术产生不同频率的音量，使人感到周身不适或内脏受损而无法工作的武器。最典型的是次声武器和高能超声波武器。

次声武器，是利用频率低于 20 赫兹的次声波与人体发生共振，使共振的器官或部位发生位移和变形而造成损伤的一种探索中的武器。次声波与人体发生共振的频率和强度不同，对人体的各种器官和部位损伤程度也不同。强度相同，频率不同的次声可对不同器官和部位造成损伤；频率相同，杀伤程度则视次声波强度而定。次声波对人可产生精神的和机械的损伤。主要症状有：全身不适、无力、头晕目眩、恶心呕吐、眼球震颤，严重的可发生神志失常、癫狂不止、腹部疼痛、内脏振颤等。国外实验证明，10 赫 135 分贝的次声波，可使小白鼠的内脏濒临坏死状态；5 赫 170 分贝左右的次声波，可使狗呼吸困难，甚至停止呼吸。次声是不易被人察觉和听不见的声音，在大气中传播衰减很少，与大气沟通的掩体和工事对其难以防御。次声武器的作用距离，决定于次声发生器的辐射声功率、指向性图案和声波的传播条件。

高能超声波武器，利用高能量的高频声波造成强大的大气压力，使人产生视觉模糊、恶心、呕吐等生理反应，减弱或使其丧失战斗力（也可用于定向扫雷和破坏电子系统等）。

2. 情绪控制武器

情绪控制武器，也称思想控制武器，是依据心理学原理以及声、电、光学原理研制的，专门用于影响或控制人的情绪、思维的武器。它利用专门的仪器设备发射一种特殊的电磁波或白噪声（一种令人心烦或讨厌的声音），进入人的潜意识，以控制人的情绪，改变人的行为，但不扰乱人的其他智能。这种情绪控制技术可被用于平息骚乱，挫伤敌军士气，甚至使其丧失战斗力，也可用于激励本军士气，提高战斗力。

3. 光弹

光弹，利用高能炸药爆炸的能量加热稀有气体（旧称惰性气体），使之发出极强的多向或单向闪光，致盲人眼。据称，这种弹药可用 155 毫米火炮发射，在居民区使用不会造成死亡和严重的附加杀伤。

上述几种武器目前虽然都处于探索和试验阶段，但如果真的出现在战场上，一定会使未来战争的作战样式发生极大的变化。

思考题：

1. 什么是新概念武器？

2. 什么是激光武器？

3. 什么是粒子束武器？

4. 什么是动能武器？

5. 什么是军用机器人？

6. 什么是非致命武器？

第十节 核化生武器

核武器、化学武器、生物武器，简称核化生武器，都属于大规模杀伤性武器。核化生武器作为战争的一种手段，其发生、发展和消亡是不依人的意志为转移的，在一定历史阶段内不会轻易退出战争舞台。随着科学技术的发展，核化生武器不断更新换代，这将严重威胁人类的生存与发展。对核化生武器进行防护，是减轻或避免敌人使用核化生武器伤害的有效途径，也是遏制敌人使用核化生武器的重要手段。要做好对核化生武器的防护准备，就必需了解核化生武器杀伤破坏特征，熟悉对核化生武器防护的措施，掌握对核化生武器伤害的救治方法，提高我国公民防护能力。

一、核化生武器杀伤破坏特征

（一）核武器杀伤破坏特征

核武器是利用能自持进行的原子核裂变或聚变——裂变反应，瞬时释放出巨大能量而产生爆炸，对目标实施大规模杀伤破坏的武器。原子弹、氢弹、中子弹、核电磁脉冲弹等统称为核武器。

核武器具有杀伤威力大、破坏程度严重，杀伤破坏因素多等特征，是 20 世纪 40 年代出现的具有大规模杀伤破坏性的武器。

1. 核武器杀伤威力大、破坏程度严重

核武器的威力用"梯恩梯当量"（TNT）表示，当量是指核武器爆炸时释放出的能量相当于多少重量的 TNT 炸药爆炸时释放出的能量。核武器的威力以吨为单位，分为百吨、千吨、万吨、十万吨、百万吨和千万吨等级别。一般原子弹在数万吨以下，氢弹在数十万吨以上，中子弹约千吨当量。

2. 核武器杀伤破坏因素多

核武器能于爆炸瞬间产生光辐射、冲击波、早期核辐射、核电磁脉冲和放射性沾染五种杀伤破坏因素。

光辐射是核爆炸时产生的光和热。光辐射直线以光速传播，不能透射不透明的物体，对人员、物资、装备等直接杀伤破坏，主要发生在朝向爆心的一面。

冲击波是核爆炸产生的高速高压气波。它是由高温高压火球猛烈膨胀，急剧地压缩周围空气而形成。冲击波以超音速向四周传播，直接杀伤人的是其超压挤压人体内脏和听觉器官，动压使人体抛出，撞击地面或其他物体造成的损伤。

早期核辐射是核爆炸最初几十秒内放出的丙种射线和中子流。丙种射线和中子流能贯穿人身，引起机体组织原子电离，造成放射病。早期核辐射使胶卷、光学仪器、电子管、药品等物品改变性能或失效，使有些兵器产生感生放射性。

核电磁脉冲是核爆炸瞬间释放的 r 和 x 射线与周围的分子、原子相互作用产生大量带电子粒子，这些粒子高速运动，在爆心周围形成极强的瞬时电磁场，并以波的形式向四面八方扩散传播而产生的电磁脉冲。这种电磁脉冲会对无线电接收机引起干扰，严重时会使机器损坏。

放射性沾染是核爆炸时产生的放射性物质，对地面、人员、空气、水和物体所造成的沾染。主要有核裂碎片、感生放射性物质、未裂变的核装料。核爆区一般为几十平方千米，云迹区可达几百至几千平方千米。

（二）化学武器杀伤破坏特征

用于战争目的，以毒害作用杀伤人畜、毁坏植物的有毒物质称毒剂。装填毒剂，并将毒剂造成战斗状态的兵器称化学武器。主要有化学炮弹、化学航弹、化学手榴弹、化学地雷、化学导弹弹头等。

化学武器具有剧毒性、中毒多样性、空间流动性、杀伤持续时间长等特征。

化学武器按毒害作用可分为：神经性毒剂、糜烂性毒剂、全身中毒性毒剂、窒息性毒剂、失能性毒剂和刺激性毒剂等六大类。

神经性毒剂是破坏人畜神经系统正常功能的毒剂。其主要作用机理是抑制胆碱酯酶，破坏神经冲动传导。主要有沙林、梭曼、塔崩、维埃克斯。

糜烂性毒剂是使人畜细胞坏死、组织溃烂的毒剂。主要有芥子气、路易氏气毒剂。

全身中毒性毒剂是破坏人畜组织细胞氧化功能，使全身缺氧的毒剂。主要有氢氰酸、氯化氰。

失能性毒剂是使人的思维和运动机能发生障碍，暂时失去战斗能力的毒剂。主要有毕兹。

窒息性毒剂是伤害人畜肺部，使其缺氧窒息的毒剂。主要有光气。

刺激性毒剂是直接刺激人畜眼睛、上呼吸道和皮肤的一类化学物质，又称控制剂。主要有苯氯乙酮、亚当氏气、西埃斯、西阿尔。

（三）生物武器杀伤破坏特征

作战中，用来伤害人畜、毁坏农作物的致病微生物和细菌所产生的毒素，称为生物战剂。装有生物战剂的炸弹、导弹弹头和气溶胶发生器、布洒器等，称为生物武器。

生物武器具有传染性、杀伤范围广、危害时间长、平时战时难分辨等特征。美国装备"标准"生物战剂8种；贮存生物战剂有16种。作为生物战剂的大致可归为6类28种。

细菌类主要有：鼠疫杆菌、霍乱弧菌、炭疽杆菌、类鼻疽杆菌、野兔热杆菌、布氏杆菌、军团杆菌等。

病毒类主要有：天花病毒、黄热病毒、委内瑞拉马脑炎病毒、东方马脑炎病毒、西方马脑炎病毒、森林脑炎病毒、裂谷热病毒、登革病毒、拉沙病毒等。

立克次体类主要有：Q热立克次体、立氏立克次体、普氏立克次体等。

衣原体类主要有：鸟疫（鹦鹉热）衣原体等。

真菌类主要有：球孢子菌、荚膜组织胞浆菌等。

毒素类主要有：肉毒杆菌毒素、葡萄球菌肠毒素等。

二、核化生武器的威胁

当今世界，虽然有些武器杀伤威力空前增大，但从整体上看仍然无法与核化生武器相提并论，军事强国仍然将核化生武器威胁与实战作为其军事战略的支柱，特别是美国将核武器视为全球战略的基石和推行强权政治的工具。

（一）世界拥有强大的核化生武器库

1. 核武器达到超饱和的状态

目前，世界上公认美国、俄罗斯、英国、法国、中国、印度和巴基斯坦等国家拥有核武器，核弹总数约有 3.5 万枚，爆炸当量以亿吨计，可摧毁地球上所有目标 25 次，美、俄两国核武器占世界核武器总量 95％以上。

2. 数万吨化学武器难以销毁

美国宣布有化学武器 3 万多吨，俄国宣布有 4 万多吨，这严重地威胁着世界安全。《全面禁止化学武器公约》中规定，在公约生效后于 15 年内，即 2012 年 4 月 29 日前，应全部销毁这些化学武器。但美俄销毁化学武器各需要 150～200 亿美元，俄罗斯表示没有能力销毁化学武器。美俄还贮备有大量的二元化学武器，这些化学武器还不在销毁之列。因此，美、俄在相当长的时间内仍保留大量的化学武器，对国际社会仍然构成严重威胁。

3. 致病微生物列为标准生物战剂

美、俄等国军队把致病微生物列为标准生物战剂，同时改进了生物战剂施放技术，大大增强了生物武器的攻击作用。美、俄还从非洲等地搜集了埃博拉病毒、马尔堡病毒等，作为新的生物战剂。此外，多种生物毒剂和一些人工合成的生物活性肽，也有可能成为新的生物战剂。

（二）军事强国推行核威慑战略

美、俄都把核化生武器的威慑与实战作为其军事战略的支柱。1997 年 11 月，时任美国克林顿总统调整了战略武器使用的新指令，"放宽"了对中国使用核武器的范围。把中国的核基地、领导机构、石油补给、发电系统、军工企业，以及所有常规部队等，都作为美国的核打击目标。2002 年 12 月 10 日，布什政府提出要在敌人使用大规模杀伤性武器之前，先发制人地以秘密或公开的方式动用军事力量。美国国防部修改核战略报告，首次将中国、俄罗斯、朝鲜、伊拉克、伊朗、利比亚和叙利亚等国列为打击目标，并要求制定必要时动用核武器的应变计划。报告强调：美国将在阿拉伯国家与以色列的冲突、中国同台湾的战争和朝鲜对韩国的攻击中使用核武器。

（三）国际社会难以制止核化生武器的发展

当今世界，最有能力使用核武器的国家，一方面大谈要控制或禁止核试验，另一方面又暗中大力发展自己的核力量。目前，世界核化生武器呈以下发展趋势。

1. 核武器向小型化、多样化方向发展

美国发展高命中精度、威力可调和低威力的深钻地小型核武器。企图用这种武器有效地打击深埋地下的目标，并尽量减少间接损害，从而缩小核武器与常规武器的差别，使核武器变得实用化。美军新装备的 B6-11 型核航弹可在 0.3～34 万吨范围内随时调成四个当量值使用，还能钻入地下 50 英尺后爆炸，以保证既能取得需要的毁伤效果，又不危及己方的安全。核武器小型化，缩小了核弹与常规弹药威力的差距，降低了"核门槛"，增强了使用的广泛性和灵活性。

2. 化学武器向高毒性发展

世界一些国家把高毒作为新毒剂的研究重点。一是发展毒性更强的新毒剂。虽然《禁止化学武器公约》已经生效，而公约却不能完全限制住化学武器的发展和扩散。美、俄等国都在寻找毒性更强、作用更快的新毒剂，使遭袭者来不及防护，只要吸入即可致死。如俄罗斯研制的代号为"新手"的神经性毒剂，其战斗性能比美国的 VX 毒剂强 5～10 倍，能穿透世界上已有的各种防毒面具，而且目前尚无特效急救药。二是发展二元化学武器。二元化学武器的出现使许多毒性很强，但性质不稳定的毒剂被重新利用，也避免了生产、运输和储存过程中毒剂对人员的危害。

3. 生物武器向超强杀伤力发展

随着对基础生命过程的深入了解，世界上一些国家利用某些化学、生物战剂制造遗传武器和种族武器。一是寻找致病力更强的生物战剂。据研究发现，有毒物质攻击人体靶细胞，选择性越强，毒性也就越大。如新发现的马尔堡病毒、埃博拉病毒和拉沙热病毒的病死率极高，目前还没有防治特效药。二是发展基因武器。基因武器就是把致病力强的基因、耐药性强的基因，移植到细菌中，制造出致病力更强的生物战剂。

（四）国际社会难以制止威胁使用核化生武器

近百年来，国际上签署了几十个禁止核化生武器的条约，然而核化生武器的研制和储存却一直没有停止。

1. 美、俄曾多次威胁使用核武器

自从美国在日本广岛和长崎使用核武器以后，有美国参与的 200 多次军事事件和局部战争中，美曾 30 多次威胁使用核武器，对我国比较严重的威胁就有 3 次。前苏联也曾对我威胁使用核武器。第二次世界大战结束以来，核战争虽然未爆发，

但来自霸权主义的核威胁始终存在，企图使用核武器的幽灵一直在徘徊。

2. 化学武器使用不断

第二次世界大战后，世界上被指控使用化学武器的国家达 50 多个。在朝鲜战争中，美军使用化学武器达 200 多次。越南战争中，美军把越南作为化学武器的试验场，使用毒剂7000 吨，植物杀伤剂 12 万吨，造成越南 153.6 万人中毒，约25000 平方千米的森林遭到了污染，约有 13000 平方千米的农作物被破坏。美军在阿富汗战争中，除使用大量先进武器外，还对坑道内的塔利班军队使用了化学武器。

3. 美军多次使用生物武器

美、俄现行武器系统中都装备有生物武器，并声称做好生物战准备是为了防护的需要。朝鲜战争中，美军曾大量使用了生物武器。1950 年 12 月向南撤退时，在黄海道等地布洒天花病毒；1951 年在中朝军队被俘人员中秘密进行细菌性能试验；1952 年 1 月，美军在进行其"绞杀战"的同时，又以制造疫区、削弱有生力量为目的，秘密地实施了大规模的细菌战，企图在朝鲜战场上变相地制造"无人区"。美军的细菌战使朝鲜历史上早已绝迹的鼠疫、霍乱等烈性传染病重又发生，一度造成部分军民的紧张心理。

（五）工业核化设施易造成次生核化危害

次生核化危害，就是以常规武器对工业核化设施实施摧毁、破坏，造成放射性和有毒物质泄漏所形成污染的危害。这种危害不仅能破坏一个国家的战争潜力，而且会产生核化武器使用后的某些杀伤因素效应，形成战场的特殊核化环境。海湾战争中，伊拉克的化学工业设施始终是被打击的重点目标，11个化学工业生产厂全部被摧毁破坏。科索沃战争，北约从发动空袭第三天开始，就全面地对南联盟的贝尔格莱德、诺维萨德、卢查尼、潘切沃和普里什蒂纳等 20 多个城市的近 30 个化工厂、炼油厂和油库进行频繁轰炸。空袭造成居民被迫撤离，整个潘切沃成为一座空城。据国外评论说，北约"打了一场没有使用化学武器的化学战"。

（六）遭受恐怖主义核化生袭击的威胁

现代恐怖主义已成为国际安全的重大威胁。随着世界核化生科学技术不断进步和广泛应用，世界核化生恐怖活动的现实威胁也正日益增大。核恐怖是指恐怖势力，以获得武器级核材料、使用放射性散布装置、粗糙核装置或攻击核设施等手段，造成人员、财产巨大灾难或社会恐慌，破坏社会安全和稳定的严重犯罪活动。如，1995 年 3 月 20 日，日本东京地铁遭受到奥姆真理教沙林毒剂袭击，造成 11 人死亡，5500 人中毒，引起日本全国上下谈毒色变。2001 年，美国以"炭疽芽孢邮件"为标志的"生物恐怖袭击"，震惊了全世界，迫使世人关注生物防御体系的构建和对人为蓄意使用微生物危害活动的防范。

思考题：

1. 什么是核、化学、生物武器？

2. 核武器有哪些杀伤破坏因素？

3. 化学、生物战剂各分为哪几类？

4. 核化生武器威胁主要有哪些？

第五章　现代战争

　　教学目标：了解信息化战争的形成、发展趋势与国防建设的关系，熟悉信息化战争的特征，认清信息化战争与机械化战争的主要区别及其对战争观和军队建设的影响，树立打赢信息化战争的信心。

第一节　信息化战争概述

人类社会正在进入信息时代，进行战争的方式发生了重大变化。信息化战争作为一种全新的战争形态，开始登上现代战争的舞台。

一、信息化战争的概念

运用信息、信息系统和信息化武器装备进行的战争，被称作信息化战争。它以信息技术为核心，通过信息网络系统，综合运用作战保密、军事欺骗、电子战、心理战和实体摧毁等手段，对敌方的信源、信道和信宿实施有效控制，进而瓦解或摧毁敌方战争意志、战争能力、战争潜力的军事活动。

信息化战争与其他战争相区别的就是"信息化"。也可以说，信息化是信息时代战争的根本特征和主要标志。

从信息化概念的提出至今，无论是对信息化概念本身，还是对社会信息化、军事信息化或战争信息化，学术界的认识并不完全一致。有的认为："所谓信息化，就是充分利用当今迅速发展的信息硬件和软件技术，把一个个分散的军队创新子系统综合集成为一个一体化的大系统，并运用信息时代的军队创新方法，提高军队创新体系在军队信息化建设领域中的创新能力。"这个定义是从军事创新角度认识信息化的，核心是用信息技术综合集成，形成大的系统，目标在于"提高能力"。也有的认为："军队信息化建设，是以提高信息能力为根本目的，以'系统集成'为主要途径,最终把以物质和能量为主要作战能力构成要素的、适于打机械化战争的机械化军队,建设成以信息和知识为主要作战构成要素的、适于打信息化战争的作息化军队的过程"。这个观点也强调信息化是一个过程,是一个以提高能力为目标的系统集成过程。

还有观点认为:信息化由"四大要素"构成,也就是数字化、网络化、精确化和智能化。其中,数字化是条件,网络化是基础,精确化是目的,智能化是方向。它的本质就是系统化,就是借助数字和网络,最大限度地发挥信息的"链接"、"融合"与"倍增"功能,实现人与武器、人与战场的最完美结合。

我国著名科学家钱学森认为,信息化战争是以信息为基础的战争。他指出:远程核武器的巨大破坏力,再加上现在高速发展的信息技术,就形成现阶段和即将到来的 21 世纪的战争形式——核威慑下的信息化战争。军事科学院作战条令部编著的《信息化作战理论学习指南》一书对信息化战争的解释是:信息化战争是人类社会进入信息化时代后,交战双方依托信息化战场,以信息化军队为主要作战力量,以信息化武器装备为主要作战手段而进行的战争行为,是由信息时代战争形势、军事力量状态和诸多兵器的技术形态等决定的战争动因、性质、规模等整体的表现形态。信息化战争是一种新型战争形态,既不同于农业时代的冷兵器战争形态,也不同于工业时代的热兵器战争形态,它属于知识经济、信息时代的高技术战争形态,在当前,是信息技术主导的机械化战争的高级阶段。

二、信息化战争产生的动因

(一)信息化战争是信息技术催化的产物

由于光缆通讯、计算机技术、虚拟仿真及传感技术、信息联网及数字化网络技术的出现，并逐渐形成社会的网络化、系统化和一体化；由于这种不断加快的社会网络化、系统化和一体化，通过计算机和通讯网络把国家的军事、政治、经济、文化等领域联为一体的发展趋势，为信息化战争的产生提供了物质技术基础，也为新时期研究信息化战争的战争形态、攻防手段、信息化战场及数字化军队建设，数字化武器装备建设，信息化战争的目的、任务、性质等信息化战争观理论提供了物质基础。

（二）信息化战争是人类社会进入信息化时代的突出表现

以美国为首的发达国家，在开发利用信息网络技术方面，不管是军用还是民用方面，都在世界上处于领先地位。美国推行"横向一体化"的原则，把军用和民用的网络技术互相兼顾，充分利用民用信息网络技术尖端成果来建设数字化军队和发展信息化武器。于是，以美国为首的发达国家，首先出现了信息化技术含量很高的 C^{4}ISR 系统，信息化战场、数字化军队、信息化弹药、信息化作战平台，以及信息化高速公路、战场信息高速公路等，如美国的"路易斯安娜演习战斗实验室"，英国的"作战地理仿真研究中心"等。在发达国家的带动下，不少中小发展中国家也纷纷调整军事发展战略，加快筹建数字化战略部队和"虚拟仿真训练中心"等相应的信息化技术含量很高的军事机构。

（三）信息化战争是新军事变革推动的结果

新技术革命必将猛烈冲击传统的军事思想和战争观念，引发一场新的军事变革。20 世纪 90 年代以来发生的世界性的军事变革，是在表现为军事技术和武器装备的根本性变化基础之上的，包括作战理论、作战方法、军队体制编制等军事领域各方面的全面变革。它给军事形态带来的影响，实质上是一场军事信息化的革命，而信息化还成为军队战斗力的倍增器。从而，新军事变革推动了信息化战争的形成和发展。

思考题：
1. 什么是信息化战争？
2. 信息化战争产生的动因和国际背景是什么？

第二节 信息化战争特征

信息化战争同机械化战争相比较，其鲜明的特征主要表现在以下七个方面：

一、信息资源主导化

信息对战争影响的关键是要准确获得战场信息，并把信息及时用于决策和控制。机械化战争起主导作用的是物质和能量，打的主要是"钢铁仗"和"火力仗"。在信息化战争中，信息是核心资源，是决定战争胜负的关键因素。信息化战争是以争夺战场"制信息权"为主要行动的战争，信息成为部队战斗力的核心要素。

在未来战争中，对信息的争夺将发挥核心作用，可能会取代以往冲突中对地理位置的争夺。攻城略地已经成为机械化战争的历史，在信息化战争中，地理目标将日趋贬值，信息资源将急剧升值。制信息权必然成为凌驾制空权、制海权和制陆权之上的战场对抗的制高点。拥有信息资源，握有信息优势，是取得信息化战争胜利的先决条件。

急剧升值的信息资源，决定了争夺制信息权的斗争将在全时空进行，决定了战争中交战双方将倾全力去争夺"信息优势"。海湾战争，争夺信息优势的斗争贯穿于战争全过程，渗透于所有作战空间。美军利用了世界上最先进的计算机系统所提供的大型智能平台和 C⁴KISR 指挥信息系统，完成了超大容量信息处理，赢得了战场信息优势。在科索沃战争和阿富汗战争中，由于美军夺取和保持了全时空的信息优势，因而以很小的代价夺取了战争的胜利。战争的实践，不仅使人们越来越充分地认识到物质、能量和信息在战争中的作用将发生革命性变化，而且使人们清晰地看到了信息、信息系统和信息化武器装备的巨大作用，感受到了未来信息化战争的无限前景。传统的火力、防护力和机动力仍是战斗力的重要组成部分，但已经不处在核心位置，取而代之的是信息系统和信息化武器装备系统。

二、武器装备信息化

科学技术在军事领域的运用，尤其物化为战争"手臂"，是引起战争形态发生深刻变革的根本原因。工业时代的战争，以机械化武器装备为物质基础；而信息时代的战争，则是以信息化武器装备系统为物质基础。信息化的武器装备系统，又是以计算机技术为核心、以信息技术为基础的一体化的武器装备系统。其构成主要包括：信息武器、单兵数字化装备和 C⁴KISR 系统。

信息武器系统，包括软杀伤型信息武器和硬杀伤型信息武器。软杀伤型信息武器，是指以计算机病毒武器为代表的网络攻击型信息武器和以电子战武器为代表的电子攻击型信息武器。这类武器已在海湾战争中开始使用。硬杀伤型信息武器，主要是指精确制导武器和各种信息化作战平台。信息化作战平台装有大量的电子信息传感设备，并与 C⁴KISR 系统联网。它们集侦察、干扰、欺骗和打击功能于一体，既可实施战场探测，为精确打击和各种作战行动提供目标信息，还可实施信息攻防作战，是信息化战争的重要物质基础。

单兵数字化装备，是指士兵在数字化战场上使用的个人装备，也称信息士兵系统（它由单兵计算机和无线电分系统、综合头盔分系统、武器分系统、综合人体防护分系统和电源分系统5个部分组成）。信息化的士兵装备，既是战场网络系统的一个终端，也是基本的作战单元，具有人机一体化的远程传感能力、攻击和生存能力，能够实时实地为炮兵和执行空地作战任务的飞机提供数字化的目标信息。阿富汗战争中，美空军准确无误地对地面目标实施攻击，就是得益于特种作战部队装备的信息士兵系统将整个战场数字化网络连为一体，为其提供了及时准确的目标数据。单兵数字化装备的出现和运用，意味着陆军作战效能将出现革命性变化。

C^4KISR系统，是战场指挥、控制、通信、计算机、杀伤、情报、监视和侦察系统的简称，它把作战指挥控制的各个要素、各个作战单元粘合在一起，是军队发挥整体效能的"神经和大脑"。在信息化战争中，C^4KISR系统是敌对双方的主要作战目标，围绕着C^4KISR系统展开的攻击和防护成为战争的重要作战行动。海湾战争是工业时代向信息时代过渡时期发生的一场战争，尽管还称不上完整意义上的信息化战争，但是它所显示的信息化战争的特征，在尔后的科索沃战争、阿富汗战争、伊拉克战争中，已经表现得十分清楚。

三、作战空间多维化

作战空间随着科学技术和武器装备的发展，逐渐呈现出日益拓展的趋向。在人类战争历史上，由于飞机的问世和航空技术的发展，作战空间发生了第一次革命性变化，由陆海平面战场发展为陆海空三维的立体战场。机械化战争中，交战的舞台主要是在陆、海、空等物理空间展开，重点是在陆地、海洋和空中进行。而信息化战争中，虽然活动的依托仍然离不开物理空间，但决定战争胜负的因素主要取决于信息空间，包括网络空间、电磁空间和心理空间。海湾战争以来的战争实践表明，信息化战争的作战空间明显拓展，呈现出陆、海、空、天、电等多维一体化趋势。信息化战争作战空间的这种多维性和复杂性，打破了传统的作战空间概念。

首先，物理空间超大无限。第一次世界大战中，决定战争胜负的马恩河战役、亚眠战役，战场范围仅有数百至数千平方千米。第二次世界大战中，决定战争胜负的维斯瓦河奥得河战役、柏林战役、诺曼底战役，战场范围也不过数万或数十万平方千米。而海湾战争，战场空间急剧扩展，东起波斯湾、西至地中海、南到红海、北达土耳其，总面积达到 1400 万平方千米。阿富汗战争的规模远不及海湾战争和科索沃战争，但其作战空间范围要远比海湾战争和科索沃战争大得多。美军在空中部署有各种侦察、预警飞机，全方位、全时段监视对方的所有行动。在外层空间利用多颗卫星组成太空侦测网，全面监视、搜寻塔利班和拉登的动向。随着军事信息技术的高速发展，未来信息化战争的作战空间将在目前陆、海、空、天的基础上进一步拓展。

其次，信息空间多维广阔。信息空间是一个全新的概念，它包括电磁空间、网络空间和心理空间，渗透于陆、海、空、天各个战场领域。由于信息和信息流"无疆无界"，使得信息作战的领域大大突破了传统的战场界限，是一个超大无形、领域广阔的作战空间。

电磁空间，是信息空间的重要组成部分。电磁战场被称作继陆、海、空、天之后的"第五维战场"，是信息化战争的重要作战空间。

网络空间，是人类进入信息社会的必然产物。信息时代的一个明显标志就是计算机和计算机网络技术的广泛应用。目前，国际互联网络将全世界170多个国家和地区的计算机网络连为一体。信息高速公路在全球范围内逐步建成，时空的概念正在急剧缩小。网络空间的出现，使地理上的距离概念和国家之间的地理分界线在信息对抗中失去意义，凡是与网络空间相联系的目标都可能遭到攻击。

心理空间，特别是决策者的思维空间是信息化战争的重要作战空间。心理是控制和决定人的行为的重要因素，心理空间的对抗与拓展，备受各国军队的重视。美军不仅编有心理战部队，而且正在研制"噪声仿真器"、"电子啸叫器"等专用心理战武器。美军在近期几场局部战争中都采取了军事打击与攻心并举的方针，成功地实施了心理战。战争的实践证明，心理空间作为信息作战空间的一个重要组成部分已体现得非常明显。

四、作战节奏快速化

时间是战争的基本要素。随着计算机、电子通信、卫星技术和信息化武器装备的发展，信息化战争的作战节奏和作战速度将比机械化战争大大提高，持续时间明显缩短，呈现出迅疾短暂快速化的特征。促使战争时间迅疾短促的主要因素有三个：

一是战场信息流动加快，作战周期缩短。信息时代，数字信息技术广泛运用于战场侦察监测设备和信息快速传输网络，实现了信息的实时获取、实时传输、实时处理，使得信息流动速度空前加快，空间因素贬值，时间急剧增值，作战行动得以快速进行。在网络化的战场上，尽管基本作战程序和信息的流程没有发生根本变化，同样要经过发现目标、进行决策、下达指令、部队行动等环节，但这几乎都是实时同步进行的。

二是战争的突然性增大，时效明显提高。信息化战争中，各种信息武器具有快速的作战能力，使得作战行动速度加快，时效性明显提高。

三是广泛实施精确作战，毁伤效能剧增。海湾战争中，多国部队发射的精确制导弹药，虽然只占发射弹药总量的9%，却摧毁了约68%的重要目标。精确打击直接指向敌人的战争重心，迅速而有致命性，这必然使得作战时间短促，战争持续时间大为缩短。

此外，数字化战场的建立、部队机动能力的提高、受经济能力和战争目的的制约等等，都是促使作战时间迅疾短促，战争进程日趋缩短的重要原因。

五、作战要素一体化

信息化战争，一是作战力量一体化。通过信息网络和信息技术，可以将处于不同空间位置的各种作战能力联结成一个有机整体，形成一体化作战力量；二是作战行动一体化。信息化战争中的主要作战样式，是两个以上的军种按照总的企图和统一计划，在联合指挥机构的统一指挥下共同进行的联合作战，其作战行动具有一体化的特征；三是作战指挥一体化。信息化战争中，集指挥、控制、通信、计算机、火力、情报、侦察和监视于一体的 C^4KISR 系统，为作战指挥提供了准确的战场情报、快速的通信联络、科学的辅助决策、实时的反馈监控，从而使树状的指挥体制逐渐被扁平为网络化的指挥体制所代替，使作战指挥实现了一体化；四是综合保障一体化。保障军队为遂行作战任务而采取的作战保障、后勤保障、装备保障、政治工作保证等各项保障措施实现了一体化。

六、作战指挥扁平化

机械化战争的指挥体制，主要以作战部队多层次纵向传递信息的树状指挥体制为主。这种指挥控制网络就像大工业生产按行业、按流水线建立的控制体系一样，其特征是金字塔状，下面大上面小，所有来自前线的敌我双方的情报信息，必须逐级向上汇报，上级的指示精神和命令也按照这样的树状模式逐级下达到前线或基层，是一种典型的逐级指挥方式。信息化战争的指挥体制，趋向作战单元与指挥控制中心横向传递信息的"扁平网络化"结构。在纵向上，从最高指挥机构到基层分队所形成的逐级控制关系虽仍然存在，但是，单兵数字化指挥控制系统成了指挥体系的最小层次。在横向上，各指挥系统间的横向联系更加紧密，不仅包括平行指挥机构之间的联系，还包含非同一层次间指挥机构的横向联系；不仅包括不同军兵种各层次指挥机构的联系，还包括同一军兵种平行指挥层次指挥机构间的联系。指挥控制近乎实时，效率大大提升。

七、作战行动精确化

信息化战争中，在多层次、全方位、全时空的情报、侦察和监视网络的支持下，使用大量的精确制导武器，使各种作战行动的精确化程度越来越高。一是精确侦察、定位控制。精确侦察、定位和控制是实现精确打击的前提和基础。二是精确打击。精确打击是信息化战争精确化的核心内容，它是靠提高命中精度来保证作战效果，而不是通过增加弹药投射的数量去增强作战效果。三是精确保障。就是充分运用以信息技术为核心的高技术手段，精细而准确地筹划、实施保障，高效运用保障力量，使保障的时间、空间、数量和质量要求尽可能达到精确的程度，最大限度地节约保障资源。

思考题：

信息化战争的特征有哪些？

第三节　信息化战争发展趋势

新军事变革浪潮在全球深入进行，战争形态也发生了重大变化。从世界范围看，战争形态正处在从机械化战争向信息化战争快速过渡的转型期。明天的变化是昨天和今天的继承与延续，战争历史有其自身的逻辑轨迹。因此，运用历史唯物主义的方法，遵循战争发展的一般规律，可以勾划出未来信息化战争的发展趋势。

一、拓展战争内涵

与传统战争相比，未来的信息化战争将在战争目的、战争行动、战争层次以及战争的主体等具体化活动方面发生重大的变化，战争的内涵将日益拓展，从而使传统的战争概念发生深刻的改变。

（一）战争目的有限化

"战争是政治的继续"，而政治又是以经济为基础并为经济服务的。恩格斯曾指出，暴力仅是手段，经济利益是目的。经济利益作为战争的最终目的，它的内容和表现形式又是与一定的社会经济形态相联系的。为了扩张和维护经济利益，在传统的战争中，交战双方主要表现为对有形资源的争夺。农业时代的战争主要表现为对人力、土地资源的掠夺和占有；工业时代的战争主要表现为对土地、能源和矿产资源的掠夺与控制。然

而，在信息化时代，战争将从对有形资源的争夺与控制，转变
为对无形资源（即知识和信息）的争夺与控制。这些资源包括
凝结在技术设备中的知识资源、存储于各种媒介中的知识资源
和存在于人类头脑中的知识和智力资源。这是因为，信息化时
代将是知识经济的时代，物质资源虽然仍然是经济发展的基
础，但已不再是起主导作用的因素，起主导作用的是知识和信
息。利益指向的改变直接决定了政治目的的变化，使战争目的
呈现有限化的趋势。

　　同时，信息化战争中政治对战争的控制力更强，信息技术
提供了表达政治意志和控制战争的新手段，打击目标、打击范
围、打击规模、打击节奏，以及战争发动和结束等问题都受政
治目的制约。战争目的不再追求彻底消灭敌方军队，而是由消
灭对手趋向改变对手、由歼灭敌军趋向瘫痪敌军、由打垮敌国
趋向打服敌国，赢得主导权，取得一定的经济利益，提高国际
地位，或惩罚、教训、报复敌国的目的。这主要是因为：一是
战争手段受到限制，战争手段的选择与使用以达成战争的政治
目的为限度，尽量减少对人员的杀伤和物质资源的摧毁；二是
信息化兵器价格昂贵，战争耗费惊人，任何国家都承受不起长
期的战争消耗；三是追求过高的战争目标，很可能导致交战双
方遭受难以承受的重大伤亡，从而引发民众的强烈反战情绪，
战争指导者不得不对战争规模和战争目的严加控制，甚至出现
了"外科手术式"战争；四是各种非战争军事行动相对突出，
军事威慑、军事封锁、军事禁飞禁航、军事禁运，甚至经济制
裁等非战争军事手段，正越来越多地被采用。

　　（二）战争行动暴力性趋弱化

　　传统战争的行动主要是通过军事打击造成敌方人员、武器
装备和设施的损失，并积累到较大的数量值，造成敌人抵抗意

志的瓦解。农业时代和工业时代，军事力量形态基本上是单项力量要素的集合，体系化、组织化程度较低，军队战斗力的形成和发挥主要靠兵员、武器的数量和规模。要达成摧垮敌人抵抗的目的，必须经过大规模消灭敌方有生力量，通过摧毁力量来制约行动，降低效能。

　　未来信息化战争中，由于信息技术的高度融合性，使得战争与政治、经济、外交等活动空前密切，战场空间越来越多地与非战场空间重叠，两者之间的界限更加模糊不清，原本相互隔绝的领域统统被打通，任何空间都被赋予了战场意义。战争无时不在，无处不在，贸易战、金融战、外交战、黑客战和网络战都将成为战争的手段。在使用各种"硬"摧毁手段的作战中，进攻一方也不再以剥夺敌国的生存权力，或完全夺占敌方的领土等作为最终目标，而是注重影响对方意志，尽可能地减少战争的伤亡，力争以最小的伤亡代价换取最大的胜利。战争行动的暴力性将会减弱，传统战争的一些暴力的"硬"打击行动将被非暴力的"软"打击行动所替代。特别是各种经济活动和社会活动的高度计算机化、信息化和网络化，社会的经济生活和政治生活更多地依赖于各种信息系统，如支撑社会经济和政治活动的金融系统、能源系统、交通系统、通信系统和新闻媒介系统等，都是以计算机为基础的信息网络系统。信息和信息系统既是武器，也是交战双方攻击的主要目标，敌对双方通过网络攻击、黑客入侵和利用新闻媒介实施大规模信息心理战等"软"打击的方式，破坏敌方的计算机信息网络，瘫痪敌方指挥系统，瘫痪敌国经济，制造敌方社会动乱，把战争意志强加给对方，以不流血的形式换取最大的政治和经济利益。这样一来，"流血的政治"将在一定程度上转变为"不流血或少流血的政治"。正如美国国防大学信息战争与战略学院院长约翰·阿吉尔所言："当信息本身成了冲突的手段，即当信息成为各种非致命性技术的目标，或当利用信息攻击其他信息目标，特别是像敌国民众的信仰、敌国领导人的信念、经济信息系统或政治信息系统时，一个更为纯粹的信息战样式或简单地说'信息战争'出现了。未来的信息化战争，更为纯粹的信息战争形态将工业时代的军事机器赶出了战争的主导地位，它已不再是在传统的战场上打，而是在全球范围的空间进行，暴力行动与非暴力行动的最终效果将趋于一致。"

（三）战争层次趋同化

战争、战役和战斗是关于军事行动层级的划分。信息化战争以前任何形态的战争，由于受战争目的及物质技术条件的限制，战场总体上局限于陆地，以陆军的地面行动为主，其他作战力量聚焦于地面来组织一系列作战行动是各级指挥员常用的方式，而在地面交战中，由于兵力的有限及指挥通信手段的落后，作战不可能在战场的全部地域同时开始，而只能从"一点"的战斗开始，由"一点"的战斗的胜利发展为"一线"战役的胜利，再由"一线"战役的胜利发展为"一面"若干次战役的胜利，最后发展为整个战争的胜利。战斗、战役、战争具有显著的递进性。因此，一般来讲，一场战争由若干个战役组成，一次战役由一系列互相关联的战斗组成。作战行动可明显地区分为战斗、战役和战争。

信息化战争中，大多数作战行动都具有相同的行动链，即战略筹划——战役指挥——战术行动。战略级的目的，通过战役级的指挥，以战术级的行动来实现。以往属于战略、战役级的武器装备直接用于战术级的作战行动，战争、战役、战斗的界限越来越模糊，战争、战役、战术融为一体的发展趋势成为必然。一方面，战役或战术行动具有战略意义。由于大量信息化、智能化装备和系统的集中运用，武器装备的作战效能越来越高，精确打击和信息战等作战行动对敌方军事、政治、经济和心理的攻击威力越来越大，因而小规模的作战行动和高效益的信息进攻行动就能有效达成一定的战略目的。一场战斗、一个战役或一个周密计划的信息行动可能就是一场战争。这使得战争进程更为短暂，战争与战役甚至战斗在目的和时空上的趋同性更为突出。另一方面，作战行动将主要在战略层展开。信息化战争不再是从战术突破到战役突破再到战略突破，而是战争一开始，打击的对象就将主要集中于关乎敌方政治、经济和军事命脉的重要战略目标。这使得空间对战略目标的防卫和屏障作用弱化甚至消失，前沿、纵深和后方的战略目标都可能首先或同时遭到攻击，传统的前沿、纵深和战略后方的线式划分完全丧失原有的意义。尤其是在信息化战争中起主导作用的战略信息战，它对敌方经济和政治信息系统的攻击，以及对敌方民众和决策者心理的攻击，更具有全纵深和全方位的性质。

（四）战争主体多元化

传统的战争主要发生在国家和政治集团之间，战争主要表现为敌对双方的军事力量在有形战场上的厮杀与较量，战争的主体是军队。而在信息时代，由于信息技术和信息系统高度发展，计算机网络联通了整个世界，使得整个世界的政治、经济、科技和文化的联系日益密切，国家的安全受到来自多方面、多种势力的威胁，表现出易遭攻击的脆弱性。社会信息化、网络化，以及武器装备信息化的实现，为战争提供了多样化的对抗手段，战争将表现为敌对双方军民一体多元化的战争主体，在有形和无形战场上同时进行的整体综合对抗与较量，使得发动和从事战争的主体呈现出多元化的特征。

信息化战争主体的新变化主要表现在：一是出现不使用真

正武器的战争主体。网络战场的主体就是典型的代表。通常，战场上的对决都是使用真刀真枪来进行，网军却使用人们看不见的网络程序来进行对抗。这是以前人们所无法想象的。二是非军队力量的出现。恐怖分子挑起的战争正在改变传统战争的样式。传统战争有明确的目标和清晰的战线，实施战争有明确的主体——政府和军队等。而恐怖主义组织发动的战争，使原来传统战争的许多特征发生了改变，如人们无法知道战争的组织者，无法看清从事战争的人的真实面目，无法摸清这些人将用何种战术进行作战等。三是一些跨国性的组织进入战争领域。信息技术的冲击已经使权力的分配以及国家与非国家间的联盟发生急剧变化，"深层联合"成为由众多非国家参与者构成的新兴的全球体系。这些非国家参与者在数量上和种类上的重要性都在逐渐增加。据统计，目前国际非政府机构的数量已超过2.5万个，美国甚至还有专门从事战争事务的公司，如"军事专业人员咨询公司"。毫无疑问，这些机构的参与，使未来战争的主体性更为复杂。因此，进行战争将不再是军队的专利，非国家主体、非政府组织、跨国公司、恐怖集团和"信息勇士"等，都能实施或帮助实施作战行动。美国的信息战争专家斯瓦图就把信息化战争分为三类：第一类是个人进行的战争；第二类是公司和团体进行的战争；第三类是国家实施的战争。因此，战争不仅会在国家与国家之间展开，而且也可能会在社会团体与社会团体之间、社会团体与国家之间、少数个人与社会团体之间展开。当战争爆发时，受到攻击的一方，可能难以判明谁是真正的对手，也难以迅速做出有效的反应和反击。

二、谋取全谱优势

战争是一种强制性的控制行为，控制的主要对象是人。但具体的控制内容有许多，它们分布在物理空间、信息空间和心理空间。以往战争重视的是对物理空间和物质资源的控制，控制的对象是地域、武器、设施以及资源等。交战双方通过在物理空间的较量达到对对方的控制。在信息化战争中，人们重视的是在信息空间进行的争夺，通过控制信息以求在物理空间中以最小的代价获取最大的效益。同时，由于信息空间与心理空间的紧密关系，以心理攻击为重要特征的信息攻击所起的作用越来越大，心理空间已成为贯穿战争始终的一个作战中心。因此，信息化战争中的优势，将表现为信息域优势、物理域优势、认知域优势以及三者的综合。信息域的优势是通过认知域作用于物理域而发挥出来的，信息域优势是前提，认知域优势是核心，物理域优势是物质基础。信息化战争的对抗将转向全域争夺。

（一）信息域优势

信息域，是信息产生、处理、传输和共享的领域，是促进作战人员间信息交流、传输指挥控制信息和传达指挥官作战意图的领域，也是信息化战争较量的重点领域。传统战争讲究"兵马未动，粮草先行"，信息化战争则强调"战火未燃，信息先行"。信息领域的对抗早在双方公开交战之前就已经悄然展开，彼此运用各种信息技术展开信息进攻和防御行动，力求最大限度地削弱、破坏、瓦解敌方的信息系统，以影响和破坏敌方的决策过程以及与决策过程紧密相关的信息活动，同时保护己方信息系统安全有效地运行。在信息化战争中，信息域的较量必将成为敌对双方争夺战略主动权的首要步骤和最重要的环节，如果不能夺取、保持并控制信息域优势，将不会有战场的主动权。信息域优势争夺主要在以下两个方面展开。

电子优势。电子优势指的是在确保己方能充分利用电磁频谱的同时，削弱、破坏敌方电子设备，使敌方得不到信息，或只能得到少量信息或迟到的信息，或制造假象，诱使敌军采取错误的行动。主要通过电子侦察、电子进攻和电子防御三种手段展开。电子侦察通常分为预先侦察和现场侦察两类。预先侦察属于战略侦察，是和平时期进行的长期或定期侦察行动，以获取敌方电子设备和系统的全面情报，为制订电子战计划、发展电子战装备提供依据，并为现场侦察提供情报。现场侦察属战术性侦察，是在战役、战斗前夕对战场电磁环境进行实时侦察、分析和判断。电子进攻主要有电子干扰和摧毁辐射源两种方式。电子干扰是对敌方电子设备或系统采取的电波扰乱措施，目的在于使敌方得不到信息，或只能得到少量不完整的信息，或制造假象使敌军决策失误采取错误的行动，丧失制电磁权从而导致失去信息优势。摧毁辐射源则是指专门对敌电磁辐射源进行物理破坏和摧毁的新型武器装备和手段，相比较电子干扰，它属于"硬杀伤"手段。电子防御是为防止己方电子设备辐射的电磁信号及其战术技术参数被敌方侦悉、识别，消除，或削弱敌方电子干扰对己方电子设备的有害影响，避免电子设备被敌方摧毁破坏，保障己方电子系统设备发挥正常效能而采取的综合措施。主要从反敌电子侦察、抗敌电子干扰、防敌火力摧毁三个方面实施。

网络优势。网络优势主要是指摧毁、破坏和瘫痪敌计算机网络系统，使敌方丧失对战场信息的获取、传递与处理流程和指挥控制能力，同时确保己方计算机网络实施的整体防护，保证战场信息流程的畅通。在信息化战争中，网络优势的获取有四个途径：第一，计算机病毒攻击。计算机病毒能够破坏网络系统的核心设备，起到其他武器难以发挥的独特作用，在平时就把具有毁灭性的计算机病毒武器，通过网络或贸易等方式植入敌方的网络系统和武器系统之中，在战时将其激活，就能毁掉敌指挥、控制计算机系统或武器系统中的有效数据，致使其瘫痪。第二，网络黑客攻击。网络黑客可以通过连接网络的计算机，穿过"防火墙"进入敌方网络系统内部，修改、获取其数据库关键资料，截取敌方指挥控制信息，或者把己方网络乘机插入对方网络，输入破坏程序，破坏其指挥中枢和武器系统，从而达到夺取和保持网络信息权，控制敌方的目的。第三，整体结构破坏。以各种手段攻击敌计算机网络系统节点，破坏其系统结构，使其信息流程受阻，作战体系瘫痪。包括对敌计算机网络系统中的关键节点进行压制干扰或实体摧毁，使其"信息链"中断，网络无法运行。第四，网络系统防护。通过各种信息手段，防止敌对己方计算机网络实施软件控制或病毒攻击。

（二）物理域优势

物理域，是真实存在的有形领域，包括物理平台、连接平台的各种通信网络等武器装备和战争发生的物理空间，是信息化部队实施作战行动的主要领域。在这一领域内，打击、保护和机动等作战行动均发生在陆地、海洋、空中和太空环境中。虽然物理域自古以来就是人类的战争舞台，但是飞速发展的科学技术正在而且还将进一步使这一领域发生全方位的变化。因此，信息化战争中的物理域优势不仅仅是简单的物质流和能量流，而是信息流与物质流、能量流汇聚的洪流；不仅仅在于传统的陆海空领域，还上升到太空领域。

太空优势。太空优势主要是在太空作战中掌握制天权，在保护己方天基系统和保证己方在太空行动自由的同时，干扰、破坏、摧毁敌方天基系统和限制敌方在太空的行动自由的优势。即运用太空力量为整个战争系统提供侦察、监视、导航、通信、指挥、控制等方面的支援，以及运用天基武器系统对地面、海上、空中目标实施攻击。太空作战直接服务于战争全局，作为信息化战争中的制高点，是否掌握太空优势对战争的进程和结局具有决定性的影响。太空作战形式多种多样，主要有三大作战样式：交战双方使用太空武器在太空实施的作战，包括在太空的一系列攻防行动的天际作战；交战双方利用天基或地基武器，通过太空对地球表面的作战或防天作战的天地作战；以太空武器装备，通过提供侦察、监视、预警、导航、通信、指挥、控制等方面的支援，联合陆、海、空等力量实施整体作战的天地支援作战。

体系优势。体系优势是指在全维作战空间发挥整体打击威力，保护己方的同时瘫痪对方的作战优势。由于战争空间向全维拓展，机械化战争时期作战部队单元与单元之间的对抗已经不能影响整个战争全局，取而代之的是双方作战力量体系与体系之间的对抗。因此，具有明显单元对抗色彩的诸军兵种协同性联合作战必然向具有体系对抗色彩的诸军兵种一体化联合作战转变。体系优势强调指挥系统、作战平台、作战力量和作战保障四个方面的内容。一是一体化指挥控制。利用网络把各种探测器、武器系统、指挥控制系统有机联系在一起，使"观察—判断—决策—行动"全程实现网络化，从而对地理上分散的部队实施一体的指挥和控制，对敌方实施快速、准确、连续的打击。一体化指挥控制对于促进分散配置的各部队对作战信息的实时共享，增强战场感知能力，加快决策和指挥速度，提高杀伤能力、生存能力、灵活反应能力，以及总体联合作战效能具有重大的意义。二是一体化作战平台。通过信息技术所具有的"联通"和"聚合"功能，使各种复杂的、分散的作战平台经过各级 C4ISR 系统的链接，综合集成为一体化的整体。

通过一体化作战平台，不同武器装备实现了效能的互补，不同军兵种之间实现了功能的互补，具备了互联互通的能力，在技术上融为一体，在作战时空上融为一体，从而以实时或近实时方式共享态势，感知和指挥控制信息，发挥综合集成的整体威力。三是一体化作战力量。主要包括两个方面：第一，作战力量一体化。即将参战的诸军兵种的力量有机结合，合理编组作战军团、兵团和联合部队，构成诸军兵种合成化力量结构体系。第二，战斗编成一体化。即在战斗力量的编成上一体化。四是一体化作战保障。通过压缩规模、减少管理层次，将若干相对独立的保障机构和职能部门进一步优化整合，以图形、图像等可视化形式显示保障要求，从而准确计划和实时协调动态保障力量，对作战部队进行及时的精确化保障。

精确优势。主要是指在信息化战争"基于效果"的前提下，对作战目标实施精确的侦察定位，对作战决策实施精确的运筹，对兵力投送实施精确的计划，对作战行动实施精确的准备，对部队作战实施精确的保障，对打击效果实施精确评估，最终实现以最小代价达成最佳的作战效果。精确优势对于集中打击敌方整体所依赖的重心，从而一举瘫痪敌人，剥夺其抵抗意志和能力，达成速战速决的战略目的具有重要的意义。主要特点有：信息与火力高度融合；直接打击敌重心；受地理因素影响小；作战空间广阔；附带损伤小。精确优势的实现主要有三个环节：一是精确定位。通过太空、地面、海上、空中，以及谍报等先进的信息侦察系统，对战区各类目标实施多层次、多领域、多手段的侦察。二是精确摧毁。运用准确的空中投射或空中投掷高分辨率武器的打击，以及远程全天候精确打击能力，以精确高能弹药对点状目标实施精确摧毁。三是精确评估。通过空间侦察卫星、高空侦察机、无人侦察机等手段，对被攻击目标实施侦测，分析和评估攻击效果，决定是否对目标再次实施攻击或修正攻击方案。

（三）认知域优势

认知域，是指作战人员的思想、意识、心理等领域，既包括知觉、感知、理解、信仰、价值观及据此作出的决策，也涉及军事指挥才能、部队士气与凝聚力、训练水平与作战经验、态势感知能力和公众舆论等。认知域界定了信息化战争的一个重要空间，是反映人的知识、信念和能力的空间。将认知域作为信息化战争的一个基本领域，是对战争时空范畴的新界定，它反映了信息化战争以智能为基础，是更高层次的智慧较量和意志拼搏。认知域的地位伴随战争信息化程度的扩大而提高。信息化战争中，借助以网络为中心的先进手段，人的战场感知力显著提高，信息处理能力空前增强，拥有战场认知能力强大的一方，就会扫清战争迷雾赢得战场透明。只有取得认知域优势，才能更好地发挥物理域和信息域优势，未来信息化战争夺取和保持认知域优势的较量十分激烈，将主要在以下几个方面展开：

感知优势。了解战场态势是知彼知己的前提。在信息化战争中，交战双方对战场态势的感知能力存在差异。对拥有战场态势感知优势的一方，战场将变得单向透明，部队具有信息共享能力，军队各级指挥员可以实时、准确、高效地指挥作战行动。据美国空军的试验，作战飞机在提高战场态势感知能力和信息共享水平以后，其杀伤力可以提高 2.5 倍，而感知能力处于劣势的一方，则在很大程度上处于信息迷茫状态，不仅可能变成"瞎子"、"聋子"，而且可能成为盲目行动的"呆子"和受敌方假信息欺骗的"傻子"。扭转这种战场态势感知能力的非对称状态，是信息化战争中以劣胜优的一个突出问题。

知识优势。知识是社会认知的结果，也是开拓新认知的基础。知识就是战斗力。未来信息化战争是高知识含量的战争，军队全面掌握信息化战争知识，就会形成知识优势。在近期几场局部战争中，知识优势的作用凸显。知识作为一种重要的军事要素，在军队建设和军事斗争中的作用越来越突出。未来的信息化战争，从某种意义上说就是知识的较量。可以说，知识优势是考察信息时代军事人才的重要标准，知识优势是信息化军队战斗力的基本要素，知识优势是打赢信息化战争的重要条件。

心理优势。认知域的心理优势由军人群体坚定的政治信念、顽强的战斗意志、稳定的战场情绪，以及良好的职业气质等因素构成。从孙子提出"不战而屈人之兵"，到伊拉克战争中大打心理战，心理优势显现出越来越大的作用。未来信息化战争中，心理斗争将呈现许多新的特征：其一，争夺"制心权"成为双方认知域较量的重点，只有确立心理优势，才能赢得战争的主动权。其二，认知域与信息域相互交融，信息域优势对心理活动产生重大影响，只有适应战场信息环境的挑战，才能保持心理优势。其三，心理优势有其相对独立性，掌握技术装备优势不等于拥有心理优势，发挥心理优势是以劣势装备战胜优势装备之敌的必要条件，发挥心理优势也是保证发挥优势装备作用战胜敌人的必要条件。

决策优势。信息化战争的决策优势，是指建立在态势感知优势、知识优势、心理优势基础上的，正确和高效的作战指挥能力。决策优势不仅是认知域优势的核心，而且也是打赢信息化战争的关键所在。因而，建立和保护己方决策优势，攻击和削弱敌方决策优势，是信息化战争较量的焦点。交战双方将在认知域展开以攻击高层决策指挥人员为重点的心理战，在信息域展开以控制作战指挥信息为重点的电子战，在物理域展开以摧毁对方指挥机构和设施为重点的火力战。在信息化战争中，强者凭借信息域和物理域优势建立和巩固决策优势，形成"主宰机动、精确交战、集中后勤和全维防护"的"全谱优势"来达成作战目的，并且降低作战成本。但决策优势并不是强者的专利，信息化战争认知域还为弱小者维护正义、施展才智和力挽狂澜提供了广阔空间。

三、实现智能化

信息时代为灵敏化、智能化作战提供了社会条件和技术准备，随着微电子技术、信息技术、新材料技术的不断发展，人工智能技术将普遍运用于军事领域，智能化是信息时代战斗力生成模式转变的总体方向与趋势。智能化作战就是运用智能化武器和手段，以实现高效指挥控制和实施精确与灵巧打击为主旨的作战形态，它在信息化战争中扮演重要角色，谁掌握先进的智能化武器及手段，谁将拥有更强大的战斗力和更多的主动权。指挥控制智能化、武器装备智能化和智能化领域作战是智能化作战的三个显著特点。

（一）指挥控制智能化

指挥控制智能化，是运用智能化的军事指挥系统对军队作战、训练实施指挥的一种科学方法，是实现指挥、控制、情报、计算、通信和信息对抗智能化的一种手段。智能化指挥控制以其独特的智能化优势，以及全天候、全方位的作战能力、生存能力、较低廉作战费用的优势，已成为信息化时代军事发展的重要内容。指挥控制智能化的最大特点是，实现了决策的科学化、群体化与实时化。在进行决策时，可不断修改和完善决策方案，使决策建立在科学的基础上，既能提供多种可供选择的决策方案，也可避免由于人的情感、思维等随机因素引起的片面决策，防止决策上的失误。指挥控制智能化可通过指挥控制智能化系统中的信息库和军事专家系统获取大量军事信息，从而利用集体的智慧进行决策，实现决策的群体化。指挥控制智能化系统能把诸军兵种和陆海空天各战场联成一体，指挥员通过信息高速公路网实时地获取战场信息，并实时地进行决策和指挥作战，使决策和作战同步进行，实现决策、控制、行动的实时化，提高了决策效率。

随着信息技术和人工智能技术的发展，指挥控制智能化系统将在以下三个方面得到更大发展。一是决策实时快捷。随着构成指挥控制智能化系统核心的计算机功能的提高，指挥控制智能化系统的战场信息处理能力不断增强，决策更加快捷。特别是高速超导计算机、光计算机等智能计算机的发展，未来指挥控制智能化系统的信息处理将得到质的发展。二是指挥控制精确。随着指挥控制智能化系统的决策信息分发更为精细，指挥控制智能化系统的指挥控制行动将变得更为精确。以信息技术为核心的指挥控制智能化系统，不仅能对来自战场各个方面的大量情报信息进行快速、有效的处理，对战场状况作出准确的判断，迅速、准确、可靠地协助指挥员作出决策，其决策分发系统还能根据己方部队的情况，对作战单元、平台和单兵进行有效的控制。在阿富汗战争中，美军配备的地面"全源情报分析系统"，可以将卫星、高空侦察机和无人侦察机传来的浩如烟海的信息进行快速处理，现时生成可用的情报，直接提供给有关的部队和武器系统。三是决策实施可靠。随着指挥控制智能化的信息协同能力不断增强，指挥控制智能化对决策的实施将更为可靠。特别是数字化技术的应用，信息一体化技术已成为现代作战武器系统的通用技术，使各作战单元之间、各作战平台系统之间、不同军兵种作战平台之间，以及作战平台与指挥控制智能化系统之间的信息融合能力不断增强，基本实现了信息通用化。侦察监视系统能将所捕获的目标信息及时传输给指挥控制系统和各种攻击系统，引导处于最佳攻击位置的打击系统对目标实施及时和准确的攻击，具备边发现、边摧毁的能力。

（二）武器装备智能化

未来信息化战争中，武器装备变成了以物质、能量、信息为基础，以信息为核心，具有信息力这种能力的"聪明"的智能体，呈现出智能化特征。"快速、精确、高效"的作战需求和电子信息技术的有机结合，催生了智能化武器。智能化武器是指不用人工操作和控制，以人工智能技术的"物化"，实现武器装备的"智化"，自主完成侦察、搜索、识别、瞄准、攻击目标等具有人脑部分功能的高技术武器装备。与传统的机械化武器装备相比，增添了"大脑"功能的智能化武器装备无疑是一次质的飞跃。这种飞跃不仅大幅度地改造和提升武器装备的物理功能，而且全面拓展了其信息功能和智能控制能力，使单纯的物质力量载体转变为物质功能与人脑功能的结合体。

以无人驾驶飞机、精确制导武器、各种类型的战场机器人、无人水面舰艇和潜艇为代表的智能化武器装备将得到更加广泛的运用，从而全面提高了武器装备的作战效能。其特征主要有以下几点：一是打击精确化。最能体现武器装备智能化的是武器装备的打击精确化。武器装备打击精确化的实现有赖于三个方面的条件：首先，对目标信息、自身武器信息、环境信息的准确感知，以及对目标变动情况的快速修正与传输。其次，对是否实施打击、以何种方式打击、何时实施打击的实时决策，以及对打击效果的准确评估和是否再次打击的决策。第三，武器装备对打击决策的实时执行、对弹药的精确制导，以及根据目标变动情况的准确引导与弹道修正。武器装备打击的精确化实质就是武器装备智能化的最佳体现，是通过侦察监视系统、指挥决策系统、各火力打击系统之间实现有效的信息联系，实现实时处理目标信息和火力控制。二是操作自动化。未来各种先进武器装备都将装载各种计算机并与火控系统联为一体，无论是陆战武器、空战武器，还是海战武器、太空武器、反导武器等武器装备的整个操作过程，都将由计算机控制，并通过计算机网络系统联为一体，使武器装备成为一个拥有外部感知（侦察监视系统）、思维判断决策（指挥自动化系统）、精确打击（精确制导的火力打击系统）的庞大智能系统。虽然未来火力打击平台变得空前复杂，但其使用操作却变得相对简单，绝大部分武器的使用操作将由武器平台内的微电脑系统完成，火力打击平台从目标定位和发射都将实现自动化。三是作战平台智能化。随着生物计算机和化学计算机等特种计算机的研制和用于武器装备，具有类似人脑的识别、记忆等思维能力，能自动侦察、控制、寻找和攻击的高智能军用机器人将在未来战争中出现。目前，美国海军机器人"哨兵"能测出烟、人、风景和异常气体，美陆军试验"徘徊者"机器人已担负巡逻、侦察、扫雷、搜集战场伤亡情况，攻击装甲车和飞机，以及在核生化区作战等多种任务。在未来信息化战争中，将出现有生力量与无生力量共同作战的新景象，大规模的机器人部队和由机器人驾驶的飞机、坦克、装甲战车、军舰，以及智能电脑控制的其他武器装备都可能成为现实。

（三）智能化领域作战

在传统的机械化战争中，虽然在智能化领域也存在着谋略对抗活动，但这种对抗是间接的，需要用部队真实的作战行动才能表现出来。然而，在未来信息化战争中，由于信息战的广泛运用，智能化领域将会发生激烈的对抗。知识、信息和思维这些智能化的范畴，既有可能是作战所使用的手段，也有可能是作战所要打击的目标，因此在智能化领域将会发生大量的直接对抗的作战行动。

知识战。知识战是以作战空间感知信息优势为基础，通过先进的计算机与分析工具，形成可供决策的信息，使指战员结合自身的经验与判断，把信息置于作战空间内涵中，比敌方更好更快和更精确地运用战斗力，取得点穴式的效应与结果，以达到作战意图和战略利益的一种作战概念。知识战的原理在于：通过全面获取战场信息并将其转化为可供决策的知识，在战争爆发时，可以依据这样的知识通过实际作战达到作战目的，战则必胜。知识战的目的是慑止战争，而不是打赢战争，"不战而屈人之兵"是知识战的最高境界。为了达到这样的目的，知识战对战斗力的运用不是对敌方目标进行物质摧毁，更重要的是通过对敌军的核心人物实施精神摧毁，选择特定打击目标来达到威吓效果，从而慑止大规模冲突的发生，在防止冲突、保护稳定中发挥作用。

信息战。信息战的目的是剥夺敌战场信息获取权、控制权和使用权，影响、削弱敌方战场观察、决策和指挥控制部队的能力，实质上就是破坏敌战场观察、联络、决策和指挥的"大脑"，获取制信息权。在信息化的战场上，军队的战斗力构成不再是一般意义上的人、武器和人与武器结合这三大要素，而主要是由具有高素质的人、高技术武器装备和人与武器装备的有机结合而构成的。特别是战场认知系统、信息系统及指挥控制系统的信息获取、处理和利用能力这一要素的加入，客观地具备了以"硅片"制胜的基础，使作战中大量地消灭敌人的

"肉体积量"而胜变为积极地破坏敌人的信息载体"智能核心"而胜，即着眼于破坏敌战斗力新的构成方式及作战力量中最核心的战场认知系统和信息系统。实现信息战目的主要是通过指挥控制战来实现的。首先，通过各种作战行动攻击敌方的战场认知系统，破坏其战场信息探测源，使其"耳目"迟钝或失灵，无法及时、准确地了解战场态势的发展变化，从而逐渐丧失战场观察与决策能力。其次，通过攻击敌方的信息通道和信息处理、决策指挥中心，割断敌指挥系统与各级作战单位、武器系统的联系，从而削弱其指挥和控制能力。第三，通过对己方采取有效的指挥控制防护，有效地保持信息获取、传递和使用的自由权，掌握和控制战场的信息优势。

谋略战。在信息化条件下，战争的形态发生了革命性的变化，战争不仅是实力的抗衡，也是谋略的较量，取胜的天平必然倾斜于"谋"高的一方。信息化战争中处于优势的一方，先谋后战，谋而后胜，可以充分发挥信息优势，大大降低作战损耗，以最小的代价换取最终的胜利。处于劣势的一方要想取得战争的胜利，就更要充分发挥主观能动性，在谋略运用上超过对方，技高一筹才能主动地造成敌方决策和行为的失误，从而削弱强势一方的优势，最终战胜敌人。这主要表现在：军事谋略将凭借以计算机为载体的决策支持系统，使信息获取、传输、分析、存储、处理更加实时高效；军事谋略的实施借助新技术产生倍增效应，人脑与计算机系统合谋，指挥控制系统能辅助指挥员对作战形势进行推理、预测和作战模拟，在较短时间内拿出方案，供指挥员决策参考；军事谋略对抗的空间更加广阔，谋略思考与信息技术的有机结合，拓宽了思维空间，突破了传统谋略的范畴，军事谋略拓展到多维空间，而且还需要与军事斗争密切相关的政治、外交、经济、资源等联系起来进行综合运筹；军事谋略实施的手段技术化程度提高，电子隐形、电子欺骗、电子伪装、电子佯动等表现突出，利用信息网络和大众媒体进行心理攻击更显激烈。

四、展开全面威慑

威慑是国家或军事集团之间在信息时代的一种战争手段，进行威慑的一方通过威胁使用或实际使用以信息作战力量为主的军事力量影响对方的判断，进而迫使对方屈服或放弃某些军事行动。以往战争中实施威慑，强调在战略层面上实施。信息化战争中展开威慑，在战略、战役与战术层面上同时并举，强调要综合运用多种威慑手段，使之相互取长补短，产生最大的威慑效果。

（一）情报威慑

情报威慑，是指以威慑为目的的情报战。情报战是指集团或组织为满足一定的利益需要，采取各种手段，有意识、有目的、有组织地搜索和窃取敌方情报，为其制定政策、方略、计划和行动方案提供依据，同时防止敌方的类似行动而展开的一系列活动。

情报战的发展不仅为威慑的形成和发展奠定了基础，而且也是威慑的一个重要手段。第一，情报战是威慑的重要组成部分。从本质上讲，威慑就是围绕信息的获取权、控制权和使用权而展开的。对威胁及感知进攻的识别、对态势的客观分析和对蛛丝马迹的敏感，必须获得多种信息威胁方面的情报，情报是定下决心和制定威慑决策的依据。所以，情报战是威慑的重要手段。第二，情报战是其他威慑手段实施的前提条件。在整个威慑中，信息获取权的争夺是必不可少的先导，不能有效地获取信息，就不可能有效地控制和使用信息，从而也不可能制定正确的威慑方案和发布有力的威慑信息，也就不可能形成有效的威慑。因此，以夺取信息获取权为目的而展开的情报战，是展开威慑的前提条件。第三，情报战将推动其他威慑手段的发展。没有情报战，就不可能有效地运用心理作战、电子作战、网络作战和实体摧毁等其他威慑手段进行威慑。在威慑中，各种威慑手段是相互联系、互为一体的，由此构成了威慑的整体。在威慑中，每一种威慑手段的发展变化，也必将影响和推动其他相关威慑手段的发展。随着信息技术的发展，情报威慑呈现出许多新的特点，主要表现在以下三个方面：一是形式更加多样。在威慑中，不仅传统的间谍战将在新的技术手段支撑下继续发挥作用，在信息技术基础上发展起来的现代电子情报战也将出现新的突破，建立在航空航天技术上的空中情报战和空间情报战将进一步扩展，以计算机网络空间为主战场的网络情报战亦逐步登上情报战的舞台。情报威慑，既有在有形空间进行的间谍战，也有在无形的电磁空间展开的电子情报战，更有在虚拟的信息空间进行争夺的网络情报战。其中，以网络空间为主战场的网络情报战近年来逐渐受到重视，有成为情报威慑主要形式之一的趋势。二是手段先进。技术的发展和手段的更新，始终是情报威慑方式发展演变的重要动力之一。随着信息技术的发展和应用，必将为情报威慑提供更先进有效的手段，这也是情报威慑产生的根本原因。三是范围更加广阔。情报威慑的出现，是人类社会从工业时代向信息时代转变的时代变革在战争领域的直接反映，是社会信息化的必然结果。在情报威慑中，信息是一种重要的资源和力量，它渗透到社会各个领域和威慑的各个方面，只有充分获取和掌握信息，才能在威慑中掌握主动。因此，激烈的信息争夺将在军事、政治、经济以及科技等各个领域展开，情报威慑的范围也将随着人类信息活动广度的扩展而更加广阔。

（二）心理威慑

心理威慑，就是以实力为后盾，通过示形造势等方式，显示自己的力量，实现自己的决心，在对方心理上构成一种障碍，使其认识到由于面临无法承受的后果而不敢贸然采取行动，或其行动有所收敛，或被迫停止行动的心理战形式。简单地说，心理威慑是为了达到某种军事、政治、经济等方面的目的，运用军事实力从心理上慑制对方的一种斗争方法。

心理威慑的基本要素是：实力、决心、可信性。其中，实力是心理威慑的物质基础；使用威慑力量的决心是心理威慑产生效应的心理基础；威慑的可信性是决定心理威慑效能发挥的重要因素。心理威慑既可采取非战争手段，也可借助武力实施，其实施方法通常有舆论造势、实力展示、慑战融合和诡诈欺骗四种。

舆论造势。舆论造势是运用心理学原理，采用舆论宣传手段，对人的认知、情感和意志施加影响，瓦解对手，保护自己，以最小的代价换取最大利益和胜利的信息威慑方法。舆论是面向大众的，具有传播信息、引导民意、监视环境、协调社会行为、延续文化规范等作用，对于人们的思想和行为有着重要的影响。信息化战争中，建立在严正立场、强大信息作战实力和坚定决心基础上的舆论宣传，能够收到良好的威慑效应。利用传媒大造舆论，对敌方实施舆论威慑，最大限度地争取盟友，孤立敌人，陷敌于众叛亲离之地，置敌于心理弱势的境地。

展示实力。展示实力就是把威慑力量通过适当的方式明确地显示出来，使对方产生恐惧、疑虑、动摇等心理现象，放弃预定计划或表示屈服。如果强大的威慑力量像一个秘密藏而不露、无人知晓，就不可能产生威慑作用。展示作战实力，公开显露信息威慑力量，就可以发挥威慑效应。比如，有针对性地进行军事展览、阅兵、武装巡逻、海上游弋、信息作战演习等显示威慑力量和决心；突然公布重大科研成果，显示新型武器装备的巨大威力、通过媒体宣传国家的现代国防建设成就，或在武器博览会上展出有威力的新式武器等等，都可能产生威慑作用。

慑战融合。慑战融合是指用一个重大的信息作战行动或一系列信息作战行动来显耀己方的威力，表明己方具有不可战胜的力量，以使对方和其同盟者产生恐惧，达到威慑的目的。这种威慑的方法，作战目的是为了"慑"，从威慑需要出发的"有限实战"，表现出作战目的高度明确、作战规模相对有限、作战进程完全可控等特点，强调的是"精打巧战"。在实施时要围绕威慑要求，哪里威慑作用大就打哪里，怎样打震慑效果明显就怎样打，并不拘泥于打击目标的军用或民用性质，完全是根据威慑需要来定。

诡诈欺骗。诡诈欺骗是运用谋略，以真真假假、虚虚实实的信息欺骗行为来讹诈、恐吓、迷惑对方。一方面不断强化虚假事物的真实感，另一方面向对方实施心理攻击，在心理上造成敌方的错觉和错误，从而破坏其心理平衡，瓦解其心理防线，达到控制、调动、震慑和战胜对手的目的。诡诈欺骗作为心理威慑的方法，其成功之法在于设法伪装自己的真实企图，以假象掩盖真象，以形式掩盖内容，以现象掩盖本质。

（三）电磁威慑

电磁威慑，是通过电子战的方式，利用电磁能和定向能控制电磁频谱，削弱和破坏对方电子设备的使用效能，同时保护己方电子设备正常发挥效能，产生威慑效果的措施和行动。其实质是利用电磁波探测、识别对方信息装备和信息系统的电磁频谱，然后采用多种方法和措施，干扰、阻碍其正常工作，甚至予以破坏。同时保护己方的信息装备和信息系统能正常使用电磁频谱，发挥工作和作战效能。

电磁威慑是电子战的一种作战样式，是一种低强度的电子战。电磁威慑的目的是以尽可能小的战斗来达到威慑效果。电子战的作战效能不仅表现在直接攻击、毁伤敌方的军用电子信息设备，而且能对使用这些设备的操作人员造成巨大的心理恐怖，从而削弱其战斗力。在海湾战争中，伊拉克军队的雷达操作手最害怕听到美军飞行员呼叫"野鼬鼠"飞机的支援信号，因为这可能就是将遭到灭顶之灾的先兆。同时强大的电磁威慑也足以对敌方人员在心理或生理造成极大震慑和身体不适。电磁威慑内容涉及的面很广，包括射频对抗、光电对抗和水声对抗等。在威慑中，电磁威慑已成为一种重要的威慑手段，主要体现在三个方面：一是情报对抗，即利用电子战手段干扰和影响对方的情报侦察系统，阻碍对方获取己方的情报。同时运用电子战反干扰手段，抗击对方对己方情报侦察系统的电子侦察行动的干扰和影响，保证己方的电子侦察系统能够正常获取所需的战略情报；二是系统对抗，即利用电子战手段与对手的信息系统特别是指挥控制系统进行对抗，影响和干扰对方指挥、控制和决策；三是对民用系统实施干扰和破坏。即利用电子战手段对对方民用电子设备和系统，如金融系统、民用通信系统、电力系统等进行干扰和破坏，并保证己方民用电子设备和系统不受对方的干扰和破坏。

（四）网络威慑

网络威慑，是发生在计算机网络空间中，以威慑为目的的、以计算机和计算机网络及其信息资源为主要目标，以先进的信息技术为基本手段，进行的各种类型的信息攻防行动。实质上，网络威慑主要发生在以计算机网络为核心的信息网络空间，并对国家的安全构成极大的威胁，故将其作为一种基本的威慑手段。

网络威慑源于网络战。当网络战的战略地位更加突出，战争主体、客体涉及到广大民众，且破坏性空前巨大时，网络战又会向另一个方向发展，即形成"网络威慑"。若在网络战领域确实具有较强的攻击能力，并且让作战对手相信这种能力，那么就可以在政治、外交和军事斗争中取得主动。网络威慑的首要目标是战略目标，能够达成战略目的。信息时代，各种各样的计算机网络成为国家的战略命脉和战略资源，一旦重要的网络陷入瘫痪，整个国家安全就面临着崩溃的危险。网络攻击的是敌方的 C^4ISR 系统的"大脑"，影响的是战略决策和战略全局。网络威慑的目标由军用网络拓展到民用网络，将会严重影响国家的经济、社会秩序和民众的切身利益。一个国家网络建设越发达，对网络的依赖程度越高，而受到网络攻击的威胁也越大，往往是在最强的网络优势中相伴着最脆弱的环节。如果通过网络攻击，使股票市场混乱，金融系统瘫痪，电力调度失控，通信系统中断，各种谣言四起，那将是一个什么样的局面？所以，未来信息时代，是否具有网络威慑能力，将成为衡量一个国家军事实力的重要标志。作为信息不发达的国家，只有形成一定的网络攻击能力，才能有效遏制信息发达国家的威慑。

（五）破毁威慑

破毁威慑，是指使用信息作战武器装备及兵力、火力等，摧毁敌信息系统及相关设施，同时保护己方的信息系统和相关设施免遭敌方打击的威慑手段。对重要信息设施的摧毁是破坏敌战场结构，割裂敌作战要素之间联系，限制敌战斗力生成的最有效的手段。随着信息技术的发展，越来越多的信息设备应用于军事，使信息系统成为现代战争的制高点和推动战争机器运转的核心。破毁威慑恰恰就是以信息系统为目标，一旦信息系统受到干扰破坏不能正常工作，其军队与国家将处于无序状态。所以遭受破毁攻击的一方将在相当长的时期内难以恢复元气。因此，破毁威慑具有巨大威慑效应。破毁威慑具有行动受时空影响小，后果时效期长等特点。如定向能武器能以光速把高能量直接射向目标，攻击不需提前量，其射束在灵活控制下能快速扫掠战场某一特定区域，可以快速改变指向同时攻击多个目标。强激光武器，能在一分钟之内对付上百个目标，高功率微波能波束能够扫过区域内大量敏感的传感器、电子元件、计算机芯片，造成电子系统的永久性损伤。破毁威慑按毁伤程度可分为失能性破毁和毁灭性破毁。失能性破毁指毁伤敌信息系统的软件程序，造成信息设备功能紊乱，系统功能丧失，无法正常工作。毁灭性破毁是指打击敌信息系统、武器控制等信息设备，造成永久性破坏。

五、力争速决制胜

信息化战争与机械化战争相比，战争进程加快，战争持续时间缩短。信息化战争中作战节奏异常快，火力的转移、攻防的转换、新战法的采取、作战计划的拟定和反制措施的实施等，都以极高的速度进行。作战行动的持续时间常常以分秒计算，失去几分钟或几秒钟，就可能意味着失去一次重要的战机，甚至失去整个战役或战斗的胜利。信息化战争速决制胜的发展趋势，除了受政治、经济及军事理论等因素影响外，信息技术的发展对其有着巨大的推动作用，主要表现在以下四个方面。

（一）战场信息流程缩短

随着信息技术的发展，数字通信和传输等技术广泛运用于战场侦察监测和信息快速传输，实现了信息的实时获取、实时传输、实时处理，使得信息流动速度空前加快，空间因素贬值，时间急剧增值，作战行动加快。信息流程的缩短，必然导致近实时作战行动的到来，从而使战争的进程大大加快。信息化战争中，一个单位时间内可以同时做许多件事，而且相互不干扰、不冲突、不泄密。并行工作的思路用于作战之后，就出现了并行作战理论，即在同一单位时间内，可同时进行空袭战、信息战、地面战、登陆战、特种战等多种作战行动，这样不仅可以大大提高作战节奏和作战效能，而且能够快速推进。

信息共享是信息流程缩短的主要达成途径。信息化战争节奏加快，需要各军兵种、各作战部队、各种战斗和战斗支援力量，军地一体协调一致形成整体，这就要求各作战系统之间实现信息共享，以实时或近似实时的战场通信和目标报告达成对战场态势的共识。以计算机为终端的数据链作战网络，信息共享分为三个等级：近实时共享；准实时共享；实时共享。以往战争中，需数分钟、数小时、数天共享的信息，在有了良好的以计算机为终端的数据链作战网络后，可以在数十分钟、数分钟、数秒内实现共享。这无疑加大了战场上"时间就是军队"的砝码，尤其是在交战一方信息共享能力明显占据优势的情况下，时间的砝码就会向这方倾斜。信息共享战术性能具体表现在：可改变信息流程，使得信息流动环节减少，直接流向所需单位；可保证参战力量在极短或同一时间内，得到所需相关信息，及时利用信息；可通过信息的及时利用，使兵贵神速作战思想得以真正实现，提高决策、行动速度，以速度优势制胜；可就近就便使用作战力量，实现精确用兵，效果作战；可改变作战单元之间的协同方法，更多地进行随机协同和自适应协同；可改变指挥方式方法运用，更多地实施越级指挥、分散指挥、临时指挥，提高指挥效率；可实现集约高效的物资保障，避免战场物资的冗余和浪费。

（二）作战指挥灵活高效

信息化战争不再单纯强调火力制胜的战场优势观，完全打破了传统指挥作战的思维模式。信息化战场上，仅仅依靠先进的武器系统，往往并不能取得胜利；相反，拥有灵活且反应快、效率高，经过信息化改造的武器系统，具备信息处理能力的武器系统，能够有效地协调运用作战力量的指挥控制体系却常常是制胜的关键。增强作战指挥的灵活性，提高对战场实时信息的反馈和处理能力，可以使指挥员及时从不同信息源获得关键性的战役战术情报，快速处理并能够近实时地将情报信息和作战计划与方案传送至上下级和友邻协同作战部队，察敌端倪，做到反应灵敏、先敌行动，夺取战场主动权，控制整个战场。

指挥控制程序简化。信息化技术装备以情报信息的获取、传递、处理一体化的方式，将战场上情报侦察、通信、指挥和控制联结成一个有机的整体。部队从地面的主战坦克、装甲车、指挥车，到空中的航空器、负责指挥和控制的航空器，以及战术空军的机载雷达系统、后勤保障部队，都加装了信息化处理系统，形成了空地一体完整的数字通信指挥网络，实现了上下左右的快速传递，从而使指挥员能够随时掌握敌我态势，进行整体协同和指挥控制。战场上的指挥控制不再是繁琐地通过大量现地与图上的说明方法来了解、明确任务，组织实施战斗，而是在由计算机显示的敌我态势上标注和说明，在运动中完成复杂的指挥控制与完成适时的后勤保障。一线指挥员在把命令下达给作战人员的同时，已将结果及时地传送到了上级指挥中心，简化了指挥程序。

指挥控制手段灵活。信息化战场的信息共享性使任何一个指挥层次的作战单元在战场上都成了整个指挥网中的节点，减少了指挥层次。利用综合指挥信息系统，战场上的各级指挥员在上下级以及同级之间，都可以随时交互信息、共享情报，调用敌我情报，了解各种必要的情况，从而便于充分发挥主观能动性，能够根据上级意图随机决策，打破了传统指挥程序中逐级进行的方法，指挥更加灵活。同时，集中统一指挥的作用也没有被削弱，反而能够利用节点共享的一体化网络系统得到进一步加强。

战斗文书图式化。移动性、安全性高的指挥平台加快了信息的传输速度和处理容量，敌我部队的方位、动向和战果等各种文字、图形、图像信息都能实时地传输到指挥中心。指挥员可以从屏幕上看见不断变化的战场景况，能够通过参谋作业系统快速生成各种敌我态势图、决心图、协同图及时下达给部队，战场指挥的自动化程度和效率将达到前所未有的水平。数字化的图式战斗文书，简单明了、信息量大，可以使各种过去需要几小时甚至更长时间才能完成的工作，如准备、发送、研究的报告等，被压缩到几分钟，决策速度与作战进程接近同步，从而保证决策周期更短，效率大大提高。

（三）力量机动准确迅速

信息化战争中，时间是打赢的保证，谁能赢得时间，谁就能赢得主动，就能控制更多的空间，就有更多的获胜把握。控制了机动就是控制时间，控制了机动就能把握战机，把握了有利战机就能牢牢掌握战场主动权。信息化战场上不仅要确保己方有战场任意机动的能力，同时也要有阻止敌方实施战场机动的能力，机动与反机动将会成为未来战场反复争夺的主要内容。

全纵深全方位准确展开。信息化部队装备有先进的信息系统，车辆驾驶员可以利用定位导航仪迅速确定自己的前进方向和路线，指挥员能利用指挥控制系统掌握部属的位置和运动情况，了解敌军的机动，敌我态势清楚，战场情况透明，敌我薄弱环节特别是便于利用和攻击的部位了然于胸，战场的基本作战环境特别是通行情况、工程障碍的设置、后勤补给情况清晰明了。因此，无论是打敌薄弱，还是防敌袭击，与火力相结合的机动打击行动都将在战场全纵深全方位频繁实施。

快速分散和适时集中。在信息化战场上，信息化部队所具有的精确的火力、快速的反应能力、高度的指挥协调能力，会使集中数倍兵力于敌或采用密集队形作战已无必要。作战力量主要采取分散部署和行动的方法，必要时在决定性的地点与时间，快速集中占压倒优势的力量进行作战。因此，机动并不是大部队的整体密集运动，也不是单纯的由一地向另一地的兵力兵器转移，而更多的是进行各种快速的分散与适时集中。进攻部队编成若干小群，选择多条路径向敌开进，适时占领预定地域。指挥员利用数字化信息系统，始终与上下级保持密切联系，通过显示屏观察到整个战场的敌我态势，不断了解到战场最新的变化情况。一旦发现有利战机，或敌远程火力不能实施精确打击时，迅速命令部队机动集中并展开攻击。机动能够在一定的时间内摧毁或消灭敌目标；在攻击得手后，则迅速分散撤离，以降低敌远程火力杀伤概率，减少部队的伤亡。

协同支援准确实时。信息化战场由多种武器系统和作战系统构成，要想获得战场优势，必须形成一体化作战力量，使各作战部队的各种作战力量、各种作战保障力量形成密切协调的整体。在信息化战场的作战行动中，协同支援显现出新的特点。一是强调跨军兵种的协同。数字化战场是一个建立在包括地面、海上、空中、天际卫星在内的计算机通信网络，不仅各武器系统间的横向联系便捷，各军兵种之间的信息传输也安全畅通。跨军兵种的协同使战场空间范围更加广阔，作战力量的运用更为灵活，作战方法更加多样，作战效能大幅度提高。二是重视不同作战地域间的协同。信息化部队的出现，使部队协同动作不再是到现地分阶段组织，各部队通过数字化信息网络接受指挥机构的命令，不断反馈其战场位置和状态，就可以组织实施密切的协同配合。这使得以往战争中主要是注重在同一作战地域内进行协同的情况发生一定的变化，更加注重在同一时间范围内，使不同的作战地域上的作战行动紧密结合，使各作战部队针对不同的作战目标，按统一的时间和目的要求，以各自积极的作战行动，实现战役战斗行动的整体协调。

（四）武器打击精确快速

精确快速的基础是武器装备的精确制导。精确制导武器在发现目标、定位、瞄准、攻击、评估战果这样一个"打击周期"中，都是在高度自动化、精确化过程中完成的，所需时间十分短暂，基本实现了"发现即摧毁"，具有速战速决的能力。

精确打击敌重心。重心是一支军队所有力量和运动所依赖的中心，是军队从中获得行动自由、战斗力量和战斗意志的源泉，用精确制导武器实施精确打击，可直接打击敌重心，迅速取得作战的胜利。以精确制导导弹为代表的威力大、射击精确高的武器系统越来越多地运用于信息化战场上，将改变层层剥皮、步步推进的战法，打击力量可以直接指向敌纵深重心目标。重心目标通常是潜存于敌军强大掩护下的指挥控制机构、通信枢纽、重要基地等，机动部队难以接近或实施有力打击。以精确猛烈的火力指向敌重心，可以给敌以极大的威胁，摧毁其体系。攻击敌重心的行动，通常首先用远程精确制导炸弹、电子战设备压制敌指挥、控制、通信与情报系统，迷盲、空中遮断和瘫痪敌军，防止敌人对精确打击行动作出协调一致的反应。尔后，集中各种地面和空中的远、中、近程精确火力摧毁敌重心。

全天候精确打击。信息化系统广泛运用于战场，不仅各种直瞄火力安装有各种先进的夜视、夜瞄器材，可以将夜暗的不利条件变为有利条件，实施昼夜连续作战，成倍地提高战场时间的利用率。而且，实施超视距打击的精确制导武器，也能够利用战场一体化的通信网络，利用各自多种先进的激光、微光侦察手段所提供的敌目标坐标信息，在前方飞机甚至是卫星的引导下摧毁敌"重心"等重要目标。精确快速打击行动将在全天候进行。

精确打击实时化。信息化战争对快速的基本要求是，从发现目标到打击目标的反应时间快速实时。当传感器发现目标之后，能自动跟踪目标，同时对目标进行敌我识别、自动分类、威胁判断、提供指挥员进行快速决策并对目标实施精确打击。实时精确打击的基本程序是：当侦察监视系统发现目标之后，目标的参数就会被数字化，然后由任务规划人员按照打击批次、打击时机分配任务和选择打击武器。

思考题：

1. 如何理解信息化战争拓展战争内涵的发展趋势？

2. 如何理解信息化战争谋取全谱优势的发展趋势？

3. 如何理解信息化战争实现智能化的发展趋势？

4. 如何理解信息化战争展开全面威慑的发展趋势？

5. 如何理解信息化战争力争速决制胜的发展趋势？

第四节 信息化战争战例

20世纪90年代初至今，世界相继爆发了数场局部战争和武装冲突，尽管战争爆发的背景和起因各异，持续时间长短不一，战争的经过和结局迥然，但已显现出了信息化的时代特征。研究和剖析这些鲜活的战例，有利于更好认识和把握信息化战争的特点与规律。

一、海湾战争

海湾战争是冷战结束后世界格局新旧交替之际，由伊拉克入侵科威特引起的一场大规模局部战争。1990年8月2日，伊拉克武装入侵并吞并了科威特。此举直接引发了海湾危机，并最终导致海湾战争的爆发。

（一）"沙漠盾牌"行动

伊拉克占领科威特后，美国等西方国家迅速向海湾地区调兵遣将，战争准备历时6个多月。美军的兵力投送代号为"沙漠盾牌"行动，截止1991年1月15日，美国、西欧和阿拉伯国家组织的多国部队兵力超过70万人、坦克3500辆、作战飞机5400架，各类舰艇达245艘。这期间联合国先后作出了谴责和制裁伊拉克的12个决议。特别是第678号决议授权联合国成员国，在伊拉克于1991年1月15日以前不从科威特撤军的情况下，可对伊采取"一切必要手段"。

以美国为首的多国部队的作战分为两个阶段："沙漠风暴"大规模空袭和"沙漠军刀"地面进攻。伊拉克则试图以拖待变，力求打成一场"越南式战争"，并设法攻击以色列，将战争扩大成阿拉伯世界与以色列及西方世界的全面对抗。

（二）"沙漠风暴"行动

"沙漠风暴"空袭作战共分为三个阶段。

第一阶段。1991年1月17日2时30分，以美国为首的多国部队开始实施代号为"沙漠风暴"的军事行动。行动开始前1小时，美军及多国部队对伊拉克实施强烈的电子干扰，之后出动攻击直升机、F-117隐形轰炸和"战斧"式巡航导弹，集中打击伊军防空、指挥体系。2时30分，多国部队的空袭部队分4个主要方向对伊拉克实施了空袭。在14小时内实施了三轮大规模空袭，出动飞机达1300架次，投掷炸弹1.8万吨，相当于美国投在广岛的原子弹的爆炸力。7艘战舰当晚共发射了116枚战斧巡航导弹，袭击了16个巴格达附近的目标。1月27日美中央总司令宣布联军已掌握了制空权。在此期间，多国部队出动1万多架次作战飞机，对伊拉克的24个主要机场、30多个疏散机场，以及防空指挥中心、雷达站和防空兵器阵地进行了连续攻击。

第二阶段，1991年1月27日至2月6日。多国部队联合火力打击的重心是摧毁伊拉克战争潜力。主要集中于萨达姆指挥战争的重要指挥和控制中心，以及伊拉克化学武器设施、发电厂、变电站等战略性目标，以摧毁伊拉克的战争潜力。其中，F-117A隐形战斗机共出动1296架次，占全部出动架次的2%，摧毁了战略目标总数中的40%；B-52战略轰炸机共出动1600多架次，其中954架次用于攻击战略目标；海军15艘水面舰艇和2艘潜艇共发射了288枚"战斧"式巡航导弹。

第三阶段，1991年2月7日至2月24日。多国部队联合火力打击的重点逐步转向对伊拉克地面部队的围歼作战。目的在于寻歼伊拉克共和国卫队，削弱科威特战区以及伊科边境地区的伊军地面部队的作战能力，为多国部队发起地面进攻和最终解放科威特创造条件。此阶段，多国部队固定翼飞机出动了3.5万多攻击架次，对科威特战区内以及伊科边境地区的伊军炮兵、装甲兵、步兵部队、指挥所、指挥和控制设施、后勤供应设施进行连续空中打击。

38天的"沙漠风暴"行动，美国以及英、法、意、加、沙、科、巴林、卡塔尔和阿联酋等10国空中兵力，共出动飞机9.4万架次，其中执行打击任务的共47630架次，美海军共发射了288枚"战斧"式巡航导弹，空军发射了35枚空射巡航导弹，对伊科境内共1222个各类军事目标进行持续空袭，投弹量达88500多吨，精确制导弹药占8%。

伊军除了采取少数的反击和抗击行动外，基本上处于被动挨打处境，伊军指挥控制系统遭到严重破坏，战争潜力大为削弱，后方补给线被切断。据美军估计，伊军部署在科威特战区内的14个师战斗力削弱了60%以上，二线部队战斗力仅剩50%～75%，多国部队实现了预定战役目的。

（三）"沙漠军刀"行动

2月24日凌晨，多国部队代号"沙漠军刀"地面进攻开始。多国部队在地面进攻作战中分为东、西、中三个突击集团。东路集团（美军陆战队和阿拉伯西、北联合部队）的任务是助攻，目标是夺取科威特城。西路集团（第18空降军）则实施穿插迂回，突进到纳西里耶地区，切断伊军退路。中路集团（美第7军为主）发动主攻，直接攻击巴士拉方向，围歼纵深的伊军共和国卫队。

在多国部队发起地面进攻时，美国两栖部队在海上实施佯攻，海军舰炮轰击沿海伊军阵地，将伊军主力牵制在科沙边境和沿海地区。与此同时，插到科威特西部的美第7军发起全面进攻，美第1机步师、英第1装甲师突破伊军防线，在伊军雷场中排雷并开辟通道；美第1、2、3装甲师和第24机步师实行深远迂回，穿插到侵科伊军后方；法军第6装甲师在美军第82空降师一个旅的配合下，攻击伊萨勒曼机场，掩护第7军侧翼；美第101空中突击师在纵深地带建立前进基地，向幼发拉底河谷推进。

25日和26日，多国部队各路全面推进。美第24机步师粉碎了伊军第26和35步兵师的微弱抵抗后，夺占3个重要目标，切断了伊军退路。北线联合部队在航空兵直接支援下，粉碎了伊军装甲部队的反冲击，前进到距科威特城16千米处。东线联合部队在推进中接受了大批伊军士兵投降。26日，美第24机步师经过激战，击败了伊第47和49步兵师以及共和国卫队一个步兵师，占领了杰利拜和泰利勒以南地区。当日晚，第18空降军攻占了所有规定目标，切断了幼发拉底河谷交通线，完成了对伊拉克南部和科威特境内伊军的包围。第三装甲师和第2装甲骑兵团在战斗中摧毁了大量伊军坦克和装甲运输车，美攻击直升机压制住伊军炮兵部队，粉碎了伊军抵抗。第1陆战远征部队向北夺取了科威特国际机场和穆特拉山口目标。第2陆战师切断了伊军向巴士拉的退路。27日，第7军在第18空降军协同下，集中主要兵力攻击伊军3个装甲师；第1骑兵师在北面进攻中阻止了伊军向北突围的企图，割裂了伊共和国卫队的防御部署，歼灭、重创伊9个装甲师（步兵师），形成了对共和国卫队的包围。

至此，伊军已基本丧失了作战能力，科威特战场上的伊军所有退路均被切断，萨达姆于27日宣布无条件接受安理会关于伊拉克的所有12个决议。美国总统布什同日宣布停火。海湾战争至此结束。战后美英军在伊拉克建立了两个禁飞区，持续了12年之久，直到2003年又发动了伊拉克战争。

海湾战争是冷战结束后第一次大规模战争。以美军为首的多国部队在战争中广泛使用大量先进的高技术武器装备，采用空地一体作战的战法，形成了对伊拉克军队的绝对优势。这是多国部队在极短的时间内、以极小的代价迅速取得胜利的主要原因。海湾战争表明，高技术战争将成为未来战争的主要形式。

二、科索沃战争

进入 20 世纪 90 年代以后，在世界矛盾体系深刻变化中，发达国家与发展中国家之间的战略失衡加大，干涉与反干涉的矛盾更加突出。在这一背景下，以美国为首的西方国家在欧洲推行政治、经济、外交、军事和意识形态的全面扩张战略，与坚持独立自主、维护国家统一的巴尔干国家——南斯拉夫联盟共和国形成了尖锐的战略冲突。随着南联盟内部科索沃独立问题的出现，西方国家大举介入，导致双方的矛盾全面激化，最终引发了科索沃战争。

1999 年 3 月 23 日，北约秘书长索拉纳在布鲁塞尔北约总部下达对南联盟实施空中打击的命令。代号"联盟力量"行动历时 78 天，根据北约空中打击的进程，大致上可分为四个阶段。

（一）试探：速胜成泡影（1999 年 3 月 24 日至 3 月 27 日）

该阶段，北约的作战目的是，夺取制空权，削弱整个南军指挥控制系统。打击目标主要包括：南军防空系统、空军基地、指挥控制中心和通信中心等。

在这一阶段当中，北约共出动各型作战飞机 1300 余架次，发射空射巡航导弹和"战斧"式巡航导弹 400 余枚。北约认为基本夺取了战场制空权，但并未完全达到作战目的。南军防空设施虽受到严重破坏，但指挥系统仍在运转。并进行了顽强的抗击，于空袭开始的第 3 天，成功击落一架 F-117 隐形战斗机。

（二）升级：打击南军有生力量（3 月 28 日至 4 月 4 日）

该阶段，北约火力打击的主要目的是瘫痪南联盟军事运作体制，瓦解其作战能力。打击目标重点是南军防空系统和其他军事目标，特别是科索沃及其附近地区的南军警部队。同时开始打击南联盟各类基础设施。

（三）恼怒：狂轰滥炸（4 月 5 日至 5 月 27 日）

由于前一阶段的轰炸并没有使南军屈服，北约恼羞成怒，决定扩大轰炸规模和强度，轰炸目标从 169 个扩大到 976 个。打击目标的范围不再仅仅局限于军事目标，而且扩大到民用目标，包括桥梁、公路、铁路、炼油厂、电力系统、电台、电视台、医院、集市、民居、国际列车、难民车队、总统府等。北约的作战目的是最大限度地削弱南联盟维持战争的能力，震撼南联盟军民的心理，动摇南领导层的战争意志和决心，迫使南联盟无条件接受北约提出的和谈条件。期间，5 月 8 日，美军飞机悍然轰炸了中国驻南联盟大使馆，造成两名中国驻南记者死亡、多人受伤。

（四）期待：以打促谈（5 月 28 至 6 月 10 日）

在该阶段，北约企图继续保持强大的军事压力，确保在取得科索沃战后事宜主导权的同时，最大限度地削弱南联盟的作战实力和战争潜力。5 月底，美国及北约加紧了对米洛舍维奇的劝降。米洛舍维奇为避免国家遭受更大损失，稳定国内局势，不得不接受了条件。6 月 10 日，南军按照撤军协议开始大规模撤离科索沃。当晚，北约欧洲盟军最高司令克拉克下令暂时停止对南联盟的军事打击，进而结束了长达 78 天的"联盟力量"行动。

整个"联盟力量"战役期间，北约共出动飞机 38004 架次，其中 10484 架次为攻击任务，共对南联盟境内 421 个 11 类目标进行了攻击。共消耗弹药 28018 枚（不含海上发射的战斧巡航导弹），其中精确制导弹药占 29%。2001 年 4 月 1 日，米洛舍维奇在家中被捕并被送交海牙国际法庭，于 2006 年 3 月 11 日死于狱中。2008 年 2 月 17 日科索沃宣布独立。

三、阿富汗战争

2001 年 9 月 11 日，美国发生了举世震惊的 911 恐怖袭击事件，美国坚持认为是本·拉登领导的基地组织所为，进而牵怒于该组织主要栖身地中亚小国阿富汗及塔利班政权。2001 年 10 月 7 日，美英等国发起了一场代号"持久自由"的军事行动，至 2010 年持续时间达 9 年之久。阿富汗战争的主要行动集中在 2001 年 10 月至 2002 年 3 月。包含三个阶段：

（一）第一阶段：联合火力打击

2001 年 10 月 7 至 10 月 18 日，美英等军队对阿富汗实施联合火力打击，主要攻击目标是塔利班的防空设施、基地组织的部队、训练营地等。10 月 7 日，美英军飞机和战舰对阿富汗实施了导弹和空袭，首轮联合火力打击共袭击了阿境内的 31 个目标，包括古玛巴克的军事营地、信丹德的机场及坎大哈的防空设施、马扎里沙里夫附近的 2 个塔利班师的指挥所等目标。

（二）第二阶段：攻城作战

10 月 19 日至 12 月 8 日，美军以空中火力和特种部队支援北方联盟攻占阿富汗多个战略要地。从 10 月 19 日起，美英联军主要以空中火力直接突击塔利班指挥所、装甲车辆、火炮阵地、堑壕和人员隐蔽的洞穴、坑道等，摧毁重火器，消耗其有生力量，直接支援特种部队和北方联盟的地面攻势作战。在美军特种兵和空中火力的支援下，北方联盟武装于 10 月 21 日，向阿富汗北部重镇马扎里沙里夫进军，杜斯塔姆将军的部队于 11 月 9 日晚攻占了马扎里沙里夫，打开了从乌兹别克斯坦对北方联盟进行物资保障的通道。11 月 12 日，由前省长盖拉特·伊斯马伊尔·汗指挥的部队又攻占了另一座城市昆都士。11 月 12 日傍晚，塔利班主动放弃了喀布尔，将指挥机构撤出了首都。北方联盟部队在 11 月 13 日先后占领了贾拉拉巴德和南部的一些省份。11 月 28 日，北方联盟武装和南部的普什图武装包围了坎大哈，准备进行最后的总攻，美军"犀牛"前进基地的陆战队出动直升机进行掩护。12 月 1 日，在强大的空袭掩护下，围兵推进至距坎大哈 10 英里以内，最后塔利班分子投降了。这一天，在德国波恩的四个阿富汗派别就组成"后塔时代"政权达成协议。12 月 8 日，哈米德·卡尔扎伊被确定为后塔政府的过渡领导人。12 月 9 日，统治阿富汗五年之久的塔利班政权正式宣告结束，卡尔扎伊走入了坎大哈市。此时距 10 月 7 日美军"持久自由"行动开始正好 63 天。

（三）第三阶段：清剿和抓捕行动

2001 年 12 月 10 日至 2002 年 3 月，随着塔利班最后重镇坎大哈攻陷，美国作战重心转为抓捕本·拉登及塔利班高官、人道援助战乱国家上面。此阶段美军空中火力主要以"火力围歼"为主，并以召唤出动方式支援地面的特种作战。塔利班武装被迫撤离主要城市后，向阿富汗西部和北部山区及阿富汗与巴基斯坦边境的"部落区"转移，并凭借山区有利地形及群众基础，继续与美英联军周旋，坚持武装斗争。虽然联军进行过无数次清剿行动，但都没有取得实质战果，直到 2011 年 5 月 1

日，本·拉登在巴斯基坦境内被击毙。

2002 年 12 月 22 日，阿富汗成立临时政府，卡尔扎伊出任临时政府主席。2004 年 10 月 9 日当选为总统，任期 5 年。

四、伊拉克战争

伊拉克战争又被称为"第二次海湾战争"。2003 年 3 月 20 日，美、英等国以伊位克隐藏有大规模杀伤性武器并暗中支持恐怖主义为借口，绕开联合国安理会，公然单方面决定对伊拉克实施大规模军事打击。这场战争在全世界引起了强烈的震动，产生了广泛而深远的影响。直到 2011 年 12 月 18 日，美军才完全撤出了伊拉克。

伊拉克战争主要作战阶段从 2003 年 3 月 20 日起，到 5 月 1 日美国总统布什宣布主要战事结束，共持续了 42 天，总体分四个阶段。美军的行动代号为"伊拉克自由行动"。

（一）第一阶段：空地一体进攻

美英联军从 3 月 20 日（伊拉克时间）起，向伊拉克发动了代号为"斩首行动"和"震慑"行动的大规模空袭和地面攻势。布什在战争打响后向全国发表电视讲话，宣布推翻萨达姆政权的战争开始，强调战争将"速战速决"。在这一阶段，美英联军先后向巴格达、巴士拉、纳杰夫、摩苏尔、基尔库克、乌姆盖斯尔等十余座城市和港口，投掷了各类精确制导炸弹 2000 多枚，其中战斧巡航导弹 500 枚。地面部队由第五军（以第 3 机步师为主）和第一陆战远征部队（以第 1 陆战师为主），从伊拉克南部，沿幼发拉底河和底格里斯河向巴格达发起攻击，英军部队主要向南部重镇巴士拉进攻。与此同时，萨达姆也向全国发表讲话，号召伊人民抗击美国侵略，击败美英联军，在美英军进攻路线上的伊拉克正规军和各种武装进行了顽强抗击。

（二）第二阶段：远程奔袭作战

这一阶段持续时间为 3 月 23 日至 4 月 1 日。由于供给线太长和伊拉克方面的抵抗，美英联军"速战速决"的目标未能实现，地面进攻曾一度受阻。伊军在伊中部的卡尔巴拉、希拉、欣迪耶等地，依托城镇和交通要点有利地形，与美英联军展开激战，企图阻止美军向北机动。为配合南部战场的地面攻势，3 月 26 日，美军以驻意大利的第 173 空降旅为主，采取伞降与机降相结合的方式，在伊拉克北部开辟了第二战场，并与伊拉克北部库尔德武装相配合，牵制伊军北部 3 个军共 7 个作战师的兵力。西部以特种部队进行牵制和配合行动。

（三）第三阶段：攻占巴格达

这一阶段持续时间为 4 月 2 日至 4 月 9 日，美英联军凭借空中优势和机械化部队，兵分几路发起强大攻势，先后攻陷伊南部巴士拉等重要城市和战略要地，并对巴格达形成合围，从而使战事呈现出一边倒的态势。4 月 8 日，美军从北部和南部两个方向推进到巴格达市郊，并夺取了巴格达市区东南的拉希德军用机场。4 月 6 日，美军第 3 机步师部分坦克部队开进巴格达市区，占领了萨达姆城。面对美军长驱直入巴格达和提克里特，伊拉克领导人号召军队和人民对美英联军采取"同归于尽"式的袭击行动。

（四）第四阶段：占领伊拉克全境

这一阶段持续时间为 4 月 10 日至 5 月 1 日。美英联军北部兵力于 4 月 10 日、11 日分别攻占了北方重镇基尔库克和摩苏尔。位于南部战场的英军经过多日努力终于攻克了南部重镇巴士拉。伊拉克的其他主要城市在随后几天也被美军攻占，美军随即转入清剿和抓捕作战，先后有多名伊拉克军政高官落入美军手中。随后，美英联军宣布"已控制了伊拉克全境"。

从 2003 年 5 月 1 日后，伊拉克战争转入"战后之战"阶段。2003 年 7 月 22 日，萨达姆两个儿子在摩苏尔被美军第 101 空中突击师击毙；2003 年 12 月 13 日，萨达姆被美军第 4 机步师抓获，经过漫长的"审判"，于 3 年后的 2006 年 12 月 30 日被执行绞刑。2004 年 6 月 30 日，驻伊美军向伊拉克临时政府移交权力。2010 年 8 月底，美军从伊拉克撤出了所有作战部队。

伊拉克战争主要作战阶段，美英联军共出动 41404 架次飞机，共发射了 29199 枚弹药，其中制导弹药为 19948 枚，占总量 68%。发射巡航导弹 955 枚（其中战斧巡航导弹 802 枚，空射巡航导弹 153 枚）。在 2003 年 3 月 20 日至 4 月 30 日期间，共有 9200 名伊武装人员和 7299 名平民死于战火，而美英联军有 139 名美军和 33 名英军阵亡。

思考题：

1. 海湾战争分为哪几个阶段？
2. 科索沃战争分为哪几个阶段？
3. 阿富汗战争分为哪几个阶段？
4. 伊拉克战争分为哪几个阶段？

图书在版编目（CIP）数据

新编高校军事理论教程 / 张利华编著. —修订本.—北京：华艺出版社，2017.7

ISBN 978-7-80252-615-0

Ⅰ.①新… Ⅱ.①张… Ⅲ.①军事理论—高等学校—教材
Ⅳ.①E0

中国版本图书馆CIP数据核字（2017）第152085号

新编高校军事理论教程（修订版）

著　　者：张利华　孟庆全
选题策划：刘泰　韩海涛
责任编辑：陈娜娜
责任印制：杜江
出版发行：华艺出版社
社　　址：北京市海淀区北四环中路229号海泰大厦10层
电　　话：010-82885151
邮　　编：100083
电子信箱：huayip@vip.sina.com
网　　站：www.huayicbs.com
印　　刷：北京市文林印务有限公司
开　　本：1/32
字　　数：229千字
印　　张：10.25
版　　次：2019年7月第3版第1次印刷
书　　号：ISBN 978-7-80252-615-0
定　　价：25.00元